△ 乡村调研

△ 镇班子成员集体学习

△ 镇班子成员集体学习

△ 镇班子成员集体学习

△ 乐化镇政府

△ 集体讨论

△ 乡村远眺

△ 老屋山

△ 乐化火车站

△ 乐化老街

△ 新型住宅小区

△ 新型住宅小区

△ 新型住宅小区

△ 新型住宅小区

△ 新型住宅小区

△ 安峰尖

△ 集市贸易

△ 江桥老街

△ 案塘村

◁ 徐家祖堂

△ 徐邓村

△ 105 国道

△ 昌九高速

△ 高铁奔驰

△ 昌九高速

△ 公路

△ 南昌昌北国际机场

△ 介坛村乌鱼港

△ 介坛村熊文举天官第

▷ 介坛村熊文举厅上

△ 桃花岭

△ 古樟

△ 金盘老街

△ 金盘万氏回娘家活动

△ 金盘万氏回娘家活动

△ 乡村果园

△ 范金镛祠堂

△ 范金镛故居

△ 范金镛故居街巷

△ 范金镛故居门栓

△ 范金镛故居门头

△ 范金镛铜像

△ 进士第

△ 东浙发祥

△ 裘家老土库

△ 老屋裘村

△ 裘家马头墙

△ 裘家上房

△ 裘家下房

△ 裘家巷

△ 裘氏祖堂

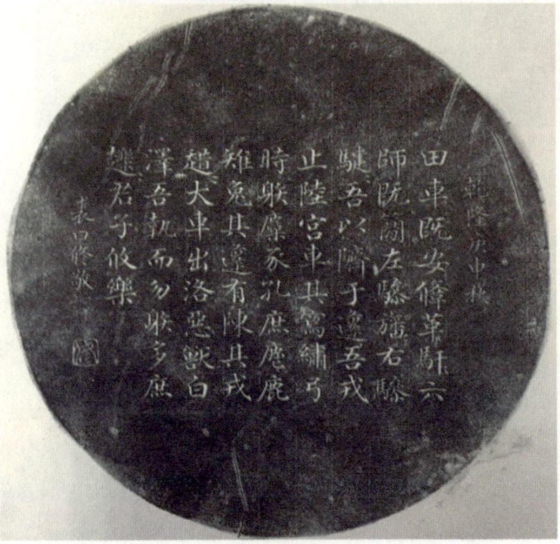

△ 裘日修文

△ 西昌衍庆

△ 畅青楼

◁ 新石畅青楼

▷ 新石村

△ 新石村景

△ 新石街

乐化风韵

陶江 著

江西高校出版社
JIANGXI UNIVERSITIES AND COLLEGES PRESS

图书在版编目(CIP)数据

乐化风韵/陶江著. --南昌：江西高校出版社，2020.4（2022.3 重印）
ISBN 978 -7 -5493 -9835 -5

Ⅰ. ①乐…　Ⅱ. ①陶…　Ⅲ. ①乡镇—文化史—南昌　Ⅳ. ①K295.65

中国版本图书馆 CIP 数据核字(2020)第 048313 号

出版发行	江西高校出版社
社址	江西省南昌市洪都北大道 96 号
总编室电话	(0791)88504319
销售电话	(0791)88522516
网址	www.juacp.com
印刷	天津画中画印刷有限公司
经销	全国新华书店
开本	700mm×1000mm　1/16
印张	17.5+1
字数	290 千字
版次	2020 年 4 月第 1 版
	2022 年 3 月第 2 次印刷
书号	ISBN 978 -7 -5493 -9835 -5
定价	58.00 元

赣版权登字 -07 -2020 -252

序　言

乐化，一方乐土。

千百年来，乐化人民用自己的聪明才智，用自己的心血和汗水浇灌这片土地。历史将乐化的每个页码都写得那样光鲜透亮，写得那样厚重凝练。

在这片土地上，曾经出现过一代名宦裘万顷、裘曰修，出现过文采过人、踟蹰于官场的熊文举，出现过著名画家范金镛，出现过才智过人、游走于官场的名吏曹秀先，出现过深谙诗文之道的杨增荦，他们都因自己的才华、学养、品行成为后代践行的楷模。

乐化肥沃的土地曾经让这片土地的民众得以兴家立业；乐化清纯的山泉曾经让这片土地的花草争奇斗艳，万紫千红。多少可歌可泣的故事随着岁月流淌，成为经典，成为示范。

乐化山河锦绣，乐化水清天蓝，乐化人文荟萃，乐化浩歌一路。重新翻开乐化的史页，将沉淀于岁月的往事打捞个遍，让其成为历史的干货，让后人能够体验先人一颗颗滚烫的心，从中悟出前行的勇气和力量，开辟一条朝前发展的光明大道。这或许就是编写这本书的本意和缘由。继承传统，是为了更好地弘扬；总结前人的经验，是为了让后人少走弯路。历史的时光隧道给乐化留下了这么一笔厚重的历史文化遗产，我们理应发扬光大，在新时代取得更大的进步。

人类在前行，时代在进步。今日的乐化正以崭新的面貌、勃发的英姿出现在世人面前。我们有理由相信，乐化将在新的潮流大势中添上更加浓墨重彩的一笔。

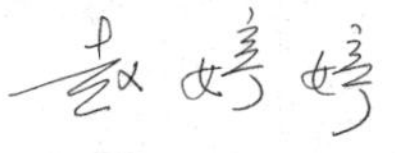

2020 年 3 月 20 日

目录

引　子

地老天荒的岁月，总是把更多的山水枯荣丢进历史，成为一段记忆，也成为一种永恒。历史是用山水串联起来的，她在长远的时光里，用她的人文，用她的史笔，记载每一个页码，写就新的篇章。

乐化，用她行走的步履穿越时光隧道，在江南装扮一片美丽的风景，成为文人墨客咏叹的文字，成为历史上大隐之人的栖身之处。

乐化的山美、水美，美不胜收。

岁月，给予了她妩媚，给予了她婉约。一股来自西山大岭的清泉，带着满天云霞，带着上天赋予的祥瑞，缓缓地流淌在西山大地，沿着檀溪，流淌进乐化人的心里。

滋润的溪水，养育了漫山遍野的桃花，也装点了乐化的容颜。桃花在乐化人的心目中既神圣又美丽。桃花是乐化的镇花。说到桃花，我们得了解它的属性。桃花即桃树盛开的花朵，属蔷薇科植物。叶椭圆状披针形，核果近球形，主要分果桃和花桃两大类。桃花原产于中国中部、北部，现已在世界温带国家及地区广泛种植。

桃花具有很高的观赏价值，是文学创作的常用素材，是文人墨客的饕餮大餐。其花语及代表意义为：爱情的结晶。每年 3 至 6 月，全国各地都会以桃花为媒，举办不同的桃花节盛会。

桃花是中国传统的园林花木，其树态优美，枝干扶疏，花朵丰腴，色彩艳丽，为早春重要观赏花木之一。历史上，不少文人墨客爱桃花爱得痴迷，桃花成了他们视野中的常客，也留下了众多脍炙人口的赞颂咏叹桃花的诗文。

《诗经·桃夭》曾谓桃花：

桃之夭夭，灼灼其华。之子于归，宜其室家。

桃之夭夭，有蕡其实。之子于归，宜其家室。

桃之夭夭，其叶蓁蓁。之子于归，宜其家人。

唐代著名诗人白居易在《大林寺桃花》中也赞美桃花：

人间四月芳菲尽，山寺桃花始盛开。

长恨春归无觅处，不知转入此中来。

崔护在《题都城南庄》中以桃花寄情：

去年今日此门中，人面桃花相映红。

人面不知何处去，桃花依旧笑春风。

明代才子唐寅在桃花树下歌，在桃花树下哭，在桃花树下叹，在桃花树下吟，在桃花树下过不尽那风花雪月的日子。他写下了《桃花庵歌》（程瞻庐《唐祝文周四杰传》版）：

桃花坞里桃花庵，桃花庵下桃花仙；桃花仙人种桃树，又摘桃花换酒钱。

酒醒只在花前坐，酒醉还来花下眠；半醉半醒日复日，花落花开年复年。

但愿老死花酒间，不愿鞠躬车马前；车尘马足显者事，酒盏花枝隐士缘。

若将显者比隐士，一在平地一在天；若将花酒比车马，彼何碌碌我何闲。

别人笑我太疯癫，我笑他人看不穿；不见五陵豪杰墓，无花无酒锄作田。

自号桃花庵主的明代才子、江苏苏州吴县人唐伯虎，相传于明宪宗成化六年（1470）庚寅年寅月寅日寅时生，因此，父亲给他取名唐寅。他一生玩世不恭又才华横溢，以诗文见长，与祝允明、文徵明、徐祯卿并称“江南四大才子”。唐伯虎画名更著，与沈周、文徵明、仇英并称“吴门四家”。其著作有《六如居士集》。他一生与桃花有缘，更与南昌的桃花结下了不解之缘。尽管唐伯虎一生蔑视官场，玩世不恭，隐身民间，以书画自况，可他也曾经不住金钱的诱惑，委身桃花，成为金钱的俘虏。他只身南下，应宁王朱宸濠之邀，来到宁王府，成为朱宸濠的幕僚。他对南昌之行充满期待也充满希望。他原以为朱宸濠是开明之主。在科举受阻、官场碰壁的情况下，唐伯虎一时也被金钱蒙蔽了眼睛。来到南昌后，刚开始时，朱宸濠对他敬而求之，给他修建桃花别墅，为他提供生活的各种便利。朱宸濠心知唐伯虎乐于纵情山水，因此对他施以各种利诱。很快，唐伯虎便明白了朱宸濠请他来南昌的用心。原来这位一代枭雄只是想让自己树立一个对外礼贤下士、爱护英才的形象，并不是要让唐伯虎出谋划策当智囊施展才华，一展雄心和抱负。唐伯虎失望了，整天沉湎于诗酒中，醉生梦死，对前途再次感到迷茫，站在人生的十字路口不知如何是好。

幸喜在这里，他结识了一位奇女子，这女子便是长得如花似玉却又满腹文采的朱宸濠的爱妾娄妃。娄妃深慕唐伯虎之文才，频频向他求教诗文书画。在得知朱宸濠将要起兵谋反后，娄妃命侍女给唐伯虎送来两样水果——梨子和桃子。

唐伯虎接过水果后，猛然醒悟。桃子、梨子就是“逃离”的意思，这分明是要他赶快逃离南昌，保命要紧。唐伯虎感激涕零，当即匆匆收拾行李，于码头寻得一船，逃往浙江，溜之大吉。

生于明朝末年的乐化檀溪人熊文举，更是隐身于桃花。他仿效晋代隐逸之宗陶渊明，重金购得桃花岭，于山中重建佛堂，遍栽桃花，遁身空门，在张位的桃花洞枯坐苦吟，遍看世间荒唐泪，自囚当罚，罪己无为的人生，写下《桃花岭》一文，以抒胸臆。

张位曾有诗曰：家住杏花村，心寄桃花岭。而熊文举买下桃花岭后也有诗云：家住桃花乡，日对桃花岭。喜可知也往，相国在林下。

桃花岭、桃花溪、桃花埠、桃花河、桃花乡、桃花镇……乐化似乎与生俱来就注定交上了“桃花运”。

种桃得桃，一分耕耘，一分收获。在一个宽泛的定义中，桃花历经风雨的洗礼和生活的磨砺，在江南地方赢得了自己的一席之地。桃花的宿命换来的是一片富庶的土地和勤劳的民众。

三月桃花水，是鲤鱼跳龙门的象征。

看来，这桃花并不是明代大臣张位的专利。乐化这棵桃树，种了千百年。她跨过百年门槛、千年坎、万年雄关，每年花发花茂，给岁月增添粉红的色彩。

千百年来，乐化这棵桃树，因土肥水沃，生得枝繁叶茂，收获的是世人的仰慕和倾心。

一方水土养一方人，一方水土养一方树。乐化就是桃花的故土。她生长得智慧，生长得伟岸，生长得胸怀坦荡，生长得婀娜多姿。

明代大臣张位是个桃花痴，他爱桃花胜于对岁月的追溯。他赏桃花，种桃花，吟桃花，颂桃花。在一个万物复苏的春天，他忍不住心中的神往，携弟子汤显祖等，一股脑儿钻进乐化境内桃花岭的桃花洞，成了山中宰相，更被人们称为

"桃花宰相"。这桃花水和桃花洞,便以诗泉迸出而闻名遐迩,路人皆知。

明末清初,吏部天官熊文举身系两朝,身心疲累,两次入京,两次铩羽而归,以病辞官归里。他晚年仿效张位,隐身桃花洞,闭门读书,与乡绅计议,花重金购下桃花岭,于山中桃花庵背造屋三间,与爱妾杜氏共守日月,诗文相和,在桃花岭度过了一段琴瑟共鸣的美好时光。

清代的三部尚书大臣裘曰修,是个爱花的雅宦。他小时候便经常在桃花埠游玩,桃花给了他灵感,给了他导引,让他行走于一条运气极佳的生命路途。

晚清进士范金镛,更是一位护花使者。他喜花鸟几近痴迷,从小就受桃花熏陶,他画桃花、画绿柳、画虫鸟,成为晚清花鸟画第一人。

桃花占尽风骚。她以一片妖娆和一路风景在乐化这片土地上自成一景。

桃花醉了。

袅袅依人,在水一方。

乐化,寸土寸金;乐化,大化化人。

历史的时光隧道将乐化的前世今生描摹得诗情画意。青山苍翠,绿水长流,桃花依旧笑春风。

行走在乐化的乡间土路,徘徊在乐化的青苔古道,在佛寺香烟中体味古意,在农耕勤苦中体味艰辛,历史便在如此暖心的氛围中写就。曾几何时,江桥老街的墟日是何等喧闹,乐化老街是何等情趣别致。江桥成了南昌人心中的"康桥",民间曾有童谣:

摇啊摇,摇到江家桥,江家桥,
饭好吃,路好走,
又有荷叶扎坛口。
摇啊摇,摇到江家桥,江家桥,
挑柴卖,买柴烧,
吃饱了,又来摇。

老街在人们的印象中,成了买卖交易的墟镇集市。卖牛的、卖米的、卖毛竹的、卖柴火的、卖草纸的、卖爆竹的、卖炭的、卖干笋的、卖绣品的、卖猪崽的、卖火石的、卖皮货的……杂货铺、铁匠铺、木匠铺、箍桶铺、银匠铺、中药铺……叫卖声不绝于耳，大街上熙熙攘攘，人流不断，把条老街叫得热火朝天。

新舍老街与江桥老街形同姊妹街。

喧闹的叫卖声，唤醒了新舍老街的黎明。熙熙攘攘的人流把田园叫熟了，把老街叫得有了温度。市口的嘈杂就像是一片浮云的汇聚，成就了乐化人的梦想。

乐化老街是三条老街中的龙头老大。

它是一种引领，更是一个享誉千年的品牌。说到乐化老街，乐化人津津乐道，总有说不完的往事和讲不完的故事。

曾经风潮涌动，曾经世情腾跃，古驿道穿南牵北，乐化老街是最好的打尖落脚点。

才子佳人在此举杯邀明月，一展胸怀豪情；商贾小贩在此交流心得，推车满载而归。

这里曾经的风流韵事，离愁别绪的情感，胭脂抹红了如花似玉的容颜，把乐化点缀得花哨别致。多情自古伤离别，蔡鸣凤留下了一个人间悲剧，也把人间男女私情演绎得薄情寡义。

乐化因此多了一座戏台，做灯唱戏，生旦净末丑，也因此多了一部脍炙人口的采茶戏《蔡鸣凤辞店》。

戏在老街的古戏台上唱了一遍又一遍。拥挤不堪的采茶人，相伴戏台上的小生、女旦，声泪俱下，乐化被唱得地动山摇。

这就是老街的力量所在，这就是老街的人文底蕴。

每每行走于乐化的乡村街巷，每每行走于乐化的田垄果圃，总会让人萌发一种淡淡的乡愁。宁静、幽雅、淳朴、憨厚，让人心生缱绻，醉倒于桃花丛中。乐化人的生活情趣总是那样沁人肺腑，一个家族一个村，一个姓氏一部史，翻开乐化人的家乘谱牒，你不难看到，那峥嵘无限的创业史，那占尽芳菲的老家山庄。这就是乐化，一片充满安谧、宁静而又异香扑鼻的乐化。

古驿道的辙印连接永恒，它已经写进乐化的史册，成为历史光鲜的亮点。农耕文化在富庶的家风中写满人伦，也写满人文。对历史的回眸是对男耕女织的依恋，唤醒的是农耕文化的传承。忆往昔，峥嵘岁月稠；看今朝，山花烂漫涌春潮。

乐化这个地域符号,总是给人以无限的遐想。生生不息的愿望,在生活中演变成一个个活生生的画面。乡里乡间,和睦一家亲。乐化的骨子里流淌着先辈的血液,也生成了一个个家族的特殊性格和特殊人文。俗意的生活烙上家族的烙印,成就了特殊的乡风民俗。

乐化的黎明来临时,鸡埘中公鸡报晓的长鸣声,猪栏里猪们哼哼唧唧的吵闹声,牛圈中老牛长长的哞声,狗窝里义守家门的黄狗不停歇的吠声,组成了一首动听的交响曲。人与禽畜共处的家园形成了一长串的生物链,相互依存又相互利用,给乡间的家族香火增添了不少神秘的色彩。

田地中无休止的耕作上演着更令人情动的戏份以及和谐协调的生活节拍。季节和节气,成为指导人们耕稼劳作的“指导老师”。乐化地区的民谚极为丰富,民谚中的农耕文化表现得尤为厚重。

当翻开历史新的一页时,你会发现一个崛起的乐化,一个辉煌的乐化,一个四通八达的乐化,一个立体交通网络的乐化。世纪巨变改写了乐化的历史,也让乐化步入现代生活的历史机遇中。

乐化的由来

传说，远古时期王母娘娘8000岁寿诞的时候，宫中张灯结彩，灯火通明，后宫众女眷忙成一片。厅堂正上方贴着一个大大的寿字，案几上摆满了各种甜饼糕点，方桌两边的寿椅上蒙着通红的霞帔，蒲团上也别出心裁地添加了锦缎外罩。众女眷皆身穿红紫绣花裙裾，头戴凤冠金钗。宫内珠光宝气，灯红酒绿，纸醉金迷，香烟缭绕。有一首诗形容寿诞盛景："三月初三春正长，蟠桃宫里看烧香。沿河一带风微起，十丈红尘匝地飏。"天宫各路神仙欣闻王母娘娘寿诞，大家都准备好祝寿的礼物，前来赴会。最庄重又最讨王母娘娘喜欢的礼物是寿星命女仆送来的蟠桃圣果。王母娘娘过目后，十分得意，命侍女将蟠桃圣果摆于中堂供品的正中位置，以示高看一眼、厚爱一分。傍晚，天宫华灯初上。王母娘娘轻移莲步，斜倚栏杆，仆女端上果盘，递上蟠桃圣果，王母娘娘挑了个肥硕的蟠桃，狂啖不止。她仰望满天星斗，见祥云瑞气环绕，不禁心生喜悦。一时不慎，她将一颗蟠桃圣果的核仁失手跌落人间。这颗蟠桃圣果的核仁随风飘浮，飘过大山、飘过海角，飘到江南，跌落在豫章近郊的乐化。从此，乐化这里春风一吹桃花红，漫山遍野绛紫云，成了神仙之境，成了人们向往的福地。

乐 化 概 述

乐化镇属江西省南昌市新建区管辖,是新建中部重镇。乐化镇属赣语方言区,气候温暖湿润,属亚热带季风气候。乐化镇地处新建区中部,西山山脉东麓,赣江西岸。历史上,南昌通往京城的古驿道呈东南—西北走向,宛如一条玉带,牵动着人们的财富梦想,实现人生的理想。曾几何时,达官贵人、贩夫走卒身背行囊,推着独轮车或牵着马,在驿路上颠簸。他们送走西天的晚霞,拖着疲惫的身子,迈进乐化驿站的大门。于是,依附于驿站的茶楼酒肆、赌场烟馆,当然还有青楼和古戏台便喧闹起来。乐化街便因此进入人间化境。乐化镇地处南昌近郊,距南昌市约 16 千米,距新建区长堎镇 19 千米。如今,乐化镇已经融入南昌的版图,成为南昌城区腹地,也是赣江新区和临空经济区的重要组成部分。经过新近区划调整的乐化镇,东与樵舍镇交界,南与昌北白水湖工业区、英雄经济技术开发区相连,西与梅岭、溪霞风景旅游区毗邻,北与新祺周桑海经济技术开发区接壤,镇区面积大大缩水,发展空间受到一些无形的制约。

地理位置

乐化镇位于长堎镇以北、赣江西岸。镇政府驻乐化街,距南昌市区中心 15 千米。

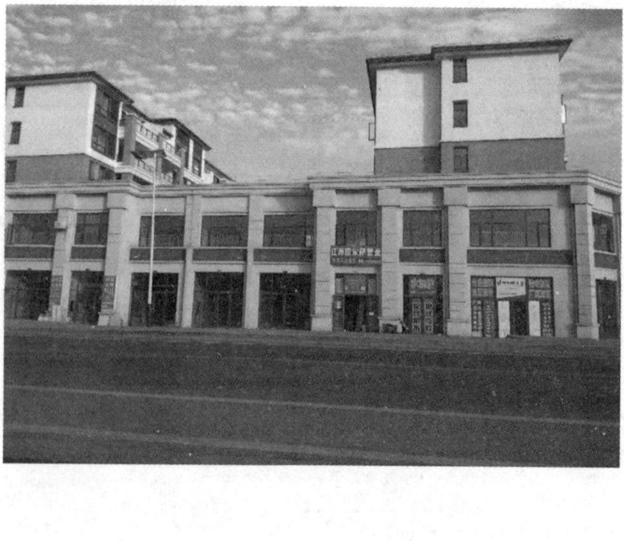

乐化镇已拥有水、陆、空得天独厚的立体交通优势，境内交通便利，运输通畅。京九铁路、南(昌)九(江)高速公路、昌九快速路、105 国道、乐(化)昌(邑)公路纵横全境，赣江穿境而过，南昌昌北国际机场雄踞境内，接待来自五湖四海的游客。乐化是南昌新城展南拓北的重要基地，是南昌大昌北建设的前沿阵地，是昌九工业走廊的黄金地段。1995 年，乐化被列入全国小城镇试点镇，2002 年被列入南昌市"一核五片区"乐化组团，2003 年被规划入南昌新城区，2005 年经济发展在全省乡镇中进入百强。

历史沿革

夏、商、周时期，新建属"扬州"地域。历史上，新建县有上、下新建之分，乐化一直处在下新建南端，上新建北沿，素有鱼腹之誉。春秋战国时期，新建属楚地，乐化同属。秦时新建属九江郡，乐化属九江郡南沿。汉高祖四年(前 203)，汉高祖封英布为淮南王，新建为淮南王属地，乐化同属。汉高祖五年(前 202)，刘邦于垓下击败项羽，遣御史大夫灌婴率骑兵平定江南吴地，新建为豫章地，乐化为豫章西境。景帝初元三年(前 154)，新建为南昌县地，王莽元年(9)为宜善县地，东汉光武帝建武元年(25)为南昌县地，隋文帝开皇元年(589)为豫章县地，隋炀帝大业二年(606)为南昌县地，乐化同属。唐高祖武德五年(622)，拆豫章县西境置西昌县，乐化为西昌县地，其时名曰桃花乡，之后千年未变。武德八年(625)，废西昌入豫章县，新建为豫章县地，乐化同属。唐代宗宝应元年

(762),新建为钟陵县地,唐懿宗咸通六年(865)为豫章县地,南唐保大十年(952)为南昌县地,乐化同属。

新建历史悠久。据旧县志载:宋太平兴国六年(981)拆南昌西北境洪崖乡(今湾里区一带)、桃花乡(今乐化一带)、昌邑乡(今昌邑、窑头一带)、尽忠乡(今石岗一带)、太平乡(今湾里区太平一带)、游仙乡(今梦山、石埠一带)、忠孝乡(今流湖、丁家塘一带)、忠信乡(今肖峰岭一带)、德礼南乡(后简称南乡,今松湖一带)、善政乡(今生米一带)、伍谏乡(今樵舍、联圩一带)、仪凤乡(今郊区蛟桥一带)、从善乡(今永修县吴城一带)、德礼北乡(后简称北乡,今大塘坪一带)、玉溪东乡(后简称东乡,今南昌县赵家围、吉里一带)、玉溪西乡(后简称西乡,今西山、落瓦、草山一带)等16乡,新立一县,名曰新建。新建建县至今已有一千余年。乐化同属新建,乐化以"桃花"闻名于世,"桃花乡"的名号沿用了千年,至民国初期方易名为乐化乡。

新建自建县以来,迄今已千余年,先后隶属洪州、隆兴、洪都、南昌府管辖。隆兴二年(1164),新建属隆兴府,元属龙兴府。明洪武三年(1370),县治迁入南昌市内(今南昌市叠山路),属南昌府。1912年,新建直属江西省府,1914年属豫章道,1926年再次直属省府,1932年至1939年先后属省第一、第十行政区管辖。民国廿八年三月(1939)日寇入侵,县府迁松湖镇,属省第十行政区,民国卅四年九月(1945)抗战胜利,县治迁往乐化汪家。

1949年5月22日全县解放后，乐化属南昌专区新建县1区，1958年9月归南昌市管辖，1961年7月改由宜春专区管辖，1967年11月重新划归南昌市管辖。

行政区划

乐化1949年属乐化区，1958年成立乐化公社，1984年建乡，1995年设镇。1997年，乐化镇辖乐化、黄墩、江桥、新石、徐邓、案塘、金盘、新庄、莲塘等19个行政村，总面积68平方千米。2009年，乐化镇下辖乐化街社区、江桥街社区、乐化村、黄墩村、江桥村、新石村、徐邓村、案塘村、金盘村、新庄村、莲塘村、南昌昌北机场社区、江西变压器厂社区、西河洪城监狱社区、岭背林场生活区。

半山

乐化改革开放前经济情况

农业生产

1. 农业生产发展过程。乐化乡农业生产和全县其他地区一样，受生产关系变化、耕作制度改变、科学种田水平及自然灾害等因素的影响，有过较大的起伏变化。1949 年，乐化和平解放，1951、1952 年和全县广大农村一样，进行了史无前例的大规模土改和复查。分田分地的土改运动使广大农民分得了土地，生产积极性空前高涨。1953 年，乐化开始组织互助组，1954 年成立初级社，1956 年成立高级社。广大农民组织起来，进行挖塘修坝、开荒积肥的工作，使生产有了大发展。1958 年，乐化成立人民公社，大力推广“稻稻肥”三熟制，大力推广双季稻，大种红花草，同时逐渐开始使用化肥。但由于搞“一平二调”，加上遭遇三年困难时期，全乡农业生产处于徘徊不前的境地。1961 年，乐化缩小了社队规模，实行“队为基础，三级核算”，加之 1958 年修建的溪霞水库开始发挥效益，并对属于水库下游的乐化地域进行大面积灌溉，农业生产又重新获得大发展。1968 年，乐化公社成立，全乡大搞农田水利建设，开挖幸福河，兴修下庄圩、瓜洲圩，同时推广矮秆良种。由于长期存在多劳不能多得，分配不得兑现的情况，农民生产的积极性和农业生产的发展大受影响。同时，由于过分强调水稻生产，减少了副业生产和多种经营，1968 年至 1978 年，农业生产进入缓慢发展阶段。1979 年以来，全乡落实了党的十一届三中、五中全会路线、方针、政策，全面实行

包干到户责任制，农民种田的积极性大大提高。同时，全乡进一步普及科学种田知识，增加化肥施肥，各种增产措施进一步到位，生产力大大增强，农业生产大发展，尤其是多种经营发展迅速。

2. 农田基本建设。乐化乡农田水利建设的发展经历了一个先低级后高级的进程。先主体工程、配套工程，先水后电。中华人民共和国成立初期，乐化乡以挖塘修坝、搞小型水利为主；“大跃进”时期以修溪霞水库为主；20 世纪 60 年代以修水库渠道为主；20 世纪 70 年代初山丘土岗区以山山垅垅修水库为主，湖乡以兴修圩堤为主；20 世纪 70 年代后期以建电站为主；20 世纪 80 年代以除险加固为主。到 1982 年，全乡有水库 11 座，总蓄水量 839 万立方米；塘坝 59 座，蓄水量 316.8 万立方米；圩堤 3 条；固定电站 20 个，电动机 1786 个；柴油机 50 台。全乡有效灌溉面积 41077 亩，机电灌溉面积 6335 亩（其中电力灌溉面积 4997 亩），旱涝保收面积 28682 亩，高产稳产农田面积 3164 亩，另外还有易涝面积 8400 亩，水土流失面积 6950 亩。

水库

如今，全乡水库蓄水容积达 11839 万立方米。全乡有百万立方米以上水库一座——乐化水库。乐化水库又名反修水库，1969 年 10 月动工兴建，1970 年开始蓄水受益。国家投资 15.3 万元，完成土方 9.5 万立方米，水库集雨面积 84 平方千米，坝顶高程 45.58 米（黄海基点），最大坝高 14.58 米，坝长 250 米，总容量 667 万立方米。排水涵管 60×90 厘米，管长 100 米，进口高程 33.305 米，最大泄洪达 4.95 方/秒。溢洪道进口七孔闸，净宽 12.6 米，全长 268 米，进水高程 41.865 米，最大泄洪量 47.4 方/秒。灌溉面积 5538 亩，乐化水库下游乐化、黄墩、天源、郭台、中联等村受益。此水库 1982 年开始除险，内护坡，外加固，接长涵管，续建溢洪道，增加受益面积 6840 亩。另外，水库建有自来水塔一座，供 1000 余人用水，每年出水量 4000—8000 立方米。

圩堤

1. 瓜洲圩，地点瓜洲。1964 年兴建，1969—1997 年连续增加土方，加高加固。该堤集雨面积 2.5 平方千米，保护面积 3000 亩，其中耕地 1500 亩，保护人口 1278 人。堤长 2.9 千米，堤顶高 15—25 米，宽 4 米，堤身高 4—6 米，边坡和迎水面比例 1∶3，背水面比例 1.25∶3。

2. 下庄圩，地点下庄湖。1970 年开始动员全乡劳动力兴建，1972 年竣工，之后逐年加固。堤内有中联、郭台、天源三个村，保护面积 6000 亩，其中耕地 4500 亩，保护人口 3390 人。圩堤总长 5.4 千米，堤顶高 24—25 米，面宽 4—5 米，堤身高 5—7 米，边坡和迎水面比例 1∶2—2.5，背水面比例为 1∶2。险段 8 处，共 400 米，1982 年曾因遭遇特大洪水溃堤缺口。

3. 筒车圩，地点筒车湖。1971 年动员全乡劳动力，挖幸福圩，同时兴建筒车圩，至 1973 年竣工。堤内有黄墩、江桥、徐邓、新石四个村，保护面积 8100 亩，保护人口 7330 人。堤长 7 千米，堤宽 3—5 米，堤身高 3—6 米，堤顶高 25—28 米，边坡和迎水面比例 1∶2—2.5，背水面比例 1∶1.5—2，警戒线 22 米，最高洪水 2 年 24 米。

电站

全乡拥有固定电力排灌站 20 座，共 1786 千瓦（其中电排站 3 座，灌溉面积 4800 亩，小型电站 17 座），水力发电站一座。

（1）电排站

江桥电排站，又名狮子脑电排站，1974 年兴建，1975 年竣工，国家投资 11 万元，自筹资金 5 万元。该站有三台机组，有 410 千伏变压器 1 台，受益面积（即排涝面积）5500 亩。

下庄湖电排站，地点下庄湖。1970 年 4 月开工，1971 年受益，1978 年重建，国家投资 2.6 万元，自筹资金 5 万元。该站有三台机组，发电量 390 千瓦；变压器两台，500 千伏安。中联、郭台、天源 3 个村受益，受益面积 4500 亩。

瓜洲电排站，地点桃花埠。1973 年兴建，自筹经费 5 万元。该站有三台机组，发电量 165 千瓦；变压器一台，240 千伏安。受益单位为瓜洲大队（村），受益面积 1500 亩。

（2）电力灌溉站

全乡有小型电力灌溉站 17 座。

（3）雷公脑水力发电站，地点黄墩村。该站利用幸福河水发电。1972 年开始兴建，1974 年开始发电，国家投资 22 万元，自筹资金 10 万元。发电站拥有机组 3 台，发电量 180 千瓦，主要供黄墩大队用电。

排灌渠道

（1）溪霞水库南干渠，长 6 千米，溪霞、白果、斗门、甘舍四个村受益。

（2）溪霞水库北干渠，长 20 千米，石坦、乔岭、桃花、仙里、店前、桥南、南坪、乌石、新石、江桥、黄墩、徐邓、郭台、天源、中联、案塘、金盘、新庄等村受益。

（3）蚕东支渠，长 3.5 千米，桥南、乌石、南坪三个村受益。

（4）蚕西支渠，长 3.5 千米，桥南、仙里、店前三个村受益。

（5）幸福河，系排洪抗旱渠，1971 年开工，1973 年竣工，改造吴银港，从天源到下庄湖勒矶头。全长 12.4 千米，所挖地方建了桐乐湖渠，雨季把山洪导入下庄湖圩外，旱季引水灌溉。

农业机械

乐化乡农业机械从 20 世纪 60 年代开始起步。1969 年，公社机电站拼装了两辆解放牌汽车，同时江桥大队从县农机站买了两台拖拉机。1971 年，公社机电站又拼装了两台拖拉机。之后，各大队陆续购买拖拉机。1976 年，全社拖拉机、汽车全部并入公社农机站，成为全省、全市农业机械化点，由国家投资 15 万元，自筹资金 10 万元，兴建农机站场屋，购买农机设备。随后，汽车退出农机站，并开始实行机车承包责任制。1982 年，全乡有汽车 7 辆（其中解放牌 3 辆、井冈山牌 3 辆、小道奔牌 1 辆），丰收 27 型拖拉机 5 台，丰收 35 型拖拉机 2 台，东方红60型推土机一台，手扶拖拉机5台，摩托1辆。

重大自然灾害

1954年外洪，所有湖田均受灾；1964年内涝，低洼田受淹；1968年外洪；1978年大旱；1982年外洪，下庄圩缺口，5000亩早稻受淹；2012年，幸福河华源段圩堤决口，筒车湖四个村受灾。

林业生产

全乡山林总面积54985亩，其中林地面积41968亩（用林面积5496亩，薪炭林面积33222亩，经济林面积3250亩），宜林荒山面积13017亩。1982年，全乡开始实行林业三定，至1984年8月结束，基本确定了各村山林权属，划分了自包林地面积10570亩，责任田面积1600亩。

全乡有乡办林场一个，有用杉林（杉树）面积4000亩；育苗基地一个，培育杉、松、油茶、油桐等苗木30亩。

自1981年以来，林业专业户开始出现。仙里村熊斯宝一户造林80亩（杉树和油茶各半）。

乡村工业

中华人民共和国成立以前，乐化乡手工业主要集中在江桥街和新石街。街上有酿酒坊、磨坊、饼坊、中药铺、榨油坊、瓷器铺、香火铺。1912年，江桥人胡廷策在华源开办采石场，为修南浔铁路供应块石、石渣。此外，一些木工、石工、篾工、泥水工分散在各村。新石街有药铺、茶铺、旅店、肉铺、杂货铺。

1949年以后，随着社会主义改造工作的开展，全乡个体手工业者被组织了起来。1954年，乐化乡办起江桥农具厂；1960年，农具厂得到江西拖拉机厂的设备支持，获赠万能铣床全套设备；1969年，农机厂与农具厂分开经营，同年公社办起了米面厂；1970年，公社工交小组成立，负责抓乡村企业。20世纪70年代，乐化乡陆续办起建材、磷肥厂，1984年投资50万元兴办起砖瓦厂。全乡企业固定资产原值120万元，净值55万元。

各村自20世纪70年代开始，也陆续办了一些企业，主要有采石场、砖瓦厂，全乡共兴办69个厂。

乡办企业产值

1972 年　107.4 万元

1973 年　90.08 万元

1974 年　80.52 万元

1975 年　90.61 万元

1976 年　131.44 万元

1977 年　147.72 万元

1978 年　174.92 万元

1979 年　137.65 万元

1980 年　95.97 万元

1981 年　91.76 万元

1982 年　121.93 万元

1983 年　160 万元

交通

乐化自古以来都是交通要道。清朝有一条官马大道，其路线是从南昌牛行，经瀛上、芦坑、乐化、华源、新兴街、慈姑，到九江。1912 年，南浔铁路开始修建，1915 年通车，官马大道即毁，变为乡间道路。1933 年，南浔公路开始修建，1934 年通车。1969 年，国家投资修建了乐化至恒湖的乐昌公路。南浔铁路、南浔公路、乐化公路以及赣江航运，成为乐化主要交通干线。

南浔（南昌至九江）铁路在乐化地域设有乐化站、华源站、白马庙站。火车沿途经过乐化、黄墩、江桥、新石、乌石、桃花、仙里、桥南等村，在乐化境内总长 30 公里，为乐化南北交通的大动脉。开行班次有福州至南昌、九江的快车，每日上午、下午往返一次；景德镇、九江的交通客车每日上午、下午往返一次；货车每日来往数次。江西省西北各县的大米、油、棉、木材和附近工厂（江西电机厂、储运仓库等单位）的机器设备产品，都经此出入。

南浔公路、乐昌公路是乐化的两条主干线，在乐化地区全程约 40 公里，经过乐化、乔岭、甘舍、仙里、黄墩、徐邓、金盘等八个村。乐化开通了南昌至靖安、九江的长途客车，南昌至永修、马口、大塘、昌邑恒湖、樵舍等地的市内公共客车,还开通了恒湖“五七”机械厂、江西变压器厂的交通车。乐化乡各村都兴建了简易公路,交通十分方便。

所有这些铁路和公路都交集在乐化乡政府所在地乐化街,来往交通车次频繁,终日汽车鸣笛,火车呜呜,好一派繁忙景象。

航运有赣江主航道,在乐化地区途经西河中联,航程约 5 千米。南昌至吴城的货船、客船,每日上午、下午各一班,客船各开行两次,货运连绵不断,真可谓白帆点点,掩映东南。

铁路运输的隶属和组织机构均在乐化境内,主要有乐化和新祺周火车站。它们都属南昌铁路局、南昌分局九江机务段管辖。乐化火车站有职工 40 人,按工作性质和业务分设货运和转运两组。客货运输量历年都在递增。

邮电

1949 年以前,乐化邮电所设在江桥,名为“邮政代办所”;1967 年发展为邮电所,同时搬迁到乐化街;1970 年按业务归口划为电讯、邮政两个组;1973 年合并。现有职工 8 人,拥有 50 门电话机 1 部,邮路 3 条,共计里程 130 千米。

商业

乐化地理条件优越,交通方便,早在宋朝时期就有四方通衢的官马大道,南来北往的官宦商旅,皆经过此地,故在当地设有驿站、饭店等,历史上有“落店”之称。

1915 年南浔铁路建成后,乐化商业迎来了新的繁荣,但日寇侵占时期(1938—1945),乐化街成了日军的据点,群众不做买卖,商业重心转移到了江桥。1949 年前后,江桥街有商号 50 余家,其中比较著名的有“协和”“胡永祥”商号,它们主要经营百货、糕饼、食盐等。“三义祥”的肉铺和酒店也很出名。有名的商号还有蔡朝明的酒店、熊惠生的药铺、胡定策的磨坊、雷继成的杂货店。

1951 年,区乡供销合作社成立,居民每户买两股,多者三四股,每股两元,作为合作的资金。合作社的机构是理事会,理事会设主任一人,成员若干人,最早的主任是陈永祥,成员有陈永祥、裘应敏、邓分、邓必清、江德微、涂水果、李子、江秉聪等。理事会每月开会一次,商讨有关供销社的行政、业务管理等问题。合作社的监察组织是监理会,供销社每年分红一次,分红以盐、油等物支付,社员得到了直接利益。供销社在保障供给、农业生产发展、城乡互助、物资内外交流等方面起了很大作用。

1953 年,国家实行粮、棉、油、猪等主要生活物资统购统销,合作社转为国营店,退还了社员股金。1962 年,重新筹集股金将国营商店改为供销社,1966 年又转为国营商店,1983 年调整机构,国营商店再次改为供销社,有流动资金 75 万元,包括乐化中心点和下设九个分点,即乔岭、溪霞、石咀、仙里、乌石、金盘、江桥、西河、郭台九个供销社。

全社有干部职工 144 人,其中干部 10 人,全民职工 67 人,职工 67 人。1982 年,供销社全年营业额 340 万元,职工月工资人均 50 元。

这一时期,商业购销比较旺盛,1982 年生产资料销售 102 万元。

1982 年,建造房屋 600 平方米,其中乐化商店两层百货大楼 500 平方米,投资 7 万元。全社拥有固定资产 129 万元。

乐化商业除供销社,还有知青商店 2 个、个体商业户 134 家,大部分散布在乐化街和各个大队,给乐化人民提供了物质生活的方便。供销社起到了辅助的作用,在一定程度上解决了部分人员的就业难题。

乐化粮管所建于 1965 年,占地面积 20 亩,另设有粮油加工厂。主要设备有碾米机 1 台,有效功率 22 马力,日加工米(谷)2. 2 吨。

1982 年,粮食收购 2951 万斤,销售 439 万斤,议价销售 52000 斤,油脂收购 16. 8 万斤,销售 42200 斤,议价销售 8. 4 斤。

全站共有干部职工 251 人,其中干部 11 人,全民职工 230 人,职工 10 人。

金融概况

1949 年以前,乐化地区没有国家银行和信用社,所有借贷等金融业操纵在富商手里。

1951 年,中国人民银行乐化营业所成立,开始为乐化乡发展生产、繁荣经济办理信贷业务。1952 年,信用社成立,与营业所在一起办公。1965 年,分设农民银行,改为乐化银行营业所,1967 年又由人民银行营业所执行业务,1980 年改称中国农业银行乐化营业所。营业所有工作人员 13 人,其中大集体职工 6 人。

乐化农业贷款逐年有所增加:1951 年合作化时期,平均年农业贷款为 20 万元;1958 年人民公社化时期为 30 万元;“文革”期间亦有 30 万元左右;实行农业生产责任制后,平均每年贷款 64 万元。

储蓄方面逐年增长较快:1951 年开始建所时期,储蓄额仅 2 万元;1982 年储蓄额 7 万元;1949 年以来发行公债 5 次,总共金额 30 万元,国库券 15 万元,侨汇 1 万元左右;货币发放(职工、货款)年平均 32 万元,回笼 15 万元。

文化事业

乐化在 1949 年以前几乎没有什么文化设施,仅有几个村的祠堂建有古戏台,以唱采茶戏为主。溪霞赤海村自清朝就有三脚班活动,在民间社火节、中秋节、春节等时令节日演出,有时也演赌戏、婚戏、寿戏、修谱戏。赤海村的三长班在民国初期就声名远播,红极乡里。1949 年以后,群众文化生活呈现繁花似锦的好局面。中华人民共和国成立初期,乐化区政府组织盲人二胡宣传队,深入各村宣传土改政策,宣传婚姻法,宣传抗美援朝、保家卫国,宣传初级社、高级社、人民公社给广大农民带来的好处。1969 年,乐化开始办公社广播站,各大队在之后也相继办起了广播站。1958 年,乐化组建起宣传队,宣传“三面红旗”;1959 年,编了小剧目《鲤鱼妈妈(上)》,歌颂兴修水库中涌现出的好人好事;还编演过快板书《十大员》,歌颂基层的饲养员、保管员、炊事员、售货员、宣传员、刻印员、水利员、管理员等。1966 年,乐化公社业余剧团成立,赵元、邓万柳等同志为当时的主要演员,节目大多是宣传婚姻法,剧种是地方采茶戏。1970 年,为了根治下庄湖,以公社下放知青为主要成员的乐化公社毛泽东思想文艺宣传队成立,队长叶达理、熊有高,副队长钟明。表演成员有闵秀兰、裘有高、罗秋英、戴菊香等人,熊学孔负责舞台监督,徐珊珊为导演,演出节目主要是《大庆红旗扬》等歌舞剧。宣传队的幕布、道具等设备比较齐全,曾在南昌市公演获奖。同期乐化还建有阶级斗争展览馆一幢,面积约 120 平方米,后为乐化中心小学所用。

1975 年,乐化公社电影队成立,队长陈学堂,队员 2 人,拥有一个 16 毫米放映机,一台小型发电机设备。除因开会或节日在公社露天演出外,电影队大多在乡下各村巡回演出。从 1975 年至 1979 年,电影队每年平均演出 320 场,放映收入约5000元。

1982年，投资24万元的乐化影剧院建成。影剧院有座位1172个，35毫米电影机（座机）两个，银幕、电扇、窗帘等设备齐全。影剧院有工作人员5人，属社队企业办公室主管。1983年，影剧院放映电影189场，接纳外地剧团演出戏剧30场，共计收入14700元。同时，各重点大队和乐化中学都办有电影队。全社共有16毫米电影机6个，8.75毫米电影机3个。为宣传党的政策，活跃乐化人文化生活，电影机起到了良好的作用。

教育事业

小学发展过程：抗日战争前，乐化地区有小学两所，一所是新建县第一区国民中心小学，即现在的江桥小学，原设在大圣殿，1935年迁至江桥街，常年在校人数300人。另一所是广益小学，即现在的仙里小学，杨增荦创办。抗战后，乐化地区增办了乔岭小学（由李瑞华创办）、乌石小学。这些学校大多是由各保或联保办的，由各保集资办校，有钱有教师就办，无钱则停办，校长由县文教科任命，教师由校长聘请，教本使用国家统一编制，教育制度一年两季，春秋都有毕业生。

中华人民共和国成立后，乐化相继办了江桥、乌石、仙里、乔岭四所小学。1952年，乐化增加赤海小学，后改为溪霞小学；郭台、天源村开始兴办初小。1956年，乐化开始办民办小学，在瓜洲、徐邓设有民办小学；1957年乐化创办石岗、塘下、双港三所小学；1958 年又创办了黄塘、新石两所小学。乐化适龄儿童 95% 以上入了学，《人民日报》为此发表了一篇通讯，将乐化誉为“小学教育先锋”。1961 年至 1962 年，国家出现暂时困难，精简了部分教师（乐化区精简 23 人）和年龄 15 岁以上的小学生。这时，有的地方出现了私塾。1968 年，随着城市大批教师、干部下放农村，乐化出现了村村办学、队队办学的景象。此时，教育依属于大队，上级拨款甚少，因而出现了大量“赤脚教师”（国有民办教师）。1979 年，乐化小学教育步入正轨，升学实行考试制度，办学经费逐年增加，教育质量明显提高。

中学发展过程：乐化地区 1957 年开始办民办中学，地点在厚石裘家，招收一个半班；1958 年民办中学转为公办中学（初中）；1964 年该学校迁至乐化街（校址在现在水电站）；1967 年因南昌砂轮厂占用中学校舍，补偿经费 20 万元，学校随即在现校址上重建。乐化地区在 20 世纪 60 年代曾有过乔岭、黄塘、江桥三所公办中学，这三所中学其实就是各大队小学办的“戴帽初中班”。1977 年，乐化地区相继开办仙里、乌石、金盘、中洲、江桥、乔岭六所初中，1982 年后只剩下江桥、乔岭两所。1972 年，乐化开始兴办高中。

各中学情况：乐化中学（新建四中），1982 年有初中生 647 人，高中生 420 人，教师 92 人（其中公办教师 69 人，民办教师 23 人）。1978 年至 1983 年，乐化中学有 84 人被中专录取，70 人被大专录取，在全县各乡中学中，升学率占首位。

江桥初中，1982 年有学生 189 人，教师 16 人，其中公办教师 13 人，民办教师 3 人。

乔岭初中，1982 年有学生 192 人，教师 15 人，其中公办教师 12 人，民办教师 3 人。

业余教育：1952 年开始进行扫盲活动，乐化区配有扫盲专职干部教师，对扫除乡村干部文盲起到了很大的作用。1958 年，乐化公社掀起扫盲高潮，村村办起识字班，拦路识字，见物识字。1968 年大办夜校，乐化村村办了夜校，重点进行政治和农业科学知识教育。1980 年，按照全市塔城会议精神，乐化乡进一步开展扫盲教育，1984 年基本实现无盲。

医疗卫生

1949 年以前，乐化是一个缺医少药的地方，全区只有几家药店，比较出名的有江桥沈茂金的“再造堂”、芦光照的“仿生”药店，经常行医的医生（郎中）以熊惠生比较有名。有钱的人看一次病，要走数十里请医生，至少要花三四块银圆。广大农民由于看不起病，无处就医，只能求神拜佛。因缺少专业妇产科医生，婴儿脐风死亡率特别高，达到30%。

1949 年以后，党和政府非常重视人民的身体健康。1952 年，江桥设立乐化区卫生所；1954 年，中、西医合作诊所成立；1955 年，联合诊所成立，分别设在溪霞、仙里、金盘、江桥、南坊等处。每个自然村设 1 个卫生员，乡设有医务所，实行新法接生，大大降低了婴儿死亡率。

1959 年，乐化区卫生所改为乐化公社卫生院，同时由江桥搬到乐化，现在已经成为乐化地区的中心医院。卫生院建有住院楼和门诊楼各一栋，病床 30 余张；医疗设备比较齐全，有 200 毫米 X 光机一台、电冰箱一台、腹部手术包 5 具，一般的剖腹、胃切除、阑尾切除、疝气等手术都可以在当地开展。

乐化中心医院有医务职工 50 人，下属 22 个医疗站有医务职工（包括赤脚医生）53 人。著名医生有神经内科的胡祖寰、西医内科的熊英和徐家桐，他们的医术水平较高，疗效较显著，治愈率高。

由于党和政府的重视，全体医务人员积极努力，切实贯彻了以卫生防护为主的方针，之前遗留大的地方病，如丝虫病、头癣、甲状腺肿头等基本绝迹。

计划生育

乐化乡的计划生育从 1977 年开始，到 1984 年止，全乡累计进行结扎手术 4084 例，颁发独生子女证 75 人。

居委会

新建县最早的居民委员会为 1953 年开始组建的江桥居民委员会，负责人是胡人有，外号“驼子”，为当时新建县工商联执委。

20 世纪 90 年代的乐化

概况

乐化镇位于新建县中部，赣江西支北岸，距南昌市 16 千米，距县城 19 千米，东与本县七里岗、樵舍镇交界，南与昌北经济技术开发区相连，西与梅岭风景区毗邻，北与新祺周桑海企业集团接壤。全镇总面积 68 平方千米，辖 13 个行政村、68 个村民小组、87 个自然村。全镇总户数 4360 户，人口 23278 人，其中非农业人口 4500 人，劳动力 8661 人。耕地面积 2.1 万亩，其中水田 1.88 万亩，旱地 0.22 万亩；山地面积 1.5 万亩；林地面积 2.2 万亩，其中果林 0.2 万亩；水域面积 3063 亩。京九铁路、昌九高速公路、105 国道、乐昌公路、赣江穿境而过，南昌昌北国际机场在乐化境内兴建，现已通航。乐化已构成了水、陆、空得天独厚的立体交通优势。改革开放 20 多年以来，乐化的工、农业生产发展较快，第三产业突飞猛进。1999 年，乐化创造国内生产总值 3.95 亿元，工、农业产值 2.18 亿元，第三产业收入占国民生产总值 40%，财政收入 290 万元，农民人均纯收入 1920 元，人口出生率控制在 15‰以内。全镇政治稳定，经济发展，社会进步。

农业

乐化有 8 个生产基地,分别是:1.5 万亩粮油基地、300 亩奶牛基地、800 亩精养鱼基地、1000 亩蔬菜基地、2 万亩用材林基地、2000 亩果林基地、200 亩百合基地、100 亩银杏基地。种植业产品有优质稻谷、花生、棉花、甘蔗、水果和各种瓜类、药材;养殖业产品有鲜鱼、鲜奶、生猪、家禽等。

工业

乐化有以机械、建材、电器等为主的骨干企业和小群体,主要产品有:各种型号的水利启闭机,212 吉普车球关节、万向节,变压器、电动机等附件产品,各种规模的石英砂、大理石和建材石料。1999 年,全镇完成企业产值 2.89 亿元,利税 914.6 万元,其中个体私营企业占 77.5%。

小城镇建设

1995 年,乐化列入全国 500 个试点镇,规划面积 1.76 平方千米,设计有政治、文教、卫生小区,商贸小区,工业小区三大块,1996 年开始实施,现已投资 2000 多万元。此外,乐化还兴建了两条新街道,新建了一座占地面积 8000 多平方米,东、南、西、北四面方位,73 套二层砖混结构,单套建筑面积 69 平方米,内外分设卫生间、卷闸门,琉璃瓦瓷砖装修的集贸市场。乐化街道绿化、水电安装设施全部配套,小城镇建设已初具规模。

21 世纪之初的乐化

改革开放后，乐化经济迅猛腾飞，人民生活日新月异，生活水平不断提高，城镇建设飞速发展。2011 年，全镇地区生产总值突破 14 亿元，达 14.4 亿元，同比增长 20%。其中，工业产值 6.2 亿元，增长 15%；农业产值 1.86 亿元，增长 17%；第三产业产值 6.34 亿元，增长 26.8%。财政收入突破 5000 万元，达到 5117.6 万元（不含南昌昌北国际机场），同比增长 34.1%；固定资产投资突破 6 亿元，达到 6.275 亿元，同比增长 76.3%；农民人均纯收入突破 9000 元，达到 9113 元，同比增长 12.2%。全年，乐化实际利用外资 980 万美元，增长 10.5%；实际利用内资 1.34 亿元，增长 10.6%。

工业

乐化有规模以上企业 2 个：南昌华瑞塑业年产值 700 万元，纳税 32 万元；南昌水利设备厂年产值 520 万元，纳税 15 万元。此外，乐化还有乐昌机械厂、南昌齿轮配套厂、南昌第五砂轮厂、南昌恒新泰电器厂、洪昌轻型墙体材料厂、砖瓦厂等规模以下个私民营企业 28 个，工业产值达 1.5 亿元。

农业

乐化有 1.5 万亩粮油基地、5000 亩花卉基地、500 亩果林基地、1000 亩蔬菜基地、300 亩奶牛基地、800 亩渔业基地等 8 个生产基地，现有种养大户 500 多个，从业人员 4000 余人。全镇年产粮食 1.5 万吨，橘、梨、枣等水果 200 多吨，鲜奶 360 吨，鲜鱼 1200 吨，无公害特色蔬菜 3000 吨，生猪 2 万头，家禽 10 万只，为南昌市场提供了大量鲜活优质的农副产品和花卉苗木，都市农业、城郊经济走上了快车道。

服务业

全镇有乐化、江桥 2 个集贸市场，共计 200 多个摊位，安排了近 500 人在此从事商贸经营，增添了人气，提升了财气，第三产业得到快速发展。

建筑、运输业

全镇有100多个建筑工程团队，有2个拥有80多辆工程车、20多台铲车、20多台装载机、60多台搅拌机的建筑机械工程队，活跃在镇内外单位的各个建设工程场地。

通过“政府引、中介联、亲友带”的方式，全镇输出了4000多富余劳力外出务工，年创收近亿元。

村镇建设

乐化镇采取“村组筹、上级争、外资引、政府补”的方式，投资3500万元兴建改造了筒车湖、下庄湖、瓜洲圩三座300千瓦以上的电排站，天源、郭台、中联、案塘、金盘五座100千瓦的电灌站，改建了雷公脑5门大型水闸，加高加固了20千米圩堤和6座小(二)型水库，完成了筒车湖、下庄湖各1000亩的中低产田改造，兴修了村级水泥公路和圩堤堤顶公路140千米。这些农田基本建设、水利工程和村级公路建设，为农民致富增添了新动力。

小城镇建设

2006年，乐化镇争取上级资金，投资1000万元兴建了乐化休闲广场，并对公路沿线进行了环境整治，拆除违章建筑，清理占道经营、堵塞交通的摊点，居民房屋全面“穿衣戴帽”。乐化小城镇的美化、亮化、洁化，为乐化集镇的发展夯实了基础，树立了良好的形象，提高了知名度，为招商引资打造了良好的硬环境。

新农村建设

为贯彻中央“生产发展、生活宽裕、乡风文明、村容整洁、管理民主”的20字方针和“一年试点，二年提高，三年推广”的精神，全镇认真选定了以案塘村的官塘自然村等18个在公路沿线并且示范辐射作用较强的自然村作为新农村示范村。在推进新农村建设中，乐化镇加强领导，大力宣传发动，开展“三清三改”，切实抓好村容环境整治和基础设施建设。经过两年的精心组织和艰苦奋斗，乐化镇投资1000余万元，拆除违章建筑，进行道路场地硬化，全面改水改厕，兴建农民休闲广场、文化活动室，安装有线电视、高架路灯，村前屋后种植果林绿化。一个个经过打造后美化、亮化、洁化、绿化的新农村成为该镇的“精品亮点”，特别是案塘村官塘、王丘、黎家自然村，乐化村青坑自然村，得到市、县领导的表扬。官塘新农村 2006 年荣获江西省第二届花博会金奖，2007 年被评为全省“十大和谐村庄”，为该镇争得了荣誉。

发展目标

乐化正处在一个重要的发展阶段，面临着千载难逢的发展机遇。南昌城区扩展，南昌昌北国际机场扩建，昌九城际铁路、新昌电厂、昌北机场大道、桑海至英雄开发区工业大道兴建等一批重点项目，为乐化快速崛起提供了空前的发展机遇和平台。

乐化围绕融城兴镇“一个目标”，抓住发展构建临空经济圈和打造昌北仓储、物流基地“两个关键”，实现与昌北、英雄、桑海“三区对接”，全面启动工业园区、农业科技园区、生态旅游区、乐化组团新城区“四项建设”，优化政务、法制、人文、生态、投资“五个环境”，做好乐化组团“四区一中心”发展大文章。

随着南昌市“一江两岸”发展格局和大昌北城区的建设，按照乐化组团工业、仓储、物流定位规划，乐化镇安排在昌北白水湖工业区以东紧靠西河的中联、瓜洲村，兴建一个 3000 亩的工业区；在紧邻南昌英雄经济技术开发区的乐化荷坊村，与省扶贫开发办联合创建一个 3000 亩的农业科技示范区；以乐化水库为中心，兴建一个 3000 亩的生态旅游区；在江西变压器厂以东的黄墩、天源村丘陵山地新建昌北货场铁路物流园；依托南昌昌北国际机场、京九铁路乐化火车站、赣江西河集装箱码头等大交通优势，兴建一个仓储、物流中心。

城市化进程加快

乐化需要抓住南昌昌北国际机场扩建、昌九城际铁路、新昌电厂、昌北机场大道、桑海至英雄两区工业大道的兴建机遇，打破瓶颈，连通周边，与昌北、英雄、桑海三个开发区尽快对接，全面启动乐化组团“四区一中心”的基础建设。

现代服务业进程加快

乐化需要突出南昌昌北国际机场优势，全力打造临空经济圈核心，大力发展临空经济。政府在江桥村兴建了一座集宾馆接待、住宿餐饮、商场和信息咨询、金融、保险等现代服务于一体的昌北机场商贸城；在南昌昌北国际机场南门徐邓村新建了一条餐饮、娱乐服务的新街道。乐化充分发挥南昌昌北国际机场、昌九城际铁路乐化火车站、赣江西河码头大交通的优势，大力招商引资，在乐化村、黄墩村兴建起乐化组团新城区和仓储、物流基地；充分利用山水资源，瞄准城市消费群体，整合南昌昌北国际机场、溪霞风景区、象山森林公园、大塘汪山土库、鄱阳湖候鸟群等新建旅游景点，重点打造以乐化水库为中心的生态旅游区和南昌昌北国际机场周边的桃花岭、小溪岭景点建设；以农业生态环境、农业文化景观、农业生产活动、农村传统习俗为特色，建立一批融观赏学习、参与体验、休闲娱乐于一体的，让客人愿来、愿玩、愿看、愿住的“农家乐”旅游基地。

农业产业化进程加快

乐化加强跟踪服务，与省扶贫开发办紧密联系，启动农业科技园项目建设，做大做强江西（南昌）恒盛农业开发公司大棚蔬菜基地。乐化以市场为导向，以科技为依托，以招商为主体，发展果业、无公害蔬菜等特色种植和畜牧、家禽、水产等特种养殖，按照市场牵龙头、龙头带基地、基地联农户的方式，优化组合各种生产要素，实行专业化生产、系列化加工、企业化管理、一体化经营、社会化服务，逐步形成“种养加”、产供销、农工商、内外贸、经科教一体化生产经营体系，推进农业化进程。

新时代的乐化

新征程,新跨越,新发展,新宏图。乐化镇在新的岁月,用拼搏、创新、拓展,描绘了一幅乐化的崭新蓝图。与赣江新区的契合,与临空经济区的无缝对接,给这片土地带来了无限的生机和活力,给生活在这片土地上的人们带来了幸福和快乐。这片土地欣欣向荣,一派秀美景象,让人目不暇接。2018 年,乐化镇党委、政府紧紧围绕新建区委、区政府提出的“决战千亿工业、崛起百亿强区、决胜十强晋位、打造新区典范”的总体目标,解放思想、改革创新、凝聚力量、攻坚克难,按照全面建设“美丽繁荣新乐化”的工作思路,全镇干部群众开拓进取,不断夯实农业基础、推进工业经济、改善社会民生,各项经济社会事业蒸蒸日上。

数字乐化

2018 年,乐化镇财税收入 1.816 亿元,规模以上工业产值 0.43 亿元,规模以上工业主营业务收入 0.37 亿元,固定资产投资 6.43 亿元,城镇居民可支配收入 3.467 万元,农村居民可支配收入 1.75 万元,经济发展总体呈现平稳上升的态势。

项目乐化

乐化镇扎实推进“美丽乐化·幸福家园”城乡环境综合整治工作,修建了田园江桥停车场、江桥幸福广场、江桥“三风”广场、南昌昌北国际机场南门乐化人家绿化广场。乐化机场小镇项目沿途硬化场地 10000 多平方米、地面绿化 2000 多平方米、增划停车线泊位 86 个,安装了太阳能路灯 533 盏、LED 节能灯 40 盏,极大地提升了乐化镇主干道及集镇整体综合环境。

投资 5.6 亿元的乐途旅居健康文化特色小镇项目正在建设中;投资 1 亿元的生物质颗粒燃料项目已建成投产;南昌博雅洗涤有限公司投资 4000 万元的项目已签订框架协议。

集镇商贸服务区安置房建设工程已全面完工,现已成立分房领导小组,进入分房阶段；乐化中街路建设全面完工通车；铁路物流园黄墩安置房项目已完成规划设计，正在办理划拨供地手续；南昌向远轨道技术学校二期工程已顺利完工，现有教职工约120人，学生3000余人；雷公脑节制闸项目已完成主体工程，正在紧张施工中；联博二期、联博三期、昌北货场、赣新大道、儒乐湖大街、兴业大道、曰修路、货场输电专线、江变输电专线等项目也在有序推进。

交通乐化

乐化地处南昌交通枢纽中心，立体交通体系为乐化编织了陆路、水路、空路网。南昌昌北国际机场空运遍布五湖四海，京九铁路连接四面八方，昌九高速运行便捷快当，昌九大道车行如流，龙头岗码头水运发达……整个乐化，货尽其畅，物尽其流。

南昌昌北国际机场

区划乐化

2009年，乐化镇郭台、天源、瓜洲、中联村共22.52平方千米，划入南昌市经开区。其中，中联村2080人，占地面积8.82平方千米；瓜洲村2314人，占地面积4.5平方千米；郭台村2530人，总面积4平方千米；天源村1900人，总面积5.2平方千米。

2017年2月20日，赣江新区临空组团樵舍、乐化党工委、管理处举行揭牌仪式。仪式上，樵舍镇和乐化镇负责人分别做了表态发言。赣江新区管委会主任刘建洋，赣江新区临空组团管委会主任赵海东，区领导李伟、唐艳华出席揭牌仪式。赵海东与李伟先后为两家管理处揭牌。

民生乐化

乐化镇始终将民生放在第一位，以民为本，着力保障和改善民生，不断促进社会的全面发展和进步，不断提高人民的生活质量和生活水平。

乐化实行脱贫攻坚网格管理，实行“区挂点领导为‘大镇长’包镇，区挂点领导、驻镇帮扶单位负责人、镇党政领导成员为‘大村长’包村”的脱贫攻坚总负责的责任体系、总调度的指挥体系、总落实的推进体系。“大村长”对第一书记和驻村工作队、村“两委”班子、帮扶干部、帮扶企业实行统一指挥、统一部署、统一督查，压实脱贫攻坚责任，凝聚脱贫攻坚力量，巩固脱贫攻坚成效，以村为单位攻坚拔寨，脱贫攻坚初见成效。

2018 年，全镇城乡居民养老保险参保、缴费人数为 1837 人，正常发放待遇人数为 545 人，发放金额 298867.96 元；发放农村低保 1472674 元；全镇医保参保人数为 22054 人。

2018 年，乐化镇被新建区列为“南昌市第四次全国经济普查清查试点单位”，并开展了业务培训工作。

“三风”建设有模有样，全镇各村“三风”宣传栏、宣传墙成为乡村一道亮丽的风景线；“善行乐化”最美人物评选活动，成为乐化镇弘扬崇德向善好风尚的好品牌；诵读《红色家书》活动，成为全体党员干部接受革命洗礼的好讲堂；2018 年在全区“传诵红色家书，传承红色经典”主题读书会朗诵比赛中，乐化镇荣获三等奖。

全镇 9 个村均建立了文体活动中心、农家书屋等，建设了 20 多个室外健身小广场。乐化、新石、徐邓等村建设的文化大戏台，成为村民休闲娱乐的活动场所。全镇组建了 16 个广场舞队，2017 年成功举办了乐化镇第一届广场舞大赛，2000 余人观看比赛，盛况空前。“送戏下乡”等文化活动成为乡村文化生活的热门看点。打造保护进士、画家范金镛故居与清代民居的工作正在紧锣密鼓地进行。

群众参加文体活动热情高涨，文明健康休闲方式成为时尚。

2018 年高考，镇政府表彰 14 名考取一本的优秀大学生，发放奖金 63000 元。教师节期间，政府发放奖励资金 15 万元。

秀美乐化

山山见绿，水水流清。

寄情于乐化的山水，感觉温润如玉。灵气飞扬的山水间，充满梵音妙语，田园牧歌的生活与现代化的都市生活相得益彰。南昌昌北国际机场的腾飞与安峰尖、桃花岭的绰约身姿形成无言的诗文，给这片土地带来一缕初阳。浓郁的乡土气息在昌九高速的列车奔驰中蜕变成流光溢彩的画卷。

唐代诗人王维诗曰：人闲桂花落，夜静春山空。月出惊山鸟，时鸣春涧中。在乐化的安峰尖，时光隧道将我们带回到那远古的隐逸生活。中德山庄的静谧，成了向往闲适生活的现代雅士的好去处。桃花岭上山花烂漫，与山下林立的高楼相映成趣。

乐化在时代的大潮中飞翔，季节将每一份激情写进历史。乐化在现当代所发生的翻天覆地的变化，是一幅美好生活的山水画，是一曲感天动地的浩歌。

“美丽乐化 · 幸福家园”，如今的乐化政通人和，物阜民丰。

南昌昌北国际机场航站楼

乐化的地域地名

1959 年前后，乐化公社位于新建县城北 20 千米，东与七里岗、樵舍公社接壤，西与南昌市湾里区梅岭公社毗邻，南与南昌市郊区蛟桥公社交界，北与大塘公社相连。

乐化公社辖 25 个大队、278 个生产队、161 个自然村，总面积 160 平方千米，其中耕地面积 51995 亩（水田面积 45418 亩，旱地面积 6577 亩），林地面积 25000 亩，水产养殖面积 3000 亩。全社有 7291 户，总人口 38690 人。

乐化地处山丘平原地区。西部多山，东部和北部为低丘岗地。最高处海拔 290 米，最低处海拔 22 米，平均海拔 156 米。气候温和，雨量充沛。乐化年平均气温 18℃—19℃，夏季 7 月最高气温 40℃，冬季 1 月最低气温零下 7℃，日通过 ≥5℃ 积温 5800℃，无霜期 260 天左右。乐化年降水量 1200—1500 毫米，多集中在 4—6 月。

乐化以驻地乐化街得名：1949 年以前是新建县政府驻地；中华人民共和国成立初期，属新建县第一区（1952 年更名为乐化区）；1958 年公社化时，成立乐化人民公社；1961 年实行区、社制，属乐化区所辖；1964 年乐化区与大塘区合并为大塘区，划归大区管理；1968 年撤区扩社，乐化、江桥、黄堂、溪霞等公社合并为乐化公社。

安峰尖

中华人民共和国成立后，乐化人民在党的领导下，大搞以兴修水利为中心的农田基本建设。乐化修筑了一条斗争大堤；开挖了一条长 12 千米的幸福河和一条 25 千米的山洪导托渠；修建了溪霞、反修水库和大小塘坝 695 座，其中溪霞水库是全县最大的一座水库，蓄水量达 3300 万立方米；兴建了下庄湖、狮子脑、桃花埠 3 个电力排灌站和雷公脑水力发电站，使全社有效灌溉面积达 38700 亩，占水田面积的 83%。1981 年，粮食总产 3502 万斤，棉花 472 担，菜籽 2375 担，黄花、茶叶、瓜果等经济作物也有较大发展。

社队企业发展很快，办有农机厂、农具厂、采石场等 15 个企业单位。交通运输也有较大发展。文教卫生事业发展迅速：有中、小学 26 所，教职员工 396 人，学生 6312 人，其中，乐化中学是南昌市属的一所农村重点中学；有卫生院 1 所，医务人员 47 人，大队医疗站 22 个，赤脚医生 54 人，实行了合作医疗。

乐化大队　乐化大队系公社驻地，辖 8 个自然村，包括 17 个生产队，共 527 户、1964 人，有 2500 亩耕地、250 亩林地，主种水稻。1949 年以前属老屋乡的两个保，1949 年以后为第一行政村。1955 年，第一行政村划为杨泗、汪家、乐化街、杨坊、荷坊、厚石六个初级社，1957 年转乐化高级社，1958 年成立乐化公社，以乐化街命名乐化大队。

乐化街　乐化原名“落花”。相传宋朝初期，有一条由洪洲府通往京城的官马大道，中途驿站设在乐化。当时，官府在此路旁设有一亭一店，名叫“传递站”，以传递信文。此地有一对张氏夫妇，在路旁开一饭店，取名“高升饭店”。进京赶考的举子和来往官员们，常在此店落宿，美其名曰“落花”。此后，附近商贩聚集于此，由于陆路交通发达，逐渐形成一条街。当时，该地是政治、经济、文化活动中心。由于封建社会腐败，此地吃、喝、嫖、赌，玩乐成风，成了所谓“快乐繁华”闹市之地，而“乐化”一名即由此演变而来。

杨泗村　杨泗村系大队驻地，包括 2 个生产队，有 37 户，234 人，154 亩耕地。清朝初期，裘氏由本地老屋裘家随母嫁到风口山脚下的杨泗庙东侧居住，历 16 代，取名杨泗村，1969 年迁此仍用原名。

大汪家　大汪家包括 2 个生产队，有 66 户，310 人，195 亩耕地。汪氏在清乾隆年间从蛟桥青岚汪家来此，历 10 代，1969 年建水库移居此地。因祖先排行老大，故名大汪家。

荷坊　荷坊包括4个生产队,有83户,436人,529亩耕地。清初,裘氏由老屋裘家来此,历15代,立村荷花塘旁,故名荷坊村。

青坑　青坑有21户,132人。杨氏于清嘉庆年间从樵舍迁此,历8代,立村于青坑山脚下,故名。

陈家　1954年陈氏由杨泗村迁于此,以姓氏得名陈家,有24户,124人。

小汪家　小汪家有24户,161人。汪氏在清朝乾隆年间从蚊桥青岚汪家迁此,历10代,因祖先排行最小,故名小汪家。

店前大队　店前大队位于公社驻地西北12.5千米,辖8个自然村,包括9个生产队,有173户,969人,2272亩耕地、6848亩林地,主种水稻。中华人民共和国成立以前,此地属乌石乡31保,1955年划为草塘、中山、朱岗、店前四个初级社,1957年转店前高级社,1958年公社化时以境内店前村命名店前大队。

店前村　店前村包括5个生产队,有80户,430人,1041亩耕地。南宋乾道年间,熊氏从本地仙里迁于此,立村于通往安义、奉新、靖安等地大道旁的铺店前面,故名店前村。

烟包地　烟包地有6户,27人。清乾隆年间,熊氏从仙里老屋迁于此,立村于烟包山,取名烟包地。

大树垄　大树垄有6户,27人。清乾隆年间,熊氏从仙里老屋迁于此,立村于小垄的大树旁,故名大树垄。

草塘王家　草塘王家有30户,172人。清雍正年间,王氏从天宫源王家迁至此,立村于野草丛生的池塘边,故名草塘王家。

旧下　旧下有5户,27人。南宋乾道年间,熊氏从本地上屋下村迁于此,立村于将军岭脚下旧居之地,故名。

朱砂岗　清嘉庆年间,裘氏皇姑(义姑)之子裘兴简病故,用朱砂等物构筑坟墓安葬于此岗,故名朱砂岗。

桥南大队　桥南大队位于驻地北12千米,辖8个自然村,包括14个生产队,有253户,1743人,3516亩耕地,其中1500亩主种水稻。中华人民共和国成立以前,此地属乌石乡22、28、29三个保,1955年划为桥南、慈姑、下白港三个初级社,1957年转桥南高级社,1958年成立万福公社,以境内桥南村命名桥南大队。

桥南村 桥南村系大队驻地，包括4个生产队，有93户，680人，1281亩耕地。清雍正年间，张氏从丰城县三汊港村迁于此，立村于石桥南，故名。

桥北村 桥北村有43户，301人。清乾隆年间，张氏从桥南村迁至石桥北定居，故名桥北村。

下白港 下白港有26户，173人。清康熙年间，徐氏从附近白港村迁至白港下定居，故名下白港。

石门凹 石门凹有8户，35人。熊氏在清雍正年间从仙里老屋迁于此，立村于原村院大门口装有大凹门的麻石旁，故名石门凹。

隔港 隔港有3户，15人。清雍正年间，熊氏从仙里迁于此，定居于旧址隔港处，故名。

八丘村 八丘村有49户，345人。熊氏在清初从仙里迁于此，立村于谭姓八丘田旁，故名八丘村。

晏家垄 晏家垄有20户，125人。傅氏在清乾隆年间，从安义板桥村迁于此，立村于晏氏旧居垄旁，故名。

荷塘村 荷塘村有7户，43人。明隆庆年间，徐氏从乌石迁于此，立村于长满荷花的池塘旁，故名荷塘村。

乌石大队 乌石大队位于公社驻地西北12千米，辖13个自然村，包括17个生产队，有487户，2545人，2803亩耕地、7710亩林地，主种水稻。中华人民共和国成立前，此地属乌石乡3、4、5、6四个保，土改时为5、6、7三个行政村，1955年划为谢家坪、祠堂、上屋、社垄、西凡、金谷庄、前屋七个初级社，1957年转乌石、谢家坪两个高级社，1958年属江西蚕桑场的万福公社，以乌石地名取名乌石大队。

社垄村 社垄村系大队驻地，包括3个生产队，有103户，556人，1085亩耕地。明太祖年间，徐氏从本地燕窝村迁于此，定居于“社公庙”旁，故名社垄村。

上屋村 上屋村包括3个生产队，有65户，351人，788亩耕地。徐氏永泰公在清康熙初年从燕窝村迁于此，于较高的地势定居，故名上屋村。

谢家坪 此村地势平坦，曾有谢氏居住。徐氏兄弟于明朝万历年间分别从烟包地、罗家园两村迁于此，仍用谢家坪为村名。

东凡村 东凡村有12户，77人。清朝嘉庆年间，徐闵公从燕窝村迁于此，立村于旧址东，以繁荣昌盛愿望取名东繁村，后谐音为东凡村。

燕窝村 燕窝村有11户，54人。明太祖初年，徐氏始祖仕良公从湾里畲牟迁于此，立村于地形像燕窝的山麓里，故名燕窝村。

西凡村 西凡村有25户，149人。清嘉庆年间，徐氏从社垄迁于此，立村于旧址西，并望后代村落繁华，取名西繁村，谐音为西凡村。

饶家垄 饶家垄有17户，100人。清康熙初年，徐氏易员公从燕窝村迁至此地祖坟山，立村于饶家垄旁，故名。

祠堂村 祠堂村有70户，210人。明嘉靖年间，徐氏尚璞公从燕窝村迁于此，立村于祠堂旁，故名。

后屋 后屋有29户，145人。明末徐氏尚贤公从燕窝村迁于此，立村于荷峰岭背后，取名后屋，又叫荷峰岭后屋。

新基村 新基村有34户，183人。徐氏尚献公在明末从祠堂村迁于此，另开新基，故名。

前屋 前屋有29户，261人。徐氏勇古公在明成化年间从大塘塘下村迁于此，立村于后屋前面，故名前屋。

荣家 荣家有14户，70人。明万历年间，荣氏从丰城县田坪村迁于此，以姓得名荣家。

金谷庄 金谷庄有35户，168人。清乾隆年间，徐氏从排头村迁于此，立村于穷山恶水之地，收谷比得金珠还难，故名金谷庄。

新庄大队 新庄大队位于公社驻地北10千米，辖3个自然村，有151户，846人，914亩耕地、550亩林地，主种水稻。中华人民共和国成立前，此地属乌石乡18保，后为乌石新居村，1955年为7、8两个初级社，1957年取新居、庄里两村的首字合并为“新庄”高级社，1958年成立乐化公社，改为新庄大队。

新屋场 新屋场系大队驻地，包括4个生产队，有110户，611人，649亩耕地。清末万氏从大塘金盘迁于此开新基，故名新屋场。

老坞里 老坞里有30户，176人。清末万氏从象山老坞里迁于此，仍用老居之名。

塘莲大队 塘莲大队位于公社驻地北10千米，辖3个自然村，包括8个生产队，有140户，761人，1225亩耕地、510亩林地、1103亩水域面积，主种水稻。

中华人民共和国成立前，此地属乌石乡19保，之后为莲塘行政村，1955年莲塘划为两个初级社，1957年转莲塘高级社，1958年属乐化公社，以驻地莲塘村命名。因与流湖公社莲塘大队同名，现更名为塘莲大队。

莲塘　莲塘系塘莲大队驻地，包括5个生产队，有95户，520人，860亩耕地。徐氏水辛公由乌石燕窝村迁于此，立村于莲塘的池塘旁，故名莲塘。

罗家　罗家有9户，48人。明朝中期，罗氏由联圩鹭鸶口罗家迁于此，以姓得名。

桐坑村　桐坑村有36户，193人。明末徐氏祖先从乌石后屋村迁于此，立村于桐氏旧址旁边山洼(形似坑)，故名桐坑村。

金盘大队　金盘大队位于公社驻地北10千米，辖3个自然村，包括5个生产队，有132户，620人，890亩耕地、400亩林地，主种水稻。

合道岗　合道岗系金盘大队驻地，有37户，170人，240亩耕地。相传清乾隆年间，有一位张天官前来拜师，行至此岗道上，尚未下马，先生便喝其无礼，从此称喝道岗。万氏迁此后沿用喝道岗，后演变为合道岗。

庄里　庄里有95户，450人，650亩耕地。万氏云谷公在明万历年间从金盘老屋迁此作庄田，建村于庄上，故名庄里。

南坪大队　南坪大队位于公社驻地北7.5千米，辖3个自然村，包括6个生产队，有134户，728人，1492亩耕地、420亩林地、300亩水域面积，主种水稻。中华人民共和国成立前，此地属一区东乡第4保，1955年为乌石乡乌石、南坪、白港三个初级社，1957年转南坪高级社，1958年成立万福公社，以驻地南坪庄命名南坪大队。

南坪庄　南坪庄系南坪大队驻地，有94户，525人，996亩耕地。徐氏正官公在明万历年间从湾里畲牟迁于此定居。传说在明朝嘉靖年间，有位南平王出游江南路经此地，见此地峰峦起伏，青松翠竹，风景宜人，南平王爱其风土，故隐居于此，后来此地便被称为南坪庄。徐氏立村于庄旁，沿用此名。

上白港　上白港有26户，136人。清乾隆年间，徐氏察旭公从南坪迁于此，定居于白港上游，故名。

新兴街　明万历年间，此地是南昌府通往京城的官马大道，路旁有条新兴街，熊氏从安义县上城迁于此，立村于街旁，故用新兴街为村名。

仙里大队　仙里大队位于公社驻地北9千米,辖10个自然村,包括10个生产队,有199户,1425人,1755亩耕地、175亩林地,主种水稻。中华人民共和国成立前,此地属一区五东乡东、西两个保,1957年为仙里高级社,1969年划归乐化公社,以境内仙里地名命名仙里大队。

上屋村　上屋村系仙里大队驻地,有40户,307人,430亩耕地。熊氏在清同治年间从本地八丘村迁于此,立村于旧土库村上首,故名上屋村。

老基熊家　老基熊家有80户,490人,547亩耕地。熊氏兆向公在宋太祖年间从湖北省麻城县迁于此,后嗣繁衍,扩展开支,新支子孙称旧址为老基,故名。

茶园岗　茶园岗有6户,38人。熊氏在清末从本地谢家迁于此,定居于茶园岗上,故名茶园岗。

谢家村　谢家村有46户,421人。清初,熊氏从本地老基熊家迁于此,定居于村旁,故名谢家村。

东岭　东岭有3户,25人。明万历三年(1575),熊氏从老基熊家迁于此,定居于骆驼岭东侧,故名东岭。

旧土库　旧土库有2户,12人。明洪武年间,熊氏从老基熊家迁于此,建一幢大土库,子孙后代分支而居,称此地为旧土库。

官山　官山有5户,38人。刘氏在1948年从骆驼岭迁于此地官山定居,故名。

麻里畲　麻里畲有3户,18人。明初,熊氏从老基熊家迁于此,在麻沙里定居,故名麻里畲。

新基熊家　新基熊家有80户,490人。元初,熊氏从老基熊家迁于此开新基,故名新基熊家。

刘家坊　刘家坊有5户,32人。明末,刘氏德左公从安义县子湖刘家迁此建村坊,村以姓命名。

案塘大队　案塘大队位于公社驻地东北9千米,辖5个自然村,包括7个生产队,有182户,979人,1245亩耕地、2200亩林地,主种水稻。中华人民共和国成立前,此地属一区江桥乡16保,1955年划为官塘、安全、新胜、王丘四个初级社,1957年转为案塘高级社,1958年成立乐化公社,以驻地案塘村命名案塘大队。

案塘村 案塘村系案塘大队驻地,包括3个生产队,有91户,491人,685亩耕地。何氏尚高公在明洪武年间,从本地华庄案塘村迁于此,立村于池塘旁,故名案塘。

白石村 白石村有18户,109人。黎氏永先公在清康熙年间从永修县迁于石英山的山垴定居,故名白石村。

王丘 王丘有27户,153人。宋末,王氏任道公从七里岗大穆王家迁此丘上开支,以姓得名。

谈家 谈家有23户,121人。宋代谈氏先都公从本地谈家咀迁于此,历40代,以姓得名。

官塘 官塘有28户,144人。宋高宗年间,熊氏益如公从樵舍迁于此,定居于官府挖的水塘旁,故名官塘。

桃花大队 桃花大队位于公社驻地北6千米,辖5个自然村,包括10个生产队,有195户,1124人,2430亩耕地、500亩林地,主种水稻。中华人民共和国成立前,此地属一区溪霞乡32、42两个保,1955年划为桃花、象马、吴泽、陈熊四个初级社,1957年转为桃花高级社,1958年成立乐化公社,以驻地桃花岭命名桃花大队。

吴家坪 吴家坪系大队驻地,包括4个生产队,有74户,466人,830亩耕地。明万历年间,吴氏在此定居,故名吴家坪。中华人民共和国成立后,闵、杨、魏姓先后来此,名字仍沿用吴家坪。

象马垄 象马垄有41户,217人。清代,徐氏象气公从本地杨熙迁于地形像马的垄旁定居,故名象马垄。

杨熙赵 杨熙赵有9户,52人。明初,赵氏仁春公从本地水稚赵迁于杨熙定居,故名杨熙赵。

洼里裘家 洼里裘家有34户,219人。1964年,裘氏从溪下山裘家迁此山洼里定居,故名洼里裘家。

程家湾 程家湾有46户,237人。明宣德五年(1430),程氏免宋、免词由南昌市迁于小路拐弯处定居,故名程家湾。

乔岭大队 乔岭大队位于公社驻地西北5千米,辖5个自然村,包括12个生产队,有242户,1365人,1794亩耕地、474亩林地,主种水稻。中华人民共和国成立前，此地属一区溪下乡32、34两个保，1955年为城峰、城群、和平三个初级社，1967年划归乐化公社，以乔岭地片命名乔岭大队。

城峰　城峰系大队驻地，包括3个生产队，有150户，868人，1181亩耕地。李氏在太平天国六年(1856)，由甘舍李迁于四周山峰似城池的山洼里定居，故名城峰。

谈家咀　谈家咀有30户，136人。谈氏在清道光年间从望城乌溪谈家迁于小山口咀定居，故名谈家咀。

王家村　王家村有15户，73人。清康熙年间，王氏由蛟桥太子庙迁于此，以姓得名。

新基王家　新基王家有16户，84人。969年，王家王昆从本地王家来此开新基，故名新基王家。

金家村　金家村有21户，111人。清同治年间，金氏由丰城县迁于此定居，以姓氏命名村名。

新石大队　新石大队位于公社址北5千米，辖5个自然村，包括20个生产队，有422户，2563人，3801亩耕地、5000亩林地，主种水稻。中华人民共和国成立前，此地属一区江桥乡56保、五练乡20保，1957年为黎明高级社，1958年成立乐化公社，以驻地新石街命名新石大队。

新石街　新石街系大队驻地，有44户，204人，459亩耕地。罗氏在明嘉靖年间，从金盘迁于此后，同期徐、裘、李等姓也相继迁于此，开设酒坊、肉坊、油盐杂货店、药店等，并用条形的麻石铺成一条新街，故名新石街。

下家垄　下家垄有20户，14人。明朝初期，徐氏捣托公从乌石南坪庄迁至老支下首垄旁，故名下家垄。

新村　新村有19户，90人。1958年，修溪霞水库，陈、港、涂三姓从溪霞迁出开新基，故名新村。

八一庄　八一庄有30户，184人。清雍正年间，徐氏由乌石迁往81岁老头生儿子的庄上定居，故名八一庄。

刘庄新村　刘庄新村有15户，84人。1970年，刘氏从本地刘家庄迁于此建新村，故名刘庄新村。

华源　华源有31户，165人。清代有几位彭姓人士从德安县老家逃荒至此定居,他们相处和睦,彭氏从此开源传嗣,故名划源,后谐音为华源。

刘家庄　刘家庄有15户,100人。清雍正年间,徐氏从桥南迁于刘家庄上定居,故名。

彭家　彭家有21户,153人。清雍正年间,彭氏从德安县迁于此,以姓得名。

大桥坪　大桥坪有22户,132人。熊氏在清乾隆年间从樵舍赤岗迁于地势平坦的港桥边定居,故名大桥坪。

上戴　上戴有31户,198人。戴氏进和公在南宋淳祐年间从浙江省迁于此,以姓得名。后另一支居于下首,此地故名上戴。

肖家　肖家有14户,81人。清乾隆年间,肖氏田才公从广西省南宁肖家迁于此,以姓得名。

下戴　下戴有46户,390人。南宋淳祐年间,戴氏从上戴迁于此,立村于老支下首,故名下戴。

杉山村　杉山村有27户,160人。明万历年间,朱氏从南昌县塘子港迁于杉树林前面定居,故以植物命名。

港田　港田有52户,326人。明宣德四年(1429),陈氏从大塘程家山迁于田坪小港边定居,故名港田。

田坪戴家　田坪戴家有1户,12人。1965年,戴氏从下戴来此田坪开支,故名田坪戴家。

范家　范家有30户,170人。清嘉庆年间,范氏从大塘抚城万家迁于此,以姓得名。

石咀大队　石咀大队位于公社驻地西北7千米,辖5个自然村,包括14个生产队,有394户,2089人,1324亩耕地,主种水稻。中华人民共和国成立前,此地属溪霞镇35、37两个保,1955年划为石咀、至头两个初级社,1957年转为石咀高级社,1958年成立溪霞公社,以驻地石咀村命名石咀大队。

石咀头　石咀头系大队驻地,包括3个生产队,有8户,428人,254亩耕地。熊氏在清雍正年间从本地万家庄熊家迁于相似咀头的大石旁定居,故名石咀头。

石麓村　石麓村包括4个生产队,有111户,588人,410亩耕地。胡氏在宋朝时期从武宁县迁于小石山麓里定居，故名。

至头村　至头村包括3个生产队，有70户，410人，180亩耕地。刘氏于1958年从溪霞至头村（因建水库）迁出，仍用老村名。

庙外陈家　庙外陈家有40户，196人。陈氏佔春公在清道光年间从庙里迁出，立村庙外，故名庙外陈家。

江村柳家　江村柳家有58户，360人。柳氏士公在明建文年间从星子县湖口柳家迁于江边定居，故名江村柳家。

彭家　南宋绍熙年间，彭氏任通公从武宁县战平彭家迁于此，以姓得名。

甘舍大队　甘舍大队位于公社驻地西北6千米，辖6个自然村，包括12个生产队，有280户，1488人，2231亩耕地、3821亩林地，主种水稻。中华人民共和国成立前，此地属一区溪霞乡33保，1957年为甘舍高级社，1958年成立乐化公社，以驻地甘舍李命名甘舍大队。

甘舍李　甘舍李系大队驻地，包括3个生产队，有227户，1148人，172亩耕地。李侃公在宋朝宝祐二年（1254）从赤海李家流落在外婆家种田，后在甘子（柑子）树下搭一茅舍安身，故名甘舍李。

程家庄　相传明洪武年间，程抚台同盐道使、知县三人共游江南，路经此地，见山清水秀，程抚台便在此建一幢四进别墅休养。明太祖朱元璋游江南时路经此处，御笔书写"明德堂"一匾赐之。后来，居于此地的李氏仍以程家庄为村名。

乔岭洪家　乔岭洪家有17户，95人。洪大顺在清乾隆年间从丰城县洪家迁于乔岭前定居，故名。

庄上　庄上有15户，76人。清咸丰年间，陈氏从靖安县都坑村迁此作庄田，故名庄上。

巷口垄　巷口垄有5户，25人。清乾隆年间，邓氏从本地香门邓迁于山巷垄口上定居，故名巷口垄。

杨家庄　杨家庄有15户，162人。明万历年间，熊氏从湾里朱头岭迁于此，立村于杨家庄上，故名。

白果大队　白果大队位于公社驻地西北7.5千米，辖6个自然村，包括10个生产队，有255户，1278人，1187亩耕地、330亩林地，主种水稻。中华人民共和国成立前，此地为一区溪霞乡36保，1960年划为乐化公社，以朱家白果树命名为白果大队。

香门邓 香门邓系大队驻地，有110户，568人，420亩耕地。邓婆公在清初从河南南阳迁此定居，以香业维生，故名香门邓。

白果朱家 白果朱家有30户，165人。朱园公在明嘉靖年间从江西省乐安徙居此地，以村头白果树得名。

田浦村 田浦村有42户，212人。明太祖年间，高氏瞻望公从溪霞龙水邓迁于水田边定居，故名田浦村。

山房 山房有25户，158人。乾隆年间，邓氏惺惺公从香门邓迁于小山定居，以山和房族得名。

金庄 金庄有21户，129人。清乾隆年间，邓氏从香门邓迁此庄定居，相传此庄曾闻金鸡鸣，故名金庄。

溪霞大队 溪霞大队位于公社地西北7.5千米，辖10个自然村，包括10个生产队，有287户，1453人，1331亩耕地、882亩林地，主种水稻。中华人民共和国成立后，此地为一区溪霞乡36、37、38三个保，1955年为溪霞初级社，1957年为溪霞高级社，1962年属乐化公社，以驻地溪霞命名溪霞大队。

田坪胡家 田坪胡家系大队驻地，有23户，167人，767亩耕地。清乾隆四十五年(1780)，胡城公从溪霞孙坑垄迁来，立村于坪坦田垄中，故名田坪胡家。

孙坑垄溪霞 此村有70户，250人，190亩耕地。陈氏伯述公在洪武年间从九江县陈家迁于孙坑垄山脚下小溪旁，故名。

车头村 车头村有19户，71人。胡氏外华公在清道光年间从孙坑垄分居此地，立村于康仙庙边，烧香拜佛之人常把土车停放此处，故名车头村。

中家村 中家村有24户，115人。明洪武年间，陈氏重威公从九江陈家迁于此，立村于村庄中间，故名中家村。

店园村 店园村有24户，115人。明洪武年间，可复公从奉新县迁于此，立村于康仙庙的小店前面，故名店前，谐音店园村。

义庄 义庄有37户，194人。洪武年间，陈氏重威公兄弟迁于此，立村于小明庄上，因其义重如山，故名义庄。

燕窝村 燕窝村有10户，50人。胡氏可复公在明太祖年间从奉新迁于此，立村于形似燕窝的山洼里，故名燕窝村。

方家　方家有5户，20人。清嘉庆十年(1805)，方氏士孔公从铁河木莲方家迁于此，以姓得名。

龙水　龙水有50户，239人。邓滔公从白果迁于此，传说立村于龙脉地，龙不离水，取吉祥之意，故名龙水。

胡赵大队　胡赵大队位于公社驻地西北5千米，辖7个自然村，包括13个生产队，有273户，1470人，1708亩耕地、210亩林地、800亩水域面积，主种水稻。中华人民共和国成立前，此地属一区溪霞乡35、37、42三个保，1955年为斗门、枫树、沙溪等四个初级社，1957年转枫树、长潭两个高级社，1958年为溪霞公社枫树大队，1962年以驻地命名斗门大队，现与生米公社斗门大队同名，故更名为胡赵大队。

斗门　斗门系大队驻地，有23户，165人，161亩耕地。胡晨公在明末由溪霞车头胡迁于此。胡晨博学多才，诗文出众，在新基新房大门上写了一副“斗星朝北阙，门户拱西山”的对联，故名斗门。

清泉庵　清宣统二年(1910)，盐道史杨明谷回家探亲，路经此地，见一庵堂掩映万花丛中，苍翠葱葱、清泉碧水，爱其山清水秀而买之，取名清泉庵。杨明谷每逢盛夏携眷来此避暑，并留次子常居于此，随后发展为村，仍沿用清泉庵之名。

车枫树村　车枫树村有65户，383人。清乾隆庚午年(1750)秋，胡化公从当地竹林迁于一株大枫树旁，故名。

鹏溪头　鹏溪头有48户，228人。相传除氏来此溪边定居后，常有鹏鸟来溪边栖息，故名鹏溪头。清乾隆年间，胡氏从溪下来此，仍用先居之名。

竹林　竹林有10户，46人。清顺治年间，胡氏迪广公从溪霞燕窝村迁于竹林定居，故名。

涂家　涂家有40户，194人。涂深公在明太祖年间从山西省庐州府流落至此，以姓得名。

七坊　七坊有200户，103人。陈氏从生米七坊迁此，历11代，沿用老基之名。

江桥大队　江桥大队位于公社驻地东北2.5千米，辖6个自然村，包括16

个生产队，有 323 户，1628 人，2294 亩耕地，主种水稻。中华人民共和国成立前，此地属一区江桥乡 3、4、5 三个保。土改时划为 2、3、4、5 四个行政村，1958 年成立江桥公社，以驻地江桥命名江桥大队。

江家桥 江家桥系大队驻地，包括 4 个生产队，有 53 户，102 人，516 亩耕地。江氏伯宽在明太祖年间从永修县涂家埠迁于吴溪港上的小木桥边定居，故名江家桥，后募捐重建成麻石拱桥。

四房邓家 四房邓家包括 3 个生产队，有 88 户，503 人，629 亩耕地。徐清公在明万历年间从溪霞香门邓迁此定居，因祖先排行第四，故名。

厚石裘家 厚石裘家包括 4 个生产队，有 80 户，440 人，610 亩耕地。裘氏风桐公由本地老屋裘家迁至此，遇一堪舆先生指明"以村中间自然生成的那块很厚的石头为村名"，故名厚石裘家，并有古对联为证："笔插安峰写尽乾坤锦绣，砚迁厚石磨出今古文章。"清顺治帝南游路经此村，赐一"龙凤匾"，名"源远堂"（已废）。后裘氏裘四六邀嘉庆帝（未登位时）来此村，嘉庆帝登位时也赐一龙凤匾，名"慎余堂"。

沙滩江家 沙滩江家包括 4 个生产队，有 86 户，610 人，520 亩耕地。明弘治十五年（1502），江氏永琦公从江桥店源港老基迁于吴溪港冲积沙滩坪上定居，故名沙滩江家。

洲上 洲上有 1 户，8 人。民国二十年（1931），王氏从本地宋王村迁于吴溪港洲上定居，故名。

宋王村 宋王村有 15 户，65 人。清同治年间，王氏太生公从七里岗堂村迁此，历 12 代，立村于宋姓旧居，故名宋王村。

徐邓大队 徐邓大队位于公社驻地北 3.5 千米，辖 8 个自然村，包括 11 个生产队，有 263 户，1462 人，2215 亩耕地、90 亩林地，主种水稻。中华人民共和国成立前，此地属一区桃花乡 7 保，之后为江桥乡，1955 年划为江桥初级社，1957 年划为江桥高级社，1958 年属江桥公社，以徐、邓二姓取名徐邓大队。

坎下徐家 坎下徐家系大队驻地，有 58 户，324 人，482 亩耕地。徐氏大同公在元末由乌石迁往小丘坎下定居，故名坎下徐家。

坎下邓家 坎下邓家包括 4 个生产队，有 92 户，525 人，759 亩耕地。明朝崇祯年间，邓氏落虎公从永修县仙东村迁于山坎下定居，故名坎下邓家。

丁家村　丁家村有 2 户,11 人。元末,丁氏从附近丁家迁此居住,以姓得名。

磨山村　磨山村有 25 户,120 人。明崇祯年间,邓氏从永修县仙东迁于程家垄定居,1972 年因修水利又迁至磨山,更名磨山村。

杨家洼　杨家洼有 23 户,113 人。清乾隆年间,万氏本家公从鹭鸶口万家迁于杨氏旧居山洼居住,沿用杨家洼村名。

湾上村　湾上村有 10 户,114 人。明崇祯年间,王兆公从南昌县城头岗迁于港的拐弯处,故名湾上村。

竹山里　竹山里有 25 户,156 人。邓必珊、必湖兄弟二人在清康熙年间从安义县军山迁于竹山旁定居,以植物得名竹山里。

朱家　朱家有 28 户,113 人。清乾隆年间,江氏从江桥甲午村迁至朱氏旧址定居,沿用朱家为村名。

黄墩大队　黄墩大队位于公社驻地东北 2. 5 千米,辖 8 个自然村,包括 15 个生产队,有 318 户,1528 人,2582 亩耕地、330 亩林地。中华人民共和国成立前,此地为一区江桥乡 2 保,之后为江桥乡第一行政村,1955 年划为胜利初级社,1957 年转江桥高级社,1958 年成立江桥公社,以境内黄家墩命名黄墩大队。

雷家村　雷家村系大队驻地,有 59 户,257 人,372 亩耕地。明景泰年间,雷氏应莫公从安义石鼻柑枣园迁此,以姓得名。

古城　古城有 20 户,102 人。元皇庆元年(1312),申氏从湖南迁于此,以姓得名申家村。明末,此村有个申克源曾任江西某地知府,在家乡筑一道土城,名曰"古城"。尔后,村名改为"古城"。此事为同朝大臣得知,当即奏本称申克源"建土城,盖黄瓦,屯兵养马反朝廷",皇帝即降旨将申家满门抄斩,灭九族。畏罪潜逃的申氏后人在清康熙年间回故乡定居,沿用古城旧名。

泉岗垄　泉岗垄有 25 户,136 人。元大德七年(1303),戚宇公从豫章迁于此,立村于山垄岗泉水旁,故称泉岗垄。歌谣:"泉岗垄中不断泉,三年大旱不求天。垄间花草照常绿,同样丰收粮油棉。"

黄家墩　黄家墩有 54 户,298 人。黄氏允通公在明成化十六年(1480)从梅岭迁来,立村于土墩上,故名黄家墩。

港田村　港田村有 60 户,263 人。宋朝,周氏仲良公从安义水安村迁此,立村于两港之间的田坪上，故名港田村。

洪家山　洪家山有 26 户，136 人。明末，洪氏由丰城县泉岗迁于此定居，以姓得名。

港田新村　港田新村有 9 户，55 人。周伍老在 1976 年由港田迁此平山脚下，立村于旧址港田旁，故名港田新村。

新村　新村有 65 户，299 人。南宋绍兴年间，叶氏正吏公从望城北岸迁于此，以姓得名叶家。1968 年，叶、邓二姓合建一新村，故名。

郭台大队　郭台大队位于公社驻地东 4 千米，辖 5 个自然村，包括 9 个生产队，有 242 户，1278 人，2458 亩耕地、400 亩林地，主种水稻。中华人民共和国成立前，此地属一区江桥乡 8、9 两个保，之后为郭台乡，1955 年为上陈、张家、界坛三个初级社，1957 年转郭台高级社，1958 年成立乐化公社，以郭台地片命名郭台大队。

老鼠洞　老鼠洞系大队驻地，有 11 户，72 人，162 亩耕地。邓氏吉任公在明万历年间从安义县院邓家迁此，历 17 代，立村于四周树木遮罩的山岗上，进村的林荫小道两旁，杂树纵横，进村时犹如进老鼠洞一般，故得名老鼠洞。

界檀村　界檀村包括 4 个生产队，有 110 户，580 人，1150 亩耕地、400 亩林地。熊氏荣中公在明太祖年间从石岗界檀村迁此定居，以旧基为村名。明、清吏部天官熊文举即该村人。

上边陈家　上边陈家有 56 户，305 人。陈氏必达公于明永乐年间由高安赤土官庄赴任洪都。“赘始落檀溪二十载，复迁郭台”，其子孙分居于下陈，此地故称为上边陈家。

张家村　张家村有 45 户，234 人。明弘治乙丑年（1505），张氏元混公（科举进士）由南京府松江县来江西南昌府赴任。迨至继东公复迁乐化郭台，以姓得名。

下边陈家　下边陈家有 27 户，156 人。清乾隆年间，陈氏奇德公从上边陈家迁于老基下边定居，故名下边陈家。

天源大队　天源大队位于公社驻地东南 4 千米，辖 4 个自然村，包括 7 个生产队，有 165 户，954 人，1621 亩耕地、1200 亩林地，主种水稻。中华人民共和国成立前，此地为一区江桥乡 10 保，后划为郭台乡，1955 年为 4、5、6 三个初级社，

1957 年转天源高级社，1958 年划归乐化公社，以驻地天宫源王家命名天源大队。

天宫源王家 天宫源王家系大队驻地，包括 4 个生产队，有 76 户，493 人，702 亩耕地。明洪武二年（1369），王氏从七里岗黄家迁于此，定居于“天宫院”的西侧，沿用“天宫院”，得名天宫院王家。后将“院”改为“源”，故名天宫源王家。

桐溪潘村 桐溪潘村有 60 户，324 人，668 亩耕地。潘氏有经公在唐末从武宁县宋溪潘家迁于此，定居于小溪旁的桐林山坡上，故名桐溪潘家。开基古对写道：“桐花卷阳千枝秀，溪水来朝万派宗。”后代和一对联：“村后桐山鸾景气，门前溪水稻花香。”

毕家 毕家有 12 户，79 人。明成化十年（1474），毕氏从武宁毕家迁于此定居，以姓得名。

南屏汪家 南屏汪家有 17 户，103 人。汪氏俊公从蛟桥青岚南平迁于此，立村于陵谷之间。四面群山环绕，苍山翠嶂，林木葱郁，村前南面有大、小两山相对，故以地理景观得名南屏汪家。

中联大队 中联大队位于公社驻地东南 8 千米，辖 5 个自然村，包括 9 个生产队，有 220 户，1131 人，1955 亩耕地、1100 亩林地、1000 亩水域面积，主种水稻。中华人民共和国成立前，此地属一区江桥乡 11 保，之后划为 1、2、3 三个行政村，1955 年为中联、下庄、石光三个初级社，1957 年转南坊高级社，1958 年为乐化公社南坊大队，1977 年以驻地命名中联大队。

中房 中房系大队驻地，有 54 户，280 人。李氏孟雄公在明朝景泰年间从南昌市系马桩迁于此地，孟雄公次子在明天顺年间分居此地，故名中房。

上房 上房有 15 户，82 人。李氏孟雄公长子在明景泰年间迁于此定居，因排行老大，故名上房。

湖下 湖下有 26 户，139 人。明成化年间，李氏文盛公从本地中房迁于霞庄湖下，故名湖下。

下房 下房有 89 户，445 人。孟雄公三子之孙在明弘治年间从老基迁于此定居，因排行最小，故名下房。

龙和团 龙和团有 37 户，181 人。明嘉靖年间，刘氏从安义县塘口刘家迁于此地，取名龙和潭，谐音龙和团。

瓜洲大队　瓜洲大队位于公社驻地东南10千米，辖7个自然村，包括12个生产队，有226户，1246人，1818亩耕地，主种水稻。中华人民共和国成立前，此地属一区江桥乡11、12两个保，1955年划为南坊初级社，1957年转南坊高级社，1958年属乐化公社，以境内瓜洲地片命名瓜洲大队。

渡溪湖　渡溪湖系大队驻地，有20户，131人，195亩耕地。钟氏在1935年由南昌县武阳郭口科迁于渡溪湖旁南山脚下定居，故名渡溪湖。

桃花埠　桃花埠有40户，222人。明万历年间，裘氏由大塘迁于溪水两岸桃花埠口之处定居，故名桃花埠。

桃花　桃花有38户，176人。明朝中期，陶氏由昌邑迁于此，立村于桃花盛开的小山脚下，故名桃花。

河下钟家　河下钟家有32户，182人。清同治年间，钟氏从南昌县武阳郭上钟家迁于赣江西岸边上定居，故名河下钟家。

瓜洲村　瓜洲村有47户，271人。清光绪年间，郭氏由南昌市扬子洲迁于盛产瓜子的洲上定居，故名瓜洲村。

石光村　石光村有31户，161人。清道光年间，戴氏从樵舍镇江边迁于发光亮的石头山脚下定居，故名石光村。

庄上　庄上有19户，120人。清咸丰年间，熊、郭两姓迁于万氏田庄上定居，故名庄上。

安峰尖远景

乐化的特殊地名

桃花岭　桃花岭位于乐化中部，南浔铁路、昌九高速公路、昌九城际铁路、昌九大道、105国道从其脚下穿过，岭地面积约6平方千米，主峰高272米，高山深谷，林木苍翠。岭上原有一座观音庵，站在顶峰，东望赣江波湖如玉带银盘，西看梅岭山峦似万马奔腾，南观省城南昌尽收眼底，北倚上天峰风景秀丽，为古代文人所向往。

由于地理位置险要，桃花岭自古便是兵家争夺要地。农历1926年8月15日，北伐军一度攻占了当时由北洋军阀占领的桃花岭主峰安峰尖，在山中修建工事，架上机枪，与军阀展开激战。由于弹药没有及时运上来，以致无法固守，双方皆伤亡惨重。北伐军于后半夜撤离，旁边另一座山的山坳里，因为埋了不少尸体，因此得名河佬山。1938年日寇兵临江西，国民党当局把桃花岭作为南昌的第一道防线，拆毁铁路，挖断公路，设关堵卡，大有决战之势。折腾了一个月，日军并没有从南浔铁路来，而是从奉新、靖安包抄过来，直接攻占了南昌，这所谓的第一道防线形同虚设。日军占领乐化地区后，大砍桃花岭上的树木并炸毁了岭上的观音庵。中华人民共和国成立后，桃花岭回到人民手中，当地群众在山上种植了大量杉树，使桃花岭重新披上绿装。今日的桃花岭已重新成为旅游胜地，岭下则是交通要道。

桃花岭山势俊秀，满山翠绿，遍野桃花。早年，山上有桃花洞、桃花庵。明代大臣、新建人张位曾隐居桃花岭，自喻桃花人，笑为桃花客。他经常在桃花岭与弟子汤显祖等聚会，吟风弄月，笑桃喜李，日子过得优哉游哉。

相传明朝末年的一个夏天，江南“火炉”南昌热浪袭人，酷暑难当。张位在南昌的居所杏花楼虽独处东湖边，可依然闷热无比。这天，张位应西山香城寺半岩和尚之邀，前去赴会。一行人喜滋滋，一路谈笑风生，渡过赣江，来到西山大岭。张位行走在山间，心间阴霾一扫而光，心胸顿开。进得香城寺，只见佛殿庄严，香烟弥漫，梵音绕耳，他诗兴大发，即吟《题香城寺》一首：

嶂合疑无路，云间别有天。

松岩飞曙雪，石涧注鸣泉。

境僻希来客，心空得上禅。

萧坛霞飘渺，隐隐凤笙传。

随后，张位等又诚邀半岩禅师遍访西山，游桃花岭。

张位在桃花岭流连忘返，居室听风。师徒一行，自以为超然物外。他们在此乐得逍遥，共度悠闲时光。不久，张位在桃花岭上的真君殿后，靠岩建一别墅，名曰接云庵。这位昔日权倾朝野的阁老，独居山中，每日看日出日落，听山中鸟语虫鸣，倒也悠然自得。

一日，张位写了《桃花岭隐居即事》，刻在接云庵后的岩石之上，以明心迹。诗云：

家住杏花村，身寄桃花岭。

日月能几闲，烟霞此宜静。

西风腾万马，南州住千顷。

后拥七星墩，前喷灵泉井。

春风绛萼秾，秋色翠华靓。

筠飔送鸾笙，松月驻鹤影。

紫柏苦尘氛，丹丘乐真景。

倏然不系舟，一笑乾坤永。

诗人把心交给了西山，把情寄予了桃花岭，一种众人皆浊我独清的心境油然而生。权且把自己置身物外，做一回逍遥君子，倒也自在清闲。

他的弟子汤显祖附和张位的心境，也豁然开朗，诗兴大发，在岭上即兴而作《陪张师相桃花岭即事十绝》，抒发对张位的敬慕之情和对桃花岭的缱绻浓情：

（其六）

桃花和雪洗红颜，石室晴雷隐远山。

为报沙城旧仙侣，千年才见一人闲。

（其十）

石梁斜日见游鱼，题柱常惊驷马车。

今日相公成大隐，不劳沉却豫章书。

到了清朝初年，新建乐化人、吏部天官熊文举效仿张位，花重金将桃花岭买下，于山中自吟自唱，无谓得失，春听风，夏听雨，秋赏明月，冬赏瑞雪，在这里度过了他晚年一段难忘的时光。

桃花岭也因为这些名人留下的不朽诗篇而闻名遐迩，成为西山一景，也成为乐化的人文景观和自然景观。

安峰 安峰位于西山山脉东侧，是梅岭的主峰之一，海拔418米，早年属乐化地界。安峰山因山峦叠嶂而显其峰，因其山峰坚峭、奇险、劲节而显其尖，乡人谓之安峰尖。安峰有日迎朝霞岚气缥缈、晚送夕阳紫光峥嵘的绝色，是南昌市民郊游的绝妙佳境，也是西山人文的会集地。

安峰尖状如笔尖，为古代文人墨客行吟的好去处，雅称文笔峰。早年，这里流传着一个十分神奇的故事：

安峰山下厚石裘村的塾馆要招聘执教先生。不少文墨之士闻此消息都赶来应聘。一个其貌不扬、邋遢窝囊、体弱佝偻的穷苦少年，因家道中落，为生计和前程所迫，也来塾馆竞聘。少年来到塾馆，发现已有多位先生捷足先登。少年见这几位鸿儒满口之乎者也，口若悬河，心想自己无才无貌，自叹弗如，难有胜算，于是便想一走了之。转念一想，既来之则安之，再说，这样走了，面子往哪儿搁呢？思考再三，权衡一番后，少年觉得说不定运气好老天能够给一小块天地！左思右想后，他就留下来了。面对这么多前来应聘的先生，村里的长老和主事人左右为难。这个塾馆只需要一名塾师，应聘者各有所长，各有所短，选谁用谁，实难定夺。到底用什么标准选师呢？众人计议一番后，一位受尊重的长老提议："请各位竞聘者面对安峰，以安峰尖为题，十步为限，吟出一副塾馆的楹联来，由各位长老评议，吟得好的即为塾馆先生。"众人听罢，都觉这个主意不错，很有创意也很有针对性。诸位先生和少年虽皆惶惶然面有难色，不过还是硬着头皮面对安峰苦思冥想。诸位先生沉吟良久，皆望峰长叹，穷尽心力，绞尽脑汁，仍一无所获，大家面面相觑不知所措。唯有少年沉吟片刻，望安峰借笔墨，落厚石作纸砚，脱口而出："笔插安峰写尽乾坤锦绣，砚迁厚石磨出今古文章。横批：人杰地灵。"少年五步之内一气呵成，语惊四座。"神联，奇联，有才""后生可畏，无可限量"的击节赞叹声不绝于耳。众乡邻更是纷纷解囊相助，劝其教馆莫忘求功名，耽误自己的美好前程。少年深表谢意，当下即在塾馆教书，培育出不少文人才子，自己也求得功名，成为国家栋梁。安峰尖也因为这个故事有了文笔峰的雅称。

安峰风水绝佳，历史上安峰山下也确实涌现出不少文人学士，包括青岚垅里的罗朝国，赤府乡间的鲁英，双江（今双港、港口）五里两尚书：曹秀先、裘曰修。

安峰尖是西山最高的山峰之一，峰顶有一石头垒成的烽火台。站在台上，极目远眺，周边风光尽收眼底，只见周遭重岩叠嶂，隐天蔽日；岗峦绵延，飞云走雾；幽谷径深，梵音缭绕；奇花异草，绚丽绽放；清泉激石，鸟和成韵；峰连峰接，婀娜多姿。安峰尖山色奇美，美不胜收，雄劲苍茫，蔚为壮观！

仙姑坛　仙姑峰位于乐化乡西部，仙里村地界，海拔 277 米，是乐化第一高峰。仙姑峰下的仙姑坛为并排两幢、前后两进的庙堂，后被日本鬼子拆毁。传说，山上有一块 4 米 ×4 米的晒谷场，有大象吃谷留下的脚印，庙后面还有一张 1.5 ×2 米的石床，附近有月光石，站在石上赏月，月亮特光亮。

云盏寺　云盏寺原名盖云寺，位于乐化乡高岭下，案塘村地界，原有前后两进寺庙，后进在抗战时期被烧毁，前进在“文革”时被拆毁，东边有学屋，常有私塾先生在此讲学。当时有“上天的岭，盖云的寺，金打的桥”的民谣，把附近上天岭、盖云寺和金堂桥三大旅游胜地撮合在一块儿，成为美谈。

大圣殿　大圣殿建在江桥村焦塘附近，有前、后两大殿，供大圣菩萨，常年香火不断。国民党统治时期，此殿为乡政府公署，1927 年江桥农民协会也在此办公。中华人民共和国成立后，此殿被拆至乐化街，改建区公所。

万福庵　万福庵在乌石村，内供天花圣母娘娘，大塘、乐化及永修县部分群众来此祭拜，保佑妇女生男育女。此庵部分建筑尚存，现为乌石村办公房屋。

清泉庵　清泉庵位于溪霞水库溪边，靠梅岭山口。清宣统二年（1910），刑部主事杨增荦回家祭祖，路经此地，见此庵坐落在万花丛中，竹木苍翠，泉水清澈，爱其秀而买之。之后，他每逢盛夏便携眷来此避暑，其子孙后代在此常居，发展为村。此庵后被日寇烧毁。

乐化的故事传说

张位与桃花岭

明代权臣张位对西山情有独钟。他与戏剧家汤显祖、礼部尚书曹学珏及刘应秋、吴应宾等，隐居西山桃花岭的桃花洞，每日品茗以对，丝弦为伴，踪迹遍及西山的每个角落，诗文唱和更是寻常事。

张位曾与曹学珏互吟，自得于桃花岭惬意的悠闲意境。张位作诗《桃花岭隐居即事》（见前文），曹学珏对吟：

褰衣章江波，策足桃花岭。
亦云在西方，朝爽夜逾静。
流泉突千级，明月得万顷。
冷冷一掬余，匪凿自成井。
秧彼吐朱华，山形夭而靓。
濯以云雾姿，泄以江海形。
千岁为开谢，何以瑶池景。
丹成自结实，乃与乾坤永。

汤显祖在《陪张师相桃花岭即事十绝》中，便有"江城重似筑沙堤，弟子从师鸾鹤西。便有人间候云气，碧桃休作武陵迷"的诗句，将桃花岭与陶渊明先生笔下的桃花源对比。可见，这西山桃花岭在张位和汤显祖心目中的神圣地位了。

人将先天的情感倾注于诗中，便有了丰富的想象和难以超越的词句，便有了才思喷涌、才子豪情，于是便在梦境般的天地中享受身心的愉悦。汤显祖在这一点上很直白地表达了自己的观点："桃花峰里吹参差，皓鹤惊飞王母祠。为报文成休辟谷，天书来下帝王师。"西山给了张位及众弟子浓浓的诗情画意。

可惜的是，张位的门下弟子曹学珏在清兵压境后，于山中自缢身亡。殉道酬志，文人的气节能有几人可为？

案堂的由来

案堂村虽说偏居于一个山角落，可这个村子的来历却不小。

早年，这个村子出了个能人熊德宝，在城里做生意，闷声发财，不但在城里做了一进连一进的土库，还回到村里做了一栋山字头土库。熊德宝虽说是个财主，可名声却不好。村里的穷人从来得不到他一丝一毫的接济。他在城里虽然极尽奢华，却对周遭百姓不闻不问，就连官府衙门找他通融，请他关照民生要务，也得不到一杯茶水一杯羹。

熊德宝家财万贯，却膝下无子。他生有两个女儿，长得如花似玉，甚是惹眼。两个女儿每天涂脂抹粉，沿街招摇，银铃般的笑声响彻几条街，引来不少纨绔追逐。熊家被这两个女儿搅得鸡犬不宁，常常因女儿在外惹是生非而祸事缠身。熊德宝被女儿的龌龊事弄得心烦意乱，只能用金钱摆平。终于，熊德宝没待两个女儿满十八岁，便让她俩双双嫁人。

老大嫁给了郜戏昆，老二嫁给了朱娄道。这两个女婿一个长得贼眉鼠眼，一个长得青皮吊耳，城里人都说熊德宝贱卖女儿。城里人按照这两个女婿名字的谐音，给他俩取了“搅屎棍”“猪头脑”的绰号。这“搅屎棍”每日与一帮酒肉朋友招摇过市，吸大烟，逛窑子，花钱如流水。“猪头脑”则好吃懒做，天天要有肉吃，餐餐还要有小酒伺候着。熊德宝原指望女儿出嫁后不再来向娘家讨要，谁知这两个活宝花销如此大，又没有正经职业，处处要娘家贴补。

熊德宝眼瞅着自己累死累活攒下的金山银山被这四人几乎败光，心急如焚。于是，他想了一个十分巧妙的办法。他来到城里的西大街，找到太华金号的老板，想存点金子做硬通货，既好保管又不贬值，什么时候贫穷潦倒了，拿出来都能换到吃喝。

金号老板和熊德宝是生意场上的好朋友。他听熊德宝提出这个请求，当即给熊德宝出主意，建议他请回三尊金菩萨，供在家中。这样，既可以得到菩萨保佑，趋避凶险，平安度世，又可以保财保利。

熊德宝听太华金号老板如是说，也觉得这个主意不错，当即请金号老板动手打制金菩萨。

一个月后，三尊金光灿灿的金菩萨在一个黄昏时刻被熊德宝请回了自己的土库内。

可是，这事还是传到了两个女婿的耳中。

于是，两个女婿便发动自己的老婆来熊家吵着要分浮财。熊德宝原本想请菩萨保财，可没想到这事越弄越复杂，让熊德宝夫妇不得安生。

熊德宝心想，两个女儿这样吵我，我就给熊家留下传宗接代的根苗，看你们还想争个分毫？当下，熊德宝央求媒婆访来一个穷苦出身的女子，明媒正娶地将其接进厅堂。让熊德宝喜出望外的是，他的愿望实现了。五十得子的熊德宝欣喜若狂，心想，这下好了，我有儿子了，你们休想从我这里分“浮财”。

眼看着用正当手段得不到熊德宝的家产，两个女婿便打起了歪主意，经常趁熊德宝不在家便来“顺手牵羊”，不是偷块肉走，就是捡几匹绫罗绸缎。更为让熊德宝担心的是，三尊菩萨也岌岌可危。于是，熊德宝的两个夫人终日轮流值守，不离半步，但如此下去也不是办法。熊德宝坐在屋内，左思右想，晚上睡在床上时，翻来覆去，就是想不出一个好办法。

一天，他来到万寿宫求道问仙，朝觐普天福主许逊。三道香烧过，他摇动爻筒，抽出一签：烽烟陡起三界外，暗塘穷尽五行中。

熊德宝似乎于冥冥中得到启示。他当即以回老家案堂村为自家土库做风水为名，大兴土木，在土库门口开挖人工塘，并在塘西南角栽了一棵香樟树。

水塘挖成后，他从西山开渠引泉水灌塘，又在案堂村后的山上遍栽桃树、李树，成就了案堂的满山红、满村香。

两个女婿百思不得其解，真不知岳父葫芦里卖的什么药。但是，他们发现，家里的三尊金菩萨从此不翼而飞。

两个女婿旁敲侧击，总想探到熊德宝的口风。可熊德宝守口如瓶，每天只悠闲自得地抱着儿子满街开心玩耍，活像一个老顽童。

处理好了三尊金菩萨，这熊德宝与两位夫人从此安心睡觉，自在吃饭，日子过得挺滋润。

郜戏昆见套不出岳丈的话，便想了个办法。他成天酗酒，醉后便打老婆。他老婆哭哭啼啼地回到娘家，求熊德宝发善心，分给她一尊金菩萨。谁知他们这一套早被熊德宝识破，任女儿女婿闹得天翻地覆，熊德宝愣是装作没听见。

二女婿朱娄道平常没脑子，这一回却心生一计。他给老婆吹枕边风，让她如此这般，依计而行。

这二女儿来到熊家，对熊德宝夫妇及偏房热情无比，端茶送饭，抱着小弟弟亲了又亲。她去金号给小弟弟买小金猪挂件佩戴在他胸前辟邪，又给小弟弟买瓷枕消夏。总之，什么手段尽孝，什么法儿尽忠，都被这个二女儿用尽。这样折腾了一段时间，熊德宝对女儿的做派很高兴。可高兴归高兴，熊德宝依然不吐露半个字儿。

两个女婿百般无奈，只好去求打卦先生。打卦先生闷了半天，从牙缝中挤出几个字：金猪满山跑，佛祖过堂前。

两人在一起合计了半天，咬文嚼字，终于还是打出了个响屁。他俩来到熊德宝的老家，在案堂村的后山上，漫山遍野地寻找金菩萨。他们用铁镐在石头缝中、树蔸下，四出开挖。只可惜，金子没挖到，部戏昆却被一块巨石滚落砸中，一命呜呼。

一句“金猪满山跑”让部戏昆丢了性命，也让朱娄道吓丢了魂。朱娄道回到家中，一直在想卦语的后半句：佛祖过堂前。这“猪头脑”想了半天还是想出了道道，这不是明摆着说，这菩萨就埋藏在祖堂地下吗？

他又急急忙忙地返回案堂村，将熊德宝家的祖堂掘地三尺。这祖堂地下翻了个底朝天，可哪里有金菩萨的影子。

“猪头脑”沮丧万分，只得跌跌撞撞打道回府。

这金菩萨成了个谜。

“猪头脑”躺在床上日思夜想，想破了脑子，也想不到答案。

于是，“猪头脑”故技重施。一天，他来到丈母娘家，在小舅子身上下功夫，连哄带骗让小孩子跟他上街吃喝玩乐。在一个点心店让小舅子吃饱喝足后，“猪头脑”见火候到了，便央求他去老丈人那打探金菩萨的下落。

俗话说“吃人家的嘴短，拿人家的手软”，这小孩当即满口答应去帮姐夫打探。

熊德宝倒是没有上当，他假装告诉自己的儿子，金菩萨藏在一个金鸡孵蛋的枯井里。小孩十分高兴，马上就告诉了姐夫。

“猪头脑”听了这个准信，再度前往案堂村打探有没有金鸡孵蛋的枯井。结果还真有这么个地方，就在案堂村后山深处。事不宜迟，“猪头脑”带着绳索来到后山，找到枯井，将绳子一头套在一棵树上，让妻子在上面照应，自己顺着绳子往下滑。

这“猪头脑”也是命该绝于此，没待他滑到井底，绳子就突然断了，“猪头脑”掉进井底，摔折了腿，又没有找到金菩萨，只得呜呜喊救命。

妻子在井边干着急，又不好张扬，只好朝井中喊话，让丈夫用随身带来的铲子在井壁上凿些窟窿往上爬。

谁料这枯井年久失修，“猪头脑”这一凿，引起了枯井大面积坍塌，反倒把性命搭了进去。

原来，老谋深算的熊德宝把三尊金菩萨藏在了门前水塘底下。儿子懂事成年、成家立业后，他又悄无声息地将水塘里的水抽干，将三尊金菩萨取出，交给自己的儿子，要求子孙后代将金菩萨保管好，不示人，不显摆，暗藏起来，守口如瓶。从此，这三尊金菩萨便成了熊家的传家宝，世世代代传下去。

熊德宝的儿孙也遵循祖训，代代接力，悄无声息地保守着这家族秘密。据说这三尊金菩萨至今还在案塘村的后山上熠熠发光呢。

案堂村也因此叫作案塘村了。

金盘村的来历

很早以前，金盘是个穷地方，光山秃岭，石头不长草，有花不结果。不少人只好背井离乡，有的干脆端着碗沿乡乞讨。

相传金盘山东边的水乡泽国鄱阳湖边有一个平原，不知何时从北方开来了一支船队，为首的名叫刘贺。据说，这刘贺还当过几天皇帝，由于在京城斗不过权臣，被皇太后贬到江南，而且带来了几百船的金银珠宝，就连附近百姓向朝廷进贡的皇粮也直接向他缴纳。这个消息不啻为一声惊雷，在江南大地炸响。人们奔走相告，好像天上掉下一个大元宝，见者有份。

聪明的乞丐万呆子闻言，心中便打起了小九九。他将乞讨来的铜角子，凑上几文钱，搭条便船，向刘贺的领地昌邑山进发。

金盘村

万呆子来到王府，算是开了眼界。只见这土城雄伟壮丽，宫宇飞檐翘角，让万呆子看了心怯。他在城外转了几圈，守城军士都不开门。万呆子饿得肚子咕咕叫，他在心里怪恨自己，真不知中了什么魔障，来这里寻找吃食。

来这里的何止万呆子一个，昌邑城外饿殍遍野。万呆子就像饿狼一般，每天绕着城墙转，狂号、咒骂、歇斯底里，骂累了、骂困了，他就倚着土城根，迎着暖洋洋的冬日，鼾声大作……他在做美梦，梦见废帝刘贺给他端来一个盘子，里面装着热气腾腾的糯米粑。他刚准备伸手去接，这饼却飞腾起来。万呆子急得蹦起来，可饼早已无影无踪。

万呆子在斜阳中抖擞精神，意欲站起来，可一阵晕眩，让他险些栽倒。他不得已，无可奈何地倚着墙根，失望地看着夕阳缓缓西下。

就在这时，一个粗重的声音将他的魂灵唤回了躯壳。

“丐子，当差吗？”

当差？万呆子百思不得其解。

“对呀！抬举你呢。”

万呆子生怕自己的耳朵出了问题：“你们说什么？再说一遍。”

“呀，好大的架子，爷算是给傻子传话了。我们城的主子招募你当差，你小子是一步登天啊！”

天底下还有这等好事！“只要有碗饭吃，就是让我下湖捉龙王也愿意。”

“好，跟我们进城！”

几个军士拥着万呆子晃悠悠进城。

万呆子没吃饭，肚子里没货，只能倚着这些军士前行。有个老成点的军士看不下去，从兜中掏出一个香喷喷的煨红薯递给万呆子。

这简直是雪中送炭。万呆子接过红薯狼吞虎咽，连那黑黑的薯皮也一并吞进了肚里。

进得中门，旌旗猎猎，刀枪森严，吓得万呆子魂飞魄散。他这辈子还没见过这等阵势。一声“跪下”，惊醒梦中人。万呆子抬头望去，只见中央大位上坐着一位威严的男子。

万呆子脚下一软，旋即跪地，纳头便拜。

“你在城外行乞多日，饿了吧？”

“嗯，”万呆子心想，这主子还蛮有善心，“不敢骗主子，现在最好赏碗饭吃。”

“哈，进我城中行乞来啦，你不怕我将你扫地出门？”

万呆子连连跪求：“主子行行好，给碗饭吃，赴汤蹈火，在所不辞。”

“真的？一言为定。”

“君子一言，驷马难追。”

“好，你就帮我将城外那些乞丐组织起来当我的夜军。”

夜军？这可是美差。原来这昌邑王刘贺自从引了百余条战船、商船、官船在这昌邑王城落脚后，就被湖东余干那边的土匪盯上了。他们闻到“鱼腥味”，几乎夜夜前来骚扰，让刘贺不得安宁。眼见局面难控，从北方带来的几十个卫士又不习水性，刘贺想到用这些乞丐兵来对付土匪。这些乞丐平日里得不到温饱，也得不到别人高看一眼，有碗热饭热汤，命都舍得付出。

万呆子是其中的活跃分子。刘贺与他见面，让他受宠若惊。士为知己者死，万呆子当即拍着胸脯向刘贺保证：指东不往西，打南不冲北，而且他也发誓忠于刘贺。

刘贺毕竟是当过皇帝的人，受过挫折，有过教训，懂得用人之道。他大胆起用万呆子来当这乞丐军的首领，让这些乞丐彻夜守卫土城。

刘贺问万呆子叫什么名字。万呆子傻里傻气地回答道：“不好听的名字，万呆子。”刘贺乐了：“看你人倒不呆，怎么叫如此一个名字，又怎么能当统领？这样吧，从今往后你就叫万来财。”

万呆子得到废帝刘贺赐名，这是何等的荣耀。于是，他逢人就夸耀刘贺对他的宠幸。万呆子摇身一变成了万来财，身价也持续上涨，众乞丐望尘莫及，对万来财崇拜无比。

万来财一朝权在手，便把令来行。他将二十余名乞丐分成六组，每组两个时辰，轮流上城。整个夜晚人不离城墙，城墙不离人，几个毛贼水寇连城墙的边都摸不到。更让人刮目相看的是，这乞丐军在万来财的管理下，纪律严明，赏罚分明。不误工、不缺勤、不耽误时辰者，每人晚上加赏红薯两块、米酒一杯。这些举措让乞丐军人人奋起、个个争先，昌邑王城固若金汤。

一个月黑风高之夜，从东边大水面上来了一伙水寇，他们仗着人多势众，在大船搁浅后，跳下滩头，想冲进城。这天晚上，正是万来财带队巡逻。他在暗处见这伙人来势汹汹，当即点亮火把，敲锣狂喊，组织乞丐军端着刀叉向水寇猛冲。这些水寇还真没见过如此阵势，一时吓蒙了，纷纷退却，朝船上猛爬。那开船的也急了，匆忙起锚转舵。万来财率领的乞丐军奋不顾身，英勇杀贼。水寇们有的死在了岸上，有的死在了船舱中，没死的纷纷跪地求饶。

这一仗，城未破，财未失，还抓获了十几个毛贼，万来财的乞丐军毫发未伤。万来财赤膊上阵、身先士卒是打赢这场恶仗的关键。昌邑王刘贺闻言十分高兴，当下做出决定，犒赏乞丐军。

昌邑王刘贺稳坐中军帐，满意地望着这帮乞丐。他让下人端出一个金光灿灿的金盘子，盘子里盛着一锭亮闪闪的马蹄金。

乞丐们一见这稀罕物，眼睛都放光了。刘贺指着万来财说："喏，万来财，这回你真来财了。这金盘子、金锭全给你。"

"给我?"万来财简直不敢相信自己的耳朵。

"对，赏给你，你为王城立下汗马功劳，论功行赏，你是头功，我就得重重赏你。"

这真是天上掉下了金元宝。万来财语无伦次、不知所措。他战战兢兢地从王府管家手中接过盘子，脸上笑开了花。众乞丐也用羡慕的目光望着万来财。

这笔赏赐不仅是钱财，还有无上的荣耀。万来财时来运转，发大财了。他当即用这锭金子购买田产。至于那盘子，众亲朋好友都想一睹为快，可万来财懂得财不露白的道理，他将这个盘子藏在故乡的山中。人们问他盘子在哪，他指着大山就说："喏，就在那!"

从此，人们就顺口将万来财的故乡叫作金盘村。

新石街的趣闻

这是一条古街，在乐化镇北约五千米，江桥老街北一千米处。老街长约一千米。

新石街

新石街位于古驿道上，早年这里的古驿道沿安义往北，是去京城方向的旱道之一。新石街南接江桥老街，再往南连接乐化老街，往东连接樵舍街。

早在清朝初年，新石街边所有田地皆为裘姓所有。裘家在此设裘家庄，管理私田租谷，建有仓廪及裘家庄园等。

新石街因此还留下了一个美丽的故事：

相传有一年，裘姓一公子随家中管家等来到义庄，一来收田租，二来游山玩水散散心。公子小姐太太们的车马迤逦而行，近午时分，方才来到义庄。大家饥肠辘辘，车马劳顿，见路旁有一女子在卖糯米团子，便围了上去，纷纷掏出碎银毫子买团子充饥。

这团子竟是如此软糯香甜爽口，众人赞不绝口。太太们不仅欣赏美味，也很会评判人，都说这女孩不仅做的团子香甜可口，人也长得恬静秀美。有人问女孩芳名，女孩羞答答地说："人家都叫我田舍，也叫我舍妹子。"

大家都说，没想到这穷乡僻壤还长出这么个水灵灵、如花似玉的姑娘来！

有的人说，舍妹子这么漂亮的一个姑娘，竟在路边卖团子，实在糟蹋。也有的人说，老天有眼，让舍妹子这么个有灵气的女孩在义庄侍候俺们，真是有福气啊！

舍妹子听了众人的夸赞，羞得两腮通红。

裘姓众游客中，一个高挑的公子哥儿在一旁看得出神。听了众人的议论，他不由得凑上前来，当即掏出银子对女孩说："这挑子内的糯米团子，我全买下。"

新石村景

女孩听了欣喜若狂，能如此照顾生意，实乃美事也！女孩不由得抬起杏眼，多看了公子几眼。这舍妹子不看则已，一看大吃一惊，这公子也出脱得潇洒英俊、一表人才。

四目相对，热情似火。两人眉目传情，大有相见恨晚之感。

裘姓众女辈见状都打趣："大新哥哥莫不是要在义庄抱得美人归？"

"糯米团子黏口了，男大当婚，女大当嫁，只是……"

"只是什么？"

"只是……门不当，户不对。"一位老妇道破玄机，众人皆哑口无言。

裘大新倒不管这么多，上前抢了女孩的挑子，自己扛了扁担，招呼女孩一道进庄去。

舍妹子瞧了瞧裘大新，忸怩不定，犹疑不决，迟疑着不肯入内。裘大新道："来吧，来吧，庄子也不会吃了你，只管随我走动便是。"

舍妹子随公子款款而行，众人紧随其后，叽叽喳喳，嘻嘻哈哈。

让大家始料未及的是，先行进庄的裘大新母亲听下人绘声绘色地谈论此事后，竟大发雷霆：“门不当，户不对，怎么可以如此荒唐，引一个闺女进庄。”

裘大新沉默不语。众皆鸦雀无声。老夫人放话了，这幕闹剧按理也到了收场时分。

只是，当裘姓男女玩够乐遍返回南昌城后，这裘大新茶饭不思，长辈们反复开导都不管用。这下可急坏了裘老夫人，慌忙命下人前往裘家庄寻找那位舍妹子。

新石畅青楼

没想到，前往田庄寻访的下人回来禀报，舍妹子不见了。

更让人心焦也惊奇的是，不久，裘大新也不见了。

裘家人如热锅上的蚂蚁，急得团团转，四下寻找。日子眨眼而过，几天下来，两人依然没有踪迹。

后来，这个故事在南昌城传出好几个版本：有的说这对小情侣去了西山万寿宫修道；有的说他俩搭商船去了汉口；有的说他俩跳水自杀了；有的说他俩做起了乞丐夫妻……众说纷纭，无奇不有。

一年过去，两年无音讯，三年无下落。裘家人惋惜也罢、伤心也罢，可日子还得过。时间久了，人们也开始渐渐淡忘此事。

有一日，裘家一位进京赶考的举人，自南昌城西出，穿行古驿道，过裘家田庄，再往西，远远望见一旗挑子，上面赫然写着：新舍酒家。小旗在夜风中飘扬，煞是惹眼。

这个举人眼见夜色将近，便决定在此留宿打尖一夜，翌日再动身。于是，他与书童走进了酒家。店家赶紧前来招呼，举人一看不由得百感交集，原来店家正是失散多年的弟弟裘大新。

尴尬，无语，沉寂，悲戚。

舍妹子走出来，丈二和尚摸不着头脑，连连责怪自己的丈夫："大新，发什么呆，接客啊！"

裘大新猛地醒悟过来，结结巴巴道："大哥，里屋坐，里屋再叙。"

举人也回过神来，他一把扯住弟弟，激动地说："原来你们还真的做了夫妻，开起了夫妻店。跟我回南昌，我也不进京赶考了。你跟我回家。"

舍妹子见状，愣住了。她进也不是，退也不是，双手搓着围裙，不知如何是好。

新石村景

裘大新扒开哥哥的手，说道："木已成舟，我们早就是夫妻，还有了一双儿女。你让我如何能舍弃这里跟你回去。"

哥哥看看裘大新，看看舍妹子，一时没了辙。

倒是裘大新异常冷静，他将哥哥让进里屋，让舍妹子温了一壶热酒，弄了几个下酒菜，与哥哥畅叙胸怀。

他对哥哥说："大哥你千万别为我的事误了正途。你照样去赶考。我在此静候佳音。待你一举成名天下知后，我陪哥哥前往裘家厂向双亲当面谢罪请罚。"

哥哥听弟弟如此说，也只好长叹一口气，感慨道："这也是天意啊！父母最看重你，原指望你考取功名，结果你一去不回，倒让为兄一把年纪还在科场奔波，无出头之日。"

裘大新敬了兄长一杯，劝解道："兄长文字功夫好生了得，此去必定高中。我们裘氏一门贤能辈出，你本就是其中的一员。弟弟先敬大哥一杯，今年京中皇榜一定会有裘氏二郎在列。"

"那就借吾弟吉言。"老举人胸口一热，当下连干三杯。

这一夜，兄弟无眠，互叙离别之苦。

令人没有想到的是，裘大新的兄长此去京城，一路顺风顺水，高中进士二榜第十三名。

裘二郎兴冲冲衣锦还乡，舍妹子点燃长长的爆竹迎接兄长。一家人高高兴兴离了新舍酒家，前往南昌城。新舍酒家从此更名为进士酒家，名动南昌城。

再别江桥

早年的江桥老街热闹非凡，所谓的老街是在喜河两岸各有半条街。沿河两岸商铺林立，只是河上无桥，来往旅客、商人等全靠一只渡船过河。

且说这江桥老街街心，河的两边各有一家店铺：一家名为江记瓷器店；一家名为郎香绸缎店。瓷器店的老板是江桥江家人江鼎新，绸缎店的老板是外地来的商户，老板娘叫胡梅香。

两家店隔河相望，生意都不错。平日里两家走动不多，但是生意上的互帮互助却不少。江记瓷器店有时租船去南昌城或吴城售货，江老板是个好心人，常帮着胡梅香的绸缎店捎带销售几匹绸缎，省了绸缎店的租船费。为了感谢江老板，胡梅香常常送些自己家乡的特产丰城冻米糖给江老板，以表谢意。这江老板喜甜食，胡梅香送来的零食正合胃口。但是江老板也不白吃，他挑了件景德镇窑场烧制的送子观音瓷像还礼。胡梅香兴高采烈，接过菩萨连念阿弥陀佛。

两家店因为利益上的相互照顾，走得更亲了。没想到此事牵动了江记老板娘姚四花的神经。看着胡梅香对自己的丈夫打躬作揖,她隐隐觉得自己的地位极有可能发生动摇。于是,她千方百计使小心眼,设绊子。

一天,江鼎新又要去南昌城售货,胡梅香似乎早就得了消息,一大早便乘渡船过河来央求江老板搭货。见到刚从船上跳下的胡梅香,姚四花便迎了上去:"我们家鼎新说,这次去南昌,船上装得重。你看,老天又刮起了西北风。去时倒好,顺风顺水,回时就得请纤夫拉纤了。这次搭货,怕是船吃水深,风险大啊!"

胡梅香听姚四花如此一番言语,愣住了。

此时,江老板从屋内走出来,见了胡梅香忙笑着打招呼:"胡妹子怕是要搭货吧?"

"是哩,是哩。"胡梅香看了看姚四花说,"就怕你的船重,载不了……"

"载得了,载得……"

"今天咱们家的货多,船吃水深,再加上刮了老北风,搭不得货啊!"姚四花白了自己丈夫一眼,冷冷地说道,"能给别人捎货,还不如自己家多装点。"

江鼎新不知所措了。平日里,他对妻子言听计从,只能支吾道:"那,哎,货是重点,哎,搭点,搭点也无大碍吧。"

姚四花眼见丈夫想驳她的脸面,狠狠瞪了江鼎新一眼。

江鼎新哭丧着脸,彻底熄火了。

胡梅香见状，忙自嘲道："也是，我还真不知轻重。搭货不搭货倒在其次，江老板为人实在我谨记在心。"

在姚四花看来，胡梅香是在向江鼎新抛媚眼，暗送秋波，是要和她打擂台，杠上了。她要防患于未然，要让江桥这条河阻隔对岸胡梅香的念想。

胡梅香自讨没趣，货没搭成，还惹一身骚。悻悻回船时，这姚四花竟端了盆脏水，泼于胡梅香的船头，骂街道："送盆溲水喂猪啊！"

胡梅香一听，也来火了："哟，还动真的，也不照照镜子，江鼎新怎么被'拉郎配'拉了这么一朵黄瓜花，真是奇了。"

姚四花听了，更是气不打一处来，开始泼妇骂街："不要脸的骚货，天天追别人的老公，满街追不说，还追过河来。"

姚四花这一骂，也触动了胡梅香的神经。她顾不上船已离岸，纵身跳下船来，与姚四花展开"巅峰对决"。

两个女人互相撕扯，谁都不肯松手。看热闹的人里三层外三层，她俩的这番打斗令两家店颜面尽失。江鼎新百般无奈，只好挡在中间，用自己的身子筑墙隔开两人。

姚四花眼见气力难支，斗不过胡梅香，再加上围观群众都认为是姚四花挑事，对她嗤之以鼻，指指点点，她只好放过胡梅香，顺势揪住丈夫，连扇耳光。

胡梅香的丈夫听说自己的妻子在对岸闹得不可开交，也过河来。他见妻子披头散发、衣衫不整，急忙扯了妻子的手上船。胡梅香占了上风，也见好就收。

要说这事就此告一段落，也就罢了。偏偏胡梅香身正不怕影子斜，依然找江鼎新搭货。虽然两人自始至终清清白白，但流言蜚语却越传越盛。姚四花本就心胸狭隘，如此一来竟气得病倒了，瘫在床上。瓷器店少了老板娘打理，江鼎新忙得焦头烂额，生意也每况愈下。

这时，胡梅香走进了江鼎新的家，帮助江鼎新照料姚四花，喂水倒尿，无微不至。姚四花躺在床上感激涕零，试想天下有几个女人能像胡梅香这样不计前嫌。胡梅香的丈夫也深明大义，在生意上处处帮助江鼎新，两家人处得比一家人还亲。再后来，两家人从长计议，为了方便照看生意，决定干脆就近采石，建一座单孔石桥。

说建就建，两家当即筹款，择日动工，从附近的金盘山上采来石料，请来石匠师傅。很快，一座石桥立于河上。人们从此便将此桥冠名江桥。

檀溪改道

熊文举是一个有大智慧的人,他是明清两朝的贰臣。在明代为官时,他一腔热血,总以为自己能鲲鹏展翅,飞跃到一个难以企及的高度。而进入清代后,他大事不糊涂,小事装糊涂,一味地迁就朝廷,顺水推舟行走于官道。在积怨难平的心境里,他寻找生命的出口。他甚至自甘堕落,狎妓以度日。终身事两朝的经历令他终日难得开心颜。

第二次告病回乡时,英雄迟暮的他终抱得美人归。杜氏是熊文举的侧室,她明眸皓齿,温婉如玉,姿色天成,俏丽若三春之桃,清素若九秋之菊。面对可人的小娇娘和秦淮河上的画舫,融融暖意融化了熊文举心头的冰雪。杜氏温文尔雅,琴棋书画无一不精,时常与熊文举诗文答对,令人刮目相看。

熊文举醉倒在销金帐内,激情燃烧的销魂时刻,他将杜氏拥入船舱,带着她一道南下回乡。清代女词人朱中楣(熊文举朋友李元鼎的夫人)作有《南乡子·送熊雪堂少宰年嫂杜猗兰南旋》记载熊文举的这次携妾返乡,雪堂即是熊文举的号,猗兰则是杜氏的名字。其词曰:"秋色淡晴光。又听呢喃话别长。随趁莼鲈归去早,称觞。帆曳西风还芰香。何日逐归樯。不为惊秋泪染裳。雁足那堪传客信,悲伤。眉黛牵愁酒数行。"

早年的士大夫,三妻四妾算是家常便饭,熊文举自然也难免俗。官场失意的他,在寻找心灵的慰藉之时得到一块璞玉,得意之情溢于言表。

一弯明月斜挂东天,湖如明镜,照得见肝肠。微风荡漾,细数着依依情话。才子佳人的相依相偎,与这月色扯动岁月的风铃,唱着别样的生命之歌。

相悦、相知,这是何等畅快淋漓的景致,足以打发无眠的舟船之旅。

船过鄱阳湖,来到鄱湖西汊的吴城。

这里是繁华的江南集镇,历史上有"装不尽的吴城,卸不完的汉口"之说。上得岸来,眺望南天,故乡桃花埠已依稀可辨。熊文举立在船头,挽着杜氏,万分感慨:"大丈夫举仕为官,经历了多少纠结,有过宠幸,也有过玷辱,只有今天,才找到了归宿,找到了依附。"

杜氏似乎也被感染了:"大人胸襟广过鄱阳湖,情满鄱阳湖,妾身虽没有很深的阅历，但深知人生之爱莫大过此。您对我的这份情，容后再报。”

熊文举心潮澎湃，只把杜氏紧紧地抱住……

萎靡、屈辱、低沉、无助以至自怨自艾，一切都见鬼去吧！熊文举此时此刻找回了自信，找回了自我，也找到了知己。

熊文举抚着杜氏，行走在吴城街头，如粗茶淡饭的柴米夫妻，在米店询问，在柴火店购物，以备回到老家过冬使用。他们在熙熙攘攘的人群中过了一回平民百姓的生活。

随后，两人移步万寿宫，在天师许逊的金身前跪拜。杜氏轻摇爻筒，问卦求签，抽了一支上上签，其签语云：“国事纷繁沉春色，平生无悔刘玄德。夫人骑马子龙随，踏井凭栏泪如泽。”

杜氏不解签语，连连追问熊文举。熊文举只是笑笑，在殿中将各位神仙参拜一番，便搂着杜氏回船。

吴城的府臣听说熊文举来了，急匆匆赶到船边，请熊文举前往府中，以便设宴款待。

熊文举似乎并不领情，他笑着说：“此番老夫摘去顶戴告病回乡，沿途不想惊动地方官员。再说，倦鸟归林，不如早早返家，就不劳诸位大驾了。”

府臣听熊文举如是说，便不再勉强，只命下人送来清油一桶、花生一袋、湖鱼几十斤、猪肉半边。

熊文举再三推辞不受，可府臣们不依不饶，倒是杜氏扯了扯熊文举的衣角：“别不领情，人家真情相送，咱就收下吧。”

熊文举对杜氏言听计从，当下即收礼答谢，起锚南行，扬帆回乡。两人一路快乐逍遥。

这是一次愉快的旅行，杜氏的出现，就像在船舱中置放了一盆火红的玫瑰，曾经的多少烦忧、多少凄寂，仿佛都丢进了云梦泽。熊文举以狂夫自喻，他在送给杜氏的诗中写道：“万里遥天欢海桴，十年春梦等狂夫。邵平不怨忘东汉，范蠡多情笑故吴。只觉幽人家薜荔，相逢山下采蘼芜。何方箫管盈门槛，简点茶汤问小姑。”

熊文举在诗中以汉初邵平规劝萧何的故事自喻。故事讲的是汉高祖刘邦处死韩信后，封萧何为相。群臣皆庆贺，唯独邵平对萧何说：“皇上在外带兵打仗，留你镇守关中，你没有战功，还封你食邑五千户，派出五百卫士保护你。韩信反叛已使皇上对众臣皆起疑心，派五百人来做你的卫士，并不是保护你，而是监视你。你大祸临头了。”萧何大惊失色，急忙向邵平请教对策。邵平说：“我建议你将自己的儿孙都送上战场，让皇上使驭，把你家中的财产全部捐给皇上，以此消除皇上对你的猜疑。”萧何依邵平之计行事，刘邦果然大喜，从此更信任萧何。熊文举以此事引申比喻自己的身世，为免清廷猜忌，他也卸下顶戴花翎，一头扎进情海以此证明自己对身事两朝的态度。

他又以范蠡携西施隐身西湖的故事暗喻自己的心志。功劳盖世的范蠡帮助勾践灭了吴国，在庆功宴刚完后，即带上西施，悄悄乘一条小船离开，在太湖边的五里湖栖身。风景优美、山清水秀的湖边风光，成就了两人的一段美好幸福时光。后来，为了躲过文种的追杀，范蠡又带着西施偷偷隐身于西湖。似曾相识的历史新篇，把熊文举与杜氏又送上了如此一条情爱之路，这好像是一种历史的契合。

带妾返乡是早年士大夫的一种荣耀。当熊文举的船靠岸时，他的发妻叶氏、副室朱氏、儿子业华赶来迎接。熊文举搀着杜氏缓缓下船，叶氏见此一幕，眼不跳、脸不热，不愠不火。她带几分矜持，面带一丝笑意，为丈夫拂尘掸灰。

倒是朱氏见熊文举拥着一位新人款款走上码头，脸色顿时如猪肝。她经受不住这种滴血的场面，撇下儿子业华不管，扭头即往回狂奔。熊文举将小儿子业华搂在怀中，歉意地朝众位前来接风的亲友笑笑。

南方的湿冷裹住了人们的笑意，人情冷暖在这一刻表现得再充分不过。

南昌东湖旁的熊家大院没有了往昔的喧哗和热闹，只有那不知冷热的小鸟在院子里飞来飞去，啾啾叫个不停。

让熊文举没有料到的是，朱氏回屋后，不哭不闹，平静得出奇。

熊文举一个劲地赔不是，乞求朱氏的原谅。可朱氏一直沉默寡言，不吐半个字。

俗话说：三个女人一台戏。熊文举家的这台戏却没有太多的噱头，让外人嚼之无味。熊文举在每位夫人的院中穿梭奔走，倾吐自己离乡后的思念，讲自己为官不易、处世之难，谈及自己身事两朝的苦衷，叙述朝堂之上的高处不胜寒。只因为打发孤寂，只因为寻找一份心灵安慰，他娶了杜氏。理由讲了千万遍，家人的冷漠并没有因为他的讲述而改变。

朱氏在一个月黑风高的夜晚，毫不犹豫地迈出了熊氏大院，走进庵堂，从此一绝凡念，甘心向佛。孤灯青影，陪伴暮鼓晨钟而终。

在南昌城待了不到半载，朱氏的出家及家人的冷漠让熊文举不得不携了杜氏再度上船。他们避过冬日的风雨，待到山花烂漫的夏季，择日回到桃花埠界檀老家。

杜氏也如释重负。她倒宁愿随丈夫去做山林野叟，两人相依相随，效陶渊明，种豆南山下，夫扛锄头妻背篓，隐身山居，相偕白头。

舟自赣江顺流而下，至桃花埠，转檀溪向西，向界檀行进。檀溪之水，自西山大岭而出，桃花埠是它的下游，舟行界檀，非得请纤夫不可。

赤日炎炎，江西的七月，酷暑难当。纤夫们在岸上光着膀子，纤绳勒进肉中，横着身子，歇斯底里地唱着纤歌：

较劲拉啊！

拿命拼啊！

面朝黄土啊！

背朝天！

穷人的力啊！

富人的钱！

拿命换啊！

活过天啊！

…………

杜氏坐在船头，优哉游哉地观风景，好不舒心惬意。她忍俊不禁地对熊文举说："这些人一个个如铁牛、黑煞一般，好挡风雨哩。"

熊文举忙怼道："不可这样笑话小民，他们是我们的衣食父母。"

杜氏双颊飞红，顿时语塞。不过，她很快又戳了熊文举一指头，娇嗔地倒在丈夫的怀抱。

七月的老天就像端了个烧红的烙铁，炙烤世间万物。此时正是山洪暴发期，山中流出的清泉水也成了浊浪黄汤，如一匹脱缰的野马，横冲直撞。熊文举的船，也被这浪冲得寸步难行。纤夫们已经被这船耗得筋疲力尽。烈日的暴晒与沉重的纤绳使纤夫们大汗淋漓，浑身油污。到这份上，纤夫们也就顾不得害羞，纷纷脱了破烂的短裤，光屁股拉纤了。

杜氏看得眼热心跳，无可奈何，只好缩进了如蒸笼的船舱。

熊文举的眉头也蹙紧了。这不能责怪纤夫们，有伤风化也是迫不得已。老天不给纤夫颜面，谁又能见招拆招，帮助纤夫们解除路途的艰辛？话说回来，若没有这酷暑，五谷能够生长？天下百姓不喝西北风才怪呢！

终于回到界檀村，这个既熟悉又陌生的地方。

熊文举生在这里，却长在城里。儿时的记忆就像刀子刻在心中的印记一样。

熊文举的天官府邸在故乡檀溪虽然算不上奢华，却也有几分鹤立鸡群之感。院中有厅，厅旁有厢房，厅后又有房，一连三进，倚着山势，呈步步高之势。更为独特的是，后进有个高出房子的绣楼，坐在楼里，湖光山色尽收眼底。

杜氏深深地爱上了檀溪，每天早上沏上一杯西山云雾茶，端坐于楼内，与熊文举共度美好时光。

凉风送爽，香樟飘香，绣楼里的温馨无比。熊文举陶醉其间，不能自拔。杜氏高雅诱人的气质和可餐的秀色，非叶氏和朱氏可比。

杜氏浅吟："昨夜西风凋碧树，独上高楼，望尽天涯路。"熊文举不禁心头一热，搂着杜氏极尽爱抚。

杜氏又吟："众里寻他千百度，蓦然回首，那人却在灯火阑珊处。"熊文举充满爱意，吻着杜氏的额头笑答道："衣带渐宽终不悔，为伊消得人憔悴。"

两人相视而笑，纵情山水莽苍中。

窗外，檀溪上帆过舟往，顺流挂帆，逆流拉纤。众多纤夫背负麻缆纤绳，光着身子，就像背负着沉重的人生十字架，犹如原始生存状态下的人们，成为溪河边一道特殊的风景。

熊文举实在看不入眼，命人将绣楼的南窗和西窗都挂上窗帘。

杜氏可忍受不了憋闷，她执意撩开窗帘，让一丝丝微风穿窗而过。

熊文举一直用大蒲扇替杜氏驱赶闷热，见杜氏粉脸沁汗，连连用绢帕为杜氏擦脸。

杜氏似乎对窗外溪边的特殊风景很感兴趣，她指指点点道："倒是男人好，热了，脱个精光。”

熊文举苦笑着，没有吭声。

第二天，他便召集族内长老们商量将檀溪裁弯取直之事。不过，族内长老们都不开口说话。眼看此事即将泡汤，熊文举只能干瞪眼。一位长老闭着眼睛，嚅嚅言道：“别的不担心，只愁银两。民工有的是，可他们也得填饱肚子，没钱难办事啊。”这位长老一语中的，众皆附和。

熊文举笑着说：“找诸位来商量，并不是要你们凑钱。我也知道乡亲们的苦衷，钱由我掏。重要的是，众人须全力以赴，以工代赈。相信在座各位也能明白我这么做的良苦用心。”

众位乡邻听说熊文举出资金，再高兴不过了。他登高一呼，岂有不响应之理。檀溪裁弯改直，也免去了纤夫之苦，何乐而不为？大家听熊文举言罢，皆齐声附和。

熊文举花钱修整檀溪，这也是功在千秋的大事。才几天工夫，乐化附近乡镇就有几千民工来到工地。大家将檀溪拦断，在干涸的溪道中取直，开挖新的溪道，让溪水不再经过天官府邸。

因为熊文举的善举，两年不到，改道的檀溪即成功放水。但是，农村人认为，这次改道破坏了天官府邸的风水。一风水师路过檀溪时，指着天官府论断：此府败相已出，家族难出巢窝。说来也巧，此府自熊文举之后再无能人，此是后话。乐化至今还流传着熊文举为了杜氏而让檀溪改道的故事，两人也成就了一段爱情佳话。

南昌四大家族

早年的南昌,与今日雄阔的大南昌比,可谓小巫见大巫。一道城墙,圈了个小圈,坐落在赣江东岸,便算是江南有名的豫章古城了。

顺着城西德胜门水运码头渡江往北行走十几里,便是双港。双港枕赣江、倚西山,依山傍水,很得风水之妙。隆起的西山大岭在乐化渐渐降下云头,成就了双港阡陌一片。闻名遐迩的桃花埠,将双港妆扮成美人胚子。老人们讲古时说,双港的风水,就在于这满山的桃花。据说,桃花埠的桃花在乾隆时期开得最盛,满山的桃花似如织锦,铺天盖地,让城里那些少爷小姐、官吏商贾纷纷前来踏青。双港因之成了"桃花福地"。

福地福人居。乾隆年间,双港的裘家和曹家成了南昌城的热门话题。这里先后出现了两个显赫人物:裘家的裘曰修、曹家的曹秀先。

早年,南昌城内有段歌谣:"弯弯曲曲的蒋家(蒋士铨),红红绿绿的裘家(裘曰修),莺歌燕舞的包家(包竺峰),铜墙铁壁的干家(干以濂)。"在这几个家族中,蒋士铨的文声最甚,他诗、文、戏剧无所不通,乾隆帝曾赞誉他和彭元瑞为"江右两名士"。裘曰修则是蒋家的恩人,蒋士铨在踏上仕途之前,裘曰修便对这位少年才俊的文名有所了解,曾经有意识地提携过蒋士铨。

南昌蒋家世居小金台,只有破屋几间。蒋士铨中进士,任蕺山书院院长后,即在南昌大兴土木,兴建大宅院,名曰"藏园"。藏园位于今站前西路北边,绳金塔街东。同时,他还兴建了"蒋氏祠堂",后为绳金塔小学。

包家的包竺峰,是晚清的人物,他是南昌鼎鼎有名的大商户。包氏家族大都以钱庄、油行、布行、纸庄为业。据说包竺峰凭借与军阀张勋的关系,迅速扩张产业。他的商业足迹遍布上海、南京、徐州、杭州等地。金钱的聚集,使包竺峰想到了自己的栖身之处,想到了该给后代留下一份基业。于是,他在老南昌东起下三益巷,南自干家前巷,西至六眼井,北至象山南路以北修建包家大院。民国时期,包竺峰任国民党江西银行行长,又在青云谱开建包家花园,占地面积20亩。

同样是在乾隆年间,南昌还立起了另一所大宅院。时任宁夏兵备道的干以濂辞官不做，回到南方，来南昌大兴土木。他在今南昌干家前巷和干家后巷之间兴建了干家大屋。

四大家族中，禄位最旺的莫过于裘家了。裘家历史上曾经世居双港，可到了裘曰修的父亲手上，即离开裘家在南昌城内的裘家厂、大士院一带，兴建裘家大宅，一幢连一幢，一进连一进，威严气派，雄伟壮丽。至今，南昌市胜利路和象山北路一带还有裘氏家族生活过的痕迹。

汪家村的变迁

1941 年，日军进犯江南，欲取江西省省会南昌。在地面部队没有开战之前，日寇经常派飞机轰炸南昌。

其时的国民党江西省政府大员几成惊弓之鸟。由于经济困顿、政治腐败，身在南昌的国民党大小官员人心浮动。眼见日军攻势渐紧，街道上人心惶惶，谣言四起。不少主政大员皆在研究自己的后路。不少人主张迁移省会，不少人主张弃城而去。不管是何决议，都没有考虑老百姓的安危，根本不顾市民的生死存亡。

后来，轰炸密度越来越大，主逃派很快占了上风。国民党政府中有不少新建籍官员，他们建议将省府、市府、县府一并迁入乐化汪家村，这个村地处西山大岭，山高林密，易守难攻。

经过一番勘察，很快，这个村成了抗战初期国民党江西省政府的避难所。

可惜好景不长，后来日军开始发动对江西的地面攻势，从湖口攻入，随后聚集大军于赣北永修一带，自水路用炮艇和飞机猛烈轰炸南昌西北门户重镇吴城。得手后，地面部队开始南侵。在这之前，省城来的官员早已脚底抹油，撤往赣南，国民党新建县政府也开始从汪家撤离，官员及其家眷，商人皆迁往本县松湖镇。

直到抗战胜利，国民党新建县政府才又重新搬回乐化老街。

1958 年，国家修建乐化水库，汪家村村民在政府的动员下搬离老基，汪家村至今已在水下安睡了半个多世纪。

乐化水库至今仍然记住了汪家村人舍小家顾大家所做出的牺牲。从乐化水库流出的清泉水至今惠及下游万亩良田，自流灌溉模式使那些早年的不毛之地成为富庶良田。

历史人物逸闻趣事

水利河工裘曰修

从不会做官到很会做官，乾隆年间的裘曰修的经历，在清朝的官吏中是比较典型的。说到做官，每个官员都有自己的一套经验。学养、知识、才干、爱好，甚至先天的个性也在很大程度上成为为官之道的基本要素。

裘曰修是乾隆四年(1739)进士，改庶吉士。自编修五迁至侍郎，历任兵、吏、户三部。裘曰修任京官时，与同在京为官的翰林学士、同乡胡中藻关系较为热络。胡中藻有诗才，文辞险怪，常以韩愈自命。只可惜，这位怪才却触了龙颜。有人将胡中藻的诗句“一把心肠论浊清”呈乾隆皇帝御鉴，乾隆帝大兴文字狱，震慑汉族官员，以悖逆罪将胡中藻下狱处死，并满门抄斩。裘曰修将此消息泄露出去，遭到乾隆帝的诘问。裘曰修坚决不承认，乾隆帝带证人前来对质，证人当即表态“曰修面欺”。乾隆帝将裘曰修贬为右中允，据说，裘曰修还因此遭了牢狱之灾。这件事让裘曰修在官场摔了第一跤。可他并没有气馁，为了改变为官方式和行事风格，他开始了新的为官历程。

历史上，黄河水一直是令统治者十分头疼的事。众多官员遇上这事都巴不得绕着走，生怕沾上脱不了干系。这种出力不讨好的事，做好了，很难得到皇上的赏识；做坏了，贬官撤职就是家常便饭。而且，治理黄河是历朝历代官员提心吊胆的事，不知有多少官员栽过跟头。有前车之鉴，后继者哪里还敢去捅这马蜂窝？偏偏裘曰修不信邪，别人不敢揽的瓷器活，他偏要用上自己这把金刚钻。他在皇帝面前领下了这份差事，昼行夜宿，沿着黄河故道，一路迤逦而行。自黄河口上溯，出山东，过河南，到安徽，一路考察，深究水患原因。然后，他根据自己在考察过程中看到的、想到的问题，上书乾隆帝。每到一处州县，他都要提出治理水患的具体办法，让皇帝称心。他一心为朝廷的举动也让众多地方官吏深受感动，大家都对他钦佩有加。同时，大家对他事必躬亲、礼贤下士的风格也很敬重。于是，地方巡抚、道台也都愿意和他配合，郑重其事地与他一道上奏折，力陈地方水患治理之策。他在安徽偕巡抚上书，为了疏导濉河、泗水、安河、潼河之水，建议疏浚灵璧、虹县等地河道，以利洪水下泄注入洪泽湖。这道奏折得到皇帝的赞同。随后，裘曰修又与河南巡抚胡宝瑔一道上奏：黄河自荥泽以下各支，由于泥沙淤积，皆浅阻不能宣泄，应该疏浚。到了山东，裘曰修又与巡抚鹤年一道请求皇上恩准疏浚馆陶、临清运河，加高堤埝，由官仓赈米，实行修补。这些建议都得到了乾隆皇帝的首肯，他命裘曰修牵头实施。之后，裘曰修又马不停蹄地来到安徽指导疏浚宿州境内的濉河。这些举措令乾隆皇帝龙颜大悦，并御赐诗予以褒奖。

乾隆二十六年（1761），黄河杨桥段决口，皇上命裘曰修前往河南赈灾。裘曰修奏请皇上恩准，广设粥棚，以工代赈，又请培补沁水堤，并赈济流民。裘曰修奔走于黄河故道，顾不得自己困乏劳顿，只求水患早除，为皇上分忧。也就在这节骨眼上，他的儿子裘麟去世，皇上考虑到裘曰修中年丧子，召其回京，他却千推万阻。

于是，乾隆皇帝令人在河南立起中州治河碑，褒扬他的治水功绩：曰修及宝瑔，不惜工、不爱帑、不劳民、上源下流，以次就治。

乾隆二十八年（1763），裘曰修又受皇上派遣前往直隶治水，疏完河道回京，署吏部侍郎。

乾隆三十一年（1766），乾隆皇帝再度命裘曰修巡视山东、河南水利岁修情况。裘曰修当即上奏：山东、河南毗连处，由于每年农闲季节岁修，河道淤塞现象得到根治，堤岸也加高加固。皇上接到奏章后，当即予裘曰修迁尚书，历礼、工、刑三部。

乾隆三十三年（1768），裘曰修生母去世，他回乡丁忧。乾隆三十四年（1769），裘曰修再次被皇帝召见，授刑部尚书。也是在这一年，江南、山东蝗虫群虐，殃及京师。裘曰修来到武清，责命顺天府前往捕治。皇上知情后，责备裘曰修没有亲力亲为，将其降职为工部侍郎。

乾隆三十六年（1771），裘曰修又遵乾隆皇帝旨意，前往沧州勘察运河。他巡察后，建议降低大坝地基，疏下游引河，裁弯取直，使黄河顺流入海。皇上很满意，恢复其工部尚书之职兼南书房行走。

乾隆三十八年（1773）四月，裘曰修因病请求归养。乾隆皇帝说，钱陈群得病，他年事已高，我让他归养，可曰修才六十岁，不能像钱陈群一样引退。乾隆皇帝赐诗挽留，并经常遣人探询病情，派御医前往治病，并加封裘曰修为太子少傅。

纵观裘曰修的一生，他深谙为官之道，谨小慎微，勤勉恭谦。裘曰修是清朝杰出的治水专家，他一生治水二十八处，疏浚河道六十七条，完成堤防三千余里。裘曰修既有为官之德，又有从政之绩，堪称典范。

裘行简治吏

嘉庆六年(1801),经略大臣额勒登保领兵驻扎在略阳剿匪,嘉庆帝命令裘行简前往陕西犒劳前方将士。裘行简观察了当时军队的驻防情况后,向各路军队建言并向皇帝汇报,大意是:“川、陕地方乃兵家要地,必须派兵严守要冲,使陕西的匪寇不入四川,四川的匪寇不入陕西,逼匪寇向东逃窜,经略再以大兵镇压,成功指日可待,定当擒获贼首。”他又建言,应该在宝鸡至褒城一带,设栈道哨卡布重兵把守,并在要害之处设立重兵大营,阻断贼匪的退路,又可以通粮运。裘行简的建议得到嘉庆皇帝的重视,嘉庆皇帝下旨要求各路兵马依照裘行简的计策行事。因为裘行简的建议得到有效实施,陕西、四川一带平安无事,老百姓生活安定,匪患得到根治,整个大西北军事、政治面貌焕然一新。嘉庆皇帝对此十分满意,任命裘行简为太仆寺卿,赐花翎,同时外调为河南布政使。

不久,裘行简因母亲病故,回京服丧,服丧期满后补福建布政使。福建当时政事荒废、百业待兴,自乾隆末年至嘉庆年间一直让朝廷担忧,各州县钱谷出入,账目不清,贪渎现象十分严重。裘行简锐意革新,他理顺各级账目,清理仓库财产库存,使下属各司账册一目了然,创增的子项目笔笔清楚,粮草丝毫无差,官吏们谁也不敢贪污受贿。嘉庆九年(1804),裘行简应召进京,因为当时嘉

义门裘氏

庆帝想厘清直隶仓库，知道裘行简是治吏理财的好手，特将其调任，负责直隶仓库的厘清工作。裘行简上任后恩威并施，将清查出来的问题逐条上奏，大意是：“直隶州县动不动便以皇差为名，借口负担过重，常常出现亏空。自乾隆十五年(1750)至乾隆三十年(1765)，乾隆皇帝四次南巡，六次差务，怎么会没有亏空？乾隆四十五年(1780)至乾隆五十七年(1792)，乾隆皇帝两次南巡，差务较少，而亏空却与日俱增。由于地方大吏贪黩营私，结交馈送，有些开支事项并非出于差务需要，其实是各级官员借机索拿卡要，加上近几年来一直没有对各级官员进行考察和审核，任其泛滥成灾，相习成风。皇上可以令州县官员们扪心自问，他们向朝廷所交纳的捐官肥己之钱，究竟是从何处而来？这是我作为一个臣子不敢代皇上做出的解释。如果这些亏空分年弥补，则有两难：直隶驿务繁多，所有收入，只可调剂开支，又没有别的途径获得收入，此为一难也。现任官员的亏空，如果要让他们自己补齐并给予期限，这些人就是卖田鬻产，也没有办法解决。若追究前任官员的责任，按任职年限弥补，这些人也未必同意解囊，这样的话势必给仓库造成前欠未清，后面亏空又至的局面，此为二难也。州县亏欠无法弥补，理应由道府分赔；道府亏欠无法弥补，由院司摊赔。现今直隶未申明定例，请皇上再宽限一年。如各州县财产实属尽绝，着落上司分别赔缴。嘉庆十年(1805)以后,所发生的亏欠缺口,唯有依法从事,不得混入清查,这样的话就不会出现宽纵。"裘行简的奏疏呈到嘉庆帝面前,嘉庆帝看后十分高兴,认为裘行简思路明晰、处理得当、治理有方,当即下旨让部会议行,并任命裘行简为兵部侍郎兼直隶总督。自此,裘行简在官场上一帆风顺,深得皇上恩宠。

裘家老土库

裘皇姑千里救夫

裘曰修是裘君弼的小妾生的儿子,年轻时也过了一段苦日子。虽说有一碗粗茶淡饭,可比起钟鸣鼎食之家,生活过得十分寒酸。

裘君弼娶裘曰修的母亲王氏时已近暮年,十七岁的黄花闺女王氏嫁给裘君弼,也算是一片真情。王氏与裘君弼在京城过了几年好日子,生下裘曰修后,裘君弼的父亲裘琅便在京城去世。于是,裘君弼带了一家老小,回到南昌丁忧三年,裘曰修的童年就是在南昌度过的。三年后,裘君弼返京为官,不幸在任上逝世。王氏像被人敲了一记闷棍,忧郁不已,只好携儿子裘曰修护送丈夫的棺椁回到南昌。

义门裘氏

王氏年轻守寡,儿子成了她最大的寄托。裘曰修也不负母亲厚望,一心苦读,只求金榜题名。裘曰修 28 岁时考中殿试二甲第七名进士,擢为庶吉士,散馆后又被授职为编修。由于勤政有才,裘曰修政声初显,受到乾隆帝的看重,在吏部为官,当了吏部侍郎。裘曰修在任上勤勤恳恳、忠诚踏实,官运亨通。谁知,一件与他不很相干的事,竟差点儿葬送了他的前程,甚至差点儿丢掉性命。

当时,新建在京城为官者已有多人,其中才华横溢、名动京城的要数胡中藻。这胡中藻自恃有才,在京任职期间得罪了很多权贵,只因一句诗"一把心肠论浊清”招来杀身之祸，竟落得满门抄斩，株连九族。俗话说“老乡见老乡，两眼泪汪汪”，何况又同朝为官，人家有难，焉能见死不救？裘曰修本是正直之人，他便斗胆前往乾隆皇帝面前替胡中藻解释。谁知这一去惹恼了乾隆帝，裘曰修也被关入牢中。

裘家人得知消息后，当即将这事飞报还在南昌的裘曰修夫人熊月英。熊月英出身南昌望族月池熊家，人生得牛高马大，脸上长了不少梅花斑，看相先生说这叫“七星伴月”，为有福之相。

相传裘曰修在父亲去世后，遵母命与时年七岁的南昌县冈上月池熊家的熊月英定下了娃娃亲。到了男大当婚、女大当嫁的年龄，母亲王夫人便迫不及待地让裘曰修将熊月英娶进门。一个月朗风清的仲秋之夜，前厅的酒席上，客人已散去。伴随着热闹的鼓乐声和亲戚朋友的恭贺声，裘曰修牵红绳将熊月英接进洞房。长得帅气的新郎裘曰修心想，自己的另一半一定是貌若天仙的新娘。可当他急不可耐地上前揭去新娘的红盖头时，面前的一幕将他惊呆了，妻子竟是个麻婆子。他一时不知所措，一屁股坐在床沿，呆若木鸡，娶妻的新鲜感和兴奋感，以及迫切渴求床笫之欢的兴奋感，顿时飘到九霄云外。带着沉重的失落感，裘曰修在新房中踱来踱去，沉思良久，来到书案旁，顺手推开窗户，抬头凝望天空被浮云遮住的月亮，信手提笔在纸上写了一句：“抬头不见月……”熊氏等候多时不见丈夫动静，知道丈夫有心曲，便款款来到裘曰修身边，察看丈夫所写的文字，小声念过后便娇羞地对裘曰修说：“夫君，妾身愿续之。”随后，她提笔写道："遥见满天星。众星拱北斗，牛女朝帝京。"裘曰修见诗一震，心想熊月英果然非等闲女流之辈，娶之大有裨益，当即动情一笑，大加赞美。两人相视莞尔，相拥入帷，共叙夫妻之情。

虽说这熊月英不算漂亮，但治家很有一套。平日里，裘家一应大小事情全由熊氏做主。更令人惊叹的是，熊氏还有一双大脚，走路带风，风风火火。她看起来粗手笨脚，但在待人接物上落落大方，有条不紊，让人赞叹。

听说丈夫在京城落难，这熊月英如何沉得住气。她闻讯后，吃不下饭，睡不着觉，思虑再三，决定自己进京救夫。

这真难为了熊夫人。进京城路途遥远，舟车劳顿，风餐露宿，少说也得一两个月，何况她还是一个女人，一个出生在小地方的女人。众多的兄弟叔伯都劝她不要起这份心，天长路远，一个女人多有不便，实在不是个办法。熊月英可不在乎这些，她打定了主意，牛也拉不回。她备足了干粮，雇了条船，便头也不回地下鄱阳湖了。

老屋裘村

这熊月英一路吃尽苦头不说，来到京城，面对高墙大院，她不由得茫然痛哭起来。幸亏新建籍京官不少，听说裘夫人来了，将她找到，带进府邸歇息。熊月英真恨不得迅速越过高墙栅栏，将丈夫早早救出监牢。

一个弱女子要想救夫谈何容易。一个很有头脑的新建籍京官绞尽脑汁想出一个点子。于是，熊月英每天都来到金銮殿外等候宫里的人出宫。

这天正好遇上皇太后钮祜禄氏前往市郊庙中为死去的女儿贵枝格格烧香。熊月英见有八抬大轿前呼后拥而出，当即跪在轿前，纳头便拜，口口声声喊冤。这皇太后老眼昏花，蒙眬中见一女子跪在轿前，不由得细细打量。不看不要紧，这一看让皇太后大吃一惊："哎呀，这不是我那心爱的女儿回来了吗?"

众嫔妃、丫鬟也连连称奇，都顺着皇太后的口风连连喊道："果真是格格回来了，格格还魂了。"

皇太后下懿旨将"女儿"熊月英带进后宫，熊月英明知太后认错人，也装聋作哑、逢场作戏，进得内宫，纳头便拜："叩母后金安，女儿有礼了!"

皇太后乐不可支，当即要太监将皇上请来。乾隆帝听了太监的禀报，知道是太后想女心切，错认女儿了。但他转念又想，只要能解开母亲思女心切的心结，让母后高兴，将错就错，也未必不是好事。想到这里，乾隆帝在太监的导引下，进入后宫。

见乾隆帝来了，皇太后忙指着熊月英对乾隆帝说："皇儿呀，你看，你的御妹回来啦。"说着，她又指着乾隆帝对熊月英说："哎呀，女儿呀，还不快快拜过皇兄。"

熊月英浑身哆嗦着慌忙跪下，纳头便拜："皇兄在上，请受妹妹一拜!""御妹请起，御妹请起。"乾隆帝忙将熊月英搀起。

这时，乾隆帝才细细打量这个"御妹"，只见她身材高大，脸上有许多梅花斑，乍一看去，真与自己的妹妹很像。既然已经相认，这事也就将错就错，了母亲一个心愿。

这熊月英见事情已到此份上，也十分乐意。她心想，皇上金口玉言，认了自己为御妹，这可是打灯笼都难找的好事，说不定，自己救夫，就靠这一招了。

她几乎每天都心诚意笃地陪着"母后"，极尽能事地讨"母后"欢心。日子久了，皇太后也知自己因爱女心切，当时错认了对象。可有这个"女儿"哄着，她也心安理得，何乐而不为呢?

秋风落叶又一季，与皇太后相处久了，熊月英与太后的关系越发融洽。

一日，太后聊起心事，熊月英眼见时机成熟，当即呜咽起来。皇太后将"女儿"搀起，连连询问缘由。于是，熊月英便把自己本是南昌人氏，只因丈夫含冤入狱，自己懵懵懂懂不远千里前来京城救夫的经过叙述了一遍。皇太后一听，也觉得量刑太重，当即唤来乾隆帝询问详情。

老屋裘村

乾隆帝一听这御妹原来是裘曰修的妻子，也觉得这女子不平凡，便动了恻隐之心。再说，这御妹认了，也不能说改就改，皇帝金口玉言，驷马难追。既然事已至此，况且裘曰修罪不当诛，他索性做个顺水人情。

乾隆帝当即命人将裘曰修放出监牢，官复原职。乾隆帝细想一番后，又觉得如此处理不妥，随即又下圣旨，让裘曰修任工部行走，负责治理黄河泛滥事宜。乾隆帝将治理黄河泛滥这一千古难题扔给了裘曰修，言下之意：治得好，将功补过，治得不好，重新治罪也不迟。

裘曰修本是干练之臣，他在治黄河任上，不负皇上厚望，将泛滥成灾的黄河治理得井井有条，深得皇上器重，晋升工部尚书。

这就是熊月英千里迢迢冒死进京救夫出冤狱的故事。

蒋士铨与《西江祝嘏》

蒋士铨是铅山人，出生在南昌城里的小金台。他从小受母亲的影响，喜文辞、通歌赋，聪颖异常，诗文答对应付自如。

乾隆十六年(1751)，为庆祝皇太后寿诞，乾隆帝费尽了心思。京城灯会，人海如潮，从西华门至西直门的十余里路上张灯结彩，沿途成了花的海洋。人们享受着皇权赐予的欢乐，诗人赵翼形容："锦绣山河，金银宫阙。剪彩为花，铺绵为屋。"乾隆帝为博母亲欢颜，寿典排场宏大，盛况空前，充分显示了皇家气派。地方官员正好借此良机取悦皇上，投其所好。江西人首选的寿礼贡物自然是瓷器，盖因江西景德镇当时是世界瓷都，所产青白瓷质地优良，远销海内外。但是常在御前走动的裘曰修认为，景德镇御窑厂每年进贡给朝廷的瓷器数以万计，应该别出心裁，弄点新奇亮丽的东西来取悦皇太后和皇上。裘曰修想到乾隆帝和皇太后喜欢看戏，便欲献剧本祝寿。可是，为皇太后祝寿的剧本非同一般，必须是上乘之作，要想取悦皇上和皇太后谈何容易。这时，裘曰修想到了蒋士铨。

蒋士铨与裘曰修的儿子裘超然是同窗好友。在这之前，蒋士铨曾写剧本《一片石》，在南昌引起轰动。裘超然常常在父亲面前提及蒋士铨的才华。裘曰修在给江西布政使王兴吾的信中提及让蒋士铨为皇太后寿诞写戏祝嘏。王兴吾也乐于玉成，有意识地把担子落到蒋士铨肩上，将他推向台前。裘曰修和王兴吾不仅成就了蒋士铨的锦绣文章，也算慧眼识才，成就了蒋士铨的身前身后名。

能够以自己所撰的剧本奉上京城，置于皇上的案牍，虽说不是惊天动地之事，却也是人生乐事。从某种意义上讲，这也是蒋士铨的机遇。一旦剧本得到朝廷的赏识，便可名动京城，让天下文士高看一眼。蒋士铨期冀功名，但更看重才子的名声。平日里，他有几分清高，不免也有些自负，这种生命的常态支撑着他的信念，得意地行走在人生的旅途。平日里，他与好友杨垕、汪轫、赵由仪过从甚密，出入于南昌的酒楼茶肆，笑谈文章，砌句堆诗，无所不及。只是，当蒋士铨向杨垕等人讲起自己受江西京官裘曰修、江西布政使王兴吾所托，将要为皇太后寿诞写戏祝嘏时，大家都笑了。杨垕说："你写什么都可以，写这玩意儿，你摸得准皇帝的脉搏？对得了皇上的胃口？”

赵由仪也认为：“这戏嘛，写也罢，不写也罢，既换不了功名，又兑不来银子，纯属枉费心机。”

汪韧倒不这么看，他认为这是一奇招，保不定这几出戏名动京师，龙颜大悦，赏赐无数。蒋士铨听着大家的奇谈怪论，也不置可否地跟着笑了起来。

众人一路有说有笑，走过百花洲，来到水观音亭。只见娄妃的梳妆台遗址已成街楼巷肆，灯红酒绿，纸醉金迷，人们都沉浸在梦幻般的盛世太平景象中。远处传来一阵悠扬悦耳的笛声，漾开人们心间情愫。

蒋士铨似有感慨，长长地吁了一口气。

“朱门酒肉臭，路有冻死骨。”赵由仪心间似有不平，“这些纨绔公子哥倒好，放胆放量，在这酒楼纵欲。那些端着破碗、栖息于庙角街檐的穷苦百姓则饥寒交迫。”

大家相视无言，陷入沉思。人创造历史，历史是人写的。为自己的历史写上浓墨重彩的一笔，人生的意义凸显在文字里，也不枉为文人这一称号了。只有文字能够抨击这不平的历史，让那些苦寒弱者也能享受人的平等和尊严。为皇太后写剧本正是蒋士铨对这种生存理念的诠释。他想搏一回，好坏让人评说，起码自己写了，试了，无怨无悔。蒋士铨这人，做事看准了就毫不犹豫，动了念头便下笔如有神。他一挥而就，写了四个祝寿的剧本。

蒋士铨小金台居所的灯光闪烁，那窗口的灯火彻夜不熄。为皇太后写祝寿戏，换个人也许是苦差，但对蒋士铨来说，不过是雕虫小技，信手拈来。一个剧本，一天或几天完成，对他来说是家常便饭。蒋士铨才思敏捷，诗文句句铿锵，语词精练，文法独特。他的思绪在历史的隧道中奔驰，遴选出他要抒写的所谓与龟鹤遐寿、松鹤遐龄相关联的故事。他要在舞台上展示一个肃穆、庄重的主题，使皇太后感兴趣，为她求取精神上的新生，达到延年益寿的目的。

在这四个剧本中，他几乎竭尽所能，华美的语言、优美的词句、富有特色的内容，使剧本生辉添彩。他似乎对自己信心满满，觉得凭自己的文笔能够一鸣惊人，成为天下人看重的才子。

四个剧本的内容并不复杂，以史实贯穿剧情，以真名实姓的剧中人物演绎寿庆升平的世间景象。

《康衢乐》是蒋士铨动笔撰写的第一个剧本，他在剧本里用“呈瑞”“游衢”“宫训”“朝仪”四折，影射乾隆帝为皇太后祝寿。

《康衢乐》完成后，蒋士铨意犹未尽，文思如泉涌，又开始创作《忉利天》。这个剧本同样分为四折，分“设会”“市花”“无逅”“庆圆”四个部分……蒋士铨在剧本中甚至有调侃自己的内容，亦庄亦谐，让人忍俊不禁。四部戏剧倾注了他不少心血，也成全了他的才子声名。不求得到皇室的满意，只向人间留下身前身后名，这或许正是蒋士铨的追求。

蒋士铨的四个剧本，突出的一点，就是热闹。每个剧本出场的人物都在二十个以上，尤其以女性居多。俗话说“三个女人一台戏”，何况是这么多身份高贵的女人，大家聚在一起，仙乐未央、寿事设会、普天共庆，天宫的盛世之景寓意为人间的康乾盛世。蒋士铨的祝寿戏文选择了上佳的切入点。

蒋士铨的四个剧本在文法语句、字词运用上，可谓匠心独具。这四个剧本汇成《西江祝嘏》杂剧作品集，由裘超然捎带入京。裘曰修细细披阅后，将剧本散发给京城士大夫，众皆称奇，蒋士铨由此名声大噪。虽然《西江祝嘏》四个剧本都是祝寿戏，但内中含义不可小觑。剧本中不乏蒋士铨的期冀，那种充满憧憬的笔调，在他的笔下成就了太平盛景。而且，太平盛世下掩藏的污泥浊水，在蒋士铨的笔下，也尽露形骸。他爱憎分明，出淤泥而不染，一身正气，凛然有节，足以兀立时代的高处，恍如天之骄子，为民鼓而呼。

熊文举贰臣心态

在我国历史上，明朝灭亡后，很多明朝臣子迫于无奈选择了侍奉清朝。但是，这些贰臣虽然委身于清，却又有知耻之心，终日身心疲惫，留恋过去的岁月。熊文举就是众多苦吏中的一员。

熊文举满腹经纶，原本指望以自己的才华和智慧为国家贡献力量，以完成自己的抱负。在明朝为吏时，他办事干练，处事有方，亲民尽心，仕途也一帆风顺。只是好景不长，这样的日子没过不久，他效忠的明朝灭亡了。叹世情变幻莫测，惜自己有志难伸，他将何去何从……万般无奈之下，他选择了开始新的生活，在万般不情愿的心态下，走上清廷的庙堂，重烧一炷香。

为了打发自己的离愁别绪，熊文举经常借酒而吟，他在《杂诗用李于鳞古风韵》诗中用了“瓦裂”这个词来表达自己身败名裂的痛苦。其诗云：“古昔重怀贤，鸡鸣悲不已。国步一朝艰，纷纭散人纪。萱苏杂申椒，莽塞谁为理。贱子远沧州，征书催强起。踟蹰吴会间，踯躅淮阴里。暄负愧无能，瓦裂竟何似。”远志出山，却为小草，熊文举此诗表达了对自身存在的轻视。“瓦裂”一词蕴蓄着贰臣多少伤感，又蕴蓄着多少自责与愧辱，而这种自责与愧辱作为一种文化心态，具有深厚的人文背景，是以个性化的生命体验来验证我国封建社会主流文化——儒家文化精神的深刻影响和巨大力量的另类标志。

从这一点上来说，熊文举又让我们多了几分怜悯和敬重之心。

送牛与送油

早在明朝末年，桃花乡天源村的后山上，便建起了一座庙，这座庙相传是明末桃花名人、朝廷天官熊文举牵头所建。熊文举不仅捐银将寺院修缮一新，而且为寺院买了几十亩薄田，以供寺院香火钱。有了寺院就得有人管理，于是熊文举便让当地士绅前往云山请来一清和尚为寺院住持，同时为寺院取名“天宫院”。熊文举亲自书额，赐匾，请人镌刻“天宫院”三个大字，悬于寺前。地方名士和官吏为了讨好熊文举且表明自己乐善好施，也纷纷解囊，献钱献物，争做施主。当时庙中立下规矩，要求每年交一头牛给寺庙耕种薄田的人，才能上施主名册，并由庙中住持大开中门，以示敬意。

有一年，庙里举办盂兰会，人如潮涌，盛况空前。远近乐善好施的人争先恐后地前来献牛敬香。界檀村熊文举和他的长工，也分别前来上供敬献。

长工是一个老实人，家中比较困难，爷老崽少，收入不多，更不要说给寺院供一头牛了。于是，他咬咬牙，从口袋里摸出几文铜钱，来到江桥街上兑了一斤菜油，携带前往天宫院。由于给熊家打工，也不好因为上供这件事而误工，于是他索性起了个大早，没等天亮，便手脚麻利、风风火火地赶到天宫院。寺中住持一清见长工赶在寺院早上做早课之前便来到寺院，很是感动。这位穷苦百姓如此虔诚事佛，一清激动得满眼泪花。他当即大开中门，迎接这位长工。他认为这位长工礼轻情意重，与供牛者同样对待，一点也不为过。

太阳当顶时分，熊天官才和家人一道浩浩荡荡，牵了一头披红挂彩的大肥牛来了。熊文举虽说告病在家，可他的天官身份谁能小觑。行至寺庙门口，早有人通报住持一清。一清认为熊文举来得迟，对寺院大不敬。再加上并不认识熊天官，因此，他瞧不起这个大摆排场的官员，当即命人只开偏门，让熊文举进殿。熊文举的家人见寺院如此做派，当即骂他有眼不识泰山。熊天官见家人与寺僧争吵，便让轿夫歇轿，来到山门前，向一清打躬作揖。一清听旁人解释后，也觉得自己做过火了，最后还是大开中门，让熊文举进殿。不过从此，天宫院的规矩变了，一年供一头牛改为一年供一斤油。

窑头对港口

陶姓在新建县昌邑乡、裘姓在新建县乐化乡都是大姓，人口多，饭碗多，手脚多，每人吐口痰就能把人淹死。昌邑陶家人是陶渊明的后代，宁愿守土三尺，低头求土，也不愿意饱读诗书求进取。他们在仕途上也不做指望，多半想安心在家过田园生活。乐化裘家人则不同，做官的特别多，重文化，就是在日常生活中也喜欢吟诗作对。

有一年，昌邑乡陶姓族下众乡绅在窑头街茶铺品茶议事，大家谈起下街头白马寺和昌邑山下的鹿苑寺久经岁月剥蚀和战火摧残，残垣败壁，不堪入目。昌邑和乐化境内多江河湖汊，过往的文人墨客众多，大家指指点点，有失地方脸面。于是，众乡绅经过商议，一致同意出资重新修建这两座寺庙。其中一位姓陶的主事乡绅负责购买砖瓦。一天，他来到乐化，在一个窑场买好了砖瓦，因无法运回昌邑而发愁。于是，他来到港口裘家的一个亲戚家，商量借只船装些砖瓦回去。听说陶姓乡绅要借船，裘姓亲戚就说："你要借船可以，不过得过一个关口。"乡绅一听，忙问什么关口，亲戚说："我出个对子让你对。对上了就借去。"陶姓乡绅是教书先生，认为对对子不在话下，便满口答应了。裘姓亲戚出了一个上联："港口过渡，因渡钱讲口。"这上联初听起来好像很平常，仔细推敲起来，难度却非常大。既要嵌地名，还要谐音，句首句末连环相扣。这个上联一时间把陶姓乡绅难住了。

正巧砖厂就在渡口不远处，窑场老板正和顾客讨价还价谈生意。陶姓乡绅见状，由窑场想到老家窑头街这个地名，于是出口成章："窑头买瓦，因瓦价摇头。"那个裘姓亲戚一听，连称"有才有才，奇才奇才"，当下答应借船。临走时，裘姓亲戚摆了一桌酒席款待陶姓乡绅，酒桌上，裘姓亲戚还不甘心，又想借助酒力给陶姓乡绅几分难堪。他端着酒盅来到陶姓乡绅跟前，说："酒逢知己千杯少，今天我们哥俩难得一聚，美酒助雅兴。我再出个对子给你对。"陶姓乡绅急于赶路，便说以后有空再来拜会。裘姓亲戚喝得醉醺醺，拉住陶乡绅说："既然兄长腹中无才，那就走吧。"陶姓乡绅听裘姓亲戚口出此言，心中有几分不快，便道："也罢，只要能借船，你有对子尽管出。"裘姓亲戚听罢，干了一杯酒，笑道：

“别怪我酒后无礼，就以前面的双港河为令。兄台听好了，这上联是‘双港降霜，孀妇双脚冷’。”

双港是裘家村边的一个地名，就在龙头岗附近。这上联嵌入了一个地名，“双、霜、孀、双”四字谐音，又暗寓裘皇姑率领四十八个寡妇闹江西的故事。这可真把陶乡绅难倒了，他抓着头皮，半天答不上来，脸涨得通红，只好疾步跨上船，灰溜溜地走了。陶姓乡绅虽说急着买瓦、装瓦，但心里还是在琢磨下联。只是他把脑瓜子想破了，也没想出个子丑寅卯来。这个上联一传十、十传百，很多文人雅士想破了脑壳，也没有能对得上的。至今这个上联仍然是千古绝对，没有人揭榜。

吃肉尚书曹秀先

曹秀先除了为官有一套,还有个嗜好,就是爱吃喝。

曹秀先,字恒听,是乾隆年间的进士,曾任《四库全书》馆副总裁,官至礼部尚书、上书房总师傅行走。他在尚书任上时,有“吃肉尚书”的绰号。曹秀先的肚皮特别宽松,闲坐时,那肚皮像麻袋一样垂挂着,据说可以叠一两层。平时他觉得肚皮不太雅观,便用皮带扎起来遮掩。待到吃饭时,他就把皮带解开,放开肚皮鲸吞海饮,随你怎么推杯换盏,他都来者不拒,多多益善。酒菜再多,都填不满他那无底洞。作为礼部尚书,专门搞“接待工作”,曹秀先陪客人吃饭的机会很多。乾隆皇帝每次恩赐给大臣的羊肉、猪肉,同事们都会以曹秀先爱吃肉为由,匀些给他。曹秀先自是笑纳。史载:“至公大臣各携一羊腿出,率以遗文恪,轿箱为之满。”文恪是曹秀先的谥号,众多同事把羊腿匀给曹秀先,小小的轿子一下就装满了。据说,曹尚书常常一边拿着水果刀剔肉,一边与同事聊天。要不了多久,那一车羊肉就被吃得干干净净。

曹秀先任礼部尚书,还真算得上量才录用。猪八戒能吃,如来佛祖给他安排了个可以大吃大喝的“净坛使者”;曹秀先能吃,乾隆皇帝给他一个负责接待事宜的礼部尚书,得其所哉,得其快哉!

近代大事

乐化地区农民协会

在第一次大革命运动的影响下,1927 年新建县乐化地区展开了一场轰轰烈烈的农民运动,成立了农民协会,和土豪劣绅进行了激烈的斗争。当年书写的标语,至今还保存在广州农民运动讲习所旧址。事情的经过是这样的:

邹二人来到乐化地区,他们先找到乌石南坪庄长工徐绍户,由他出面发动贫民办农民协会。广大农民群起响应,很多青年知识分子也加入农民协会。四月间,各乡派出代表在江桥大圣殿召开成立大会。农民协会成立后,查封了溪霞大土豪陈彦恒、陈彦连的粮仓,勒令他们拿出粮食救济饥饿农民。农民协会一边查封土豪的粮食,一边给各村农民分户登记造册,将农民分为赤贫、贫家、自耕农、半自耕农等五类。很快,农民群众被发动起来,大批人马来到仙里店前熊国和家封仓。乐化农民协会的行动引起了附近永修县马口王家村土豪王瑞昌、王宪章的恐慌。“二王”组织反动武装向乐化方向开枪,激起了农民协会的愤怒。第二天,农民协会组织乐化、江桥、溪霞等乡数以千计的农民,携带 20 多支步枪到王家打土豪,“二王”闻风出逃。农民将“二王”的全部粮食、财产运了回来。少数农民盲目地对王家村其他农民抄劫,对其他一般富户进行查封,农民协会对这些错误的行为及时予以制止,并在现场召开会议,纠正错误做法,教育农民不可随意扩大打击面。几天后,新石八一庄徐家良等八人到溪霞乡封仓,当来到甘舍李瑞华(此人参加过农民协会,后在中华人民共和国成立初期组织反动武装被镇压)家封仓时,被李瑞华抓了起来,绑到佛手院,又押到柳家祠堂。第二天,在农民协会的施压下,徐家良等人被释放。

四月下旬,农民协会把土豪劣绅邓和斋、江时育、徐盛、裘文饮抓了起来,送到省农民协会。这引起了当地反动势力的极大恐慌,他们纠集当地不明真相的群众,包围了省农民协会示威。他们砸开省农会的大门,强迫省农会给予答复。

省农会回答，若无民愤，可以释放。当时，双方为马上释放还是调查后释放发生了争执，结果商定将这四个人送交新建县，五天后由新建县国民党政府释放。乐化农会的人不同意，为此在南昌滞留不走。当时省农民协会主席刘德荣（新建县生米京台刘家人，负责人之一）、熊希彦（新建县乐化仙里人，曾在国民党南昌法院工作，1927 年溺水而亡），委派熊国念（新建县乐化乔岭人）作为农会调查员，出面处理此事。农民协会查封熊国和粮仓后，熊国和找到同乡熊海春（熊希彦的父亲，破落地主，以教书为业），熊海春通过熊国念找到了刘德荣。随后，刘德荣和熊希彦以省农会名义批复“暂缓”，没有对邓和斋等人进行抄家。

邓和斋等人被释放后，反动势力更加嚣张，农民协会成员到江桥街去剪妇女的辫子，被土豪劣绅诬蔑为调戏妇女，被抓起来，关在大圣殿当时农协会准备的班房里。不久，徐绍户被人暗害致死，尸体被扔在破窑里。由于缺乏斗争经验，又没有得力的领袖，一场轰轰烈烈的农民运动仅一个月就宣告失败。

西山游击队在乐化的活动

日寇自吴城和鄱阳湖侵略新建后，尽管国民党军队多次发动战役，抵抗侵略，但终因装备悬殊，难挡日军南侵，南昌很快沦陷。乐化也因地处南浔铁路南端，地理位置重要，而成为日军据守的咽喉地段。日本鬼子占领南昌后，十分重视南浔铁路的安全，沿途布设哨卡、修筑碉堡，整日如临大敌，一丝也不敢松懈。鬼子占据南昌，其后勤补给和军需物资都需依靠南浔铁路从九江运来。同时，鬼子又通过这条铁路将在南昌等地抢掠的金银财宝、字画瓷器古玩、善本书籍等珍贵物资运往九江，再转运回日本。在此期间，乐化、西山一带的人民群众对鬼子恨之入骨，千方百计组织小型的抵抗活动，破坏鬼子的这条补给线。不少爱国人士还组织游击队，开展斗争。游击队深知这条横亘赣北、赣中的运输大动脉是日本鬼子掠夺新建财富的重要渠道。西山游击队在常赐如的带领下，经常深入乐化等地，神出鬼没，出其不意地破坏铁轨，袭击哨卡。

为了不让鬼子的阴谋得逞，为了不让新建的财富流失，游击队首先将打击日寇作为重点，有针对性地毁坏南浔铁路昌北至涂家埠大铁桥一线。这条铁路频频遭到破坏，阻止和延误了敌人的运输，挫伤了敌军的锐气。在新建县沦陷的头三个月，西山游击队组织了三次较大规模的破坏活动，炸毁了铁路，使不少日寇丧生。

第一次是在麦收时节，日寇用列车装运从江西省掠夺来的金银财宝等物资，企图从九江转运到日本去。列车上有押运的日军一百余人。西山游击队探明了这一情况，便选择在距日寇据点昌北和乐化均有一定距离的北山地段（现北山牛奶场附近），趁天黑在钢轨下埋设地雷。晚上九时左右，火车经过此地，游击队员拉动引线，一声巨响，火车出轨，车上日寇伤亡惨重。游击队员随即上火车夺回珍贵物资。残存的敌人见状，再做垂死挣扎，激烈的枪炮声引来了驻守昌北的敌军装甲车。于是，我游击队有计划地分散撤退，东边的向鱼目山撤退，北边的向乐化方向撤退，少数几个队员向四面八方放枪，以迷惑敌人掩护游击队撤退。这些从昌北和乐化敌军据点开来的装甲车，忙活了整夜，企图消灭我游击队，却扑了个空。这一仗旗开得胜，大长了人民的斗志，灭了敌寇的威风。

在这之后半个月不到，西山游击队又于天黑后在白马庙附近（当时此处未设车站）的铁路上埋设地雷。这时，敌寇五人押送巡道工前来查道。为了不使炸铁路的事情被发现，游击队与敌寇短兵相接，白刃拼杀，将五个日本兵全部消灭，自己则无一伤亡。其中一个日本兵临死前放了一枪，引来了驻乐化的敌寇装甲车，游击队为免受损失，迅速撤离白马庙。

在白马庙奋力拼杀日寇之后约一个月，游击队又在鲁家桥东一线挖掘铁路，埋下地雷，致使日寇的列车出轨，死伤多人。由于车上敌兵众多，且有大量武器，游击队考虑到弹药不足，众寡悬殊，只好避开锋芒，未与其正面交火。整整一夜，日军都处于惊恐之中，不断鸣枪放炮。游击队神出鬼没，活动频繁，给日本鬼子以极大的震慑力，不仅给鬼子的活动造成了干扰，而且延误了鬼子的军火运输。

西山游击队不仅利用上述各种手段英勇杀敌，还经常为当地老百姓解决一些困难，例如帮助老百姓运送食盐等生活必需品，深受群众爱戴和称赞。西山游击队能屡次重创日寇，与当地人民群众的大力支持是分不开的。由于队内领导成分复杂、意见不一致，在赣西战局发生变化之后，西山游击队便销声匿迹，不复存在。但是，西山游击队的行为无疑激励了敢于抗争的新建人民。在西山游击队之后，新建人民袭击日寇的斗争此起彼伏，一直没有间断过。

成立军管会和建立新政权

1949年5月22日，新建县获得解放。同年6月18日，经中共江西省委研究，省委组织部部长刘俊秀找王枫谈话，命令王枫带领一个中队（辽北省南下干部大队中的100多人）到新建县接管旧政权，并给了王枫一份中共新建县委员会组成人员名单，同时交代三天内必须到达新建县。接到省委命令后，王枫随即召集中共新建县委员会组成人员等，在南昌市的豫章旅社召开了第一次县委会，宣布了县委组成人员名单。王枫任县委书记，张昆任县长，杨虹任县委组织部部长，鲁冶平任县委宣传部部长，刘蕴任县公安局局长。会上研究了前往新建县接管旧政权的步骤和方法，及安全保卫工作等事宜。

王枫刚南下到南昌，人地两生，接到命令后，对新建县的情况一无所知。王枫找到省财政厅厅长牛荫冠了解情况，他只告诉王枫，新建县旧政府设在乐化镇，其他的也不太清楚。王枫与县委组成人员等在南昌街头了解新建县的情况，所获甚少。王枫一行按照事先安排，认真做好部署，积极做好到新建县接管的各项准备工作。他首先派财务科科长李振杰到军管会领取了接管必需的生活经费（当时实行配给制）。第二天一早，王枫等县委会成员和县中队100多人步行过中正桥（今八一桥），从牛行（今昌北）车站乘火车前往新建县乐化镇。

王枫率领100多名干部、战士来到乐化，临时停留在乐化街上的一个小餐馆里。交代纪律和相关安全工作后，王枫等县委会成员简单吃过午饭，一起前往旧政府所在地察看。让王枫始料未及的是，旧政府办公的地方只有一幢破旧的房子，屋内空空如也，脏乱不堪。县委成员等从餐馆老板口中得知，旧政府要员都住在南昌，除了偶尔来乐化办公，其余时间都待在南昌。由于找不到人、摸不清情况，考虑到安全因素，王枫率领县中队100多人于当天傍晚乘火车回到昌北火车站瀛上，并选定此地靠湖边的一幢二层楼为县委、县政府的办公用房。选定此地有两个原因：一是有较理想的办公用房；二是离南昌较近。县委、县政府随后向上级汇报工作。至此，县人民政府公开挂牌办公。

乌石事件

1951年春，乐化区人民政府一部分公粮存放在万福庵，由土改工作队员聂仁先（清江人）、杜光仁（金桥乡人）看管。曾任伪保长的徐声清（乌石村社垅人），纠集徐子忠、徐声卓、徐声日、徐声诰、徐卓檩等人，密谋杀害土改工作队员抢粮。这些人利用种种手段接近土改工作队员，以和工作队员拜把子为幌子，骗他们到社垅村去。聂仁先的弟弟聂迪洪从老家来乌石探亲，也跟着聂仁先、杜光仁去了社垅。随后，他们三人被徐子忠等捆绑起来。歹徒本来商量着开枪。徐声清不同意，怕枪响惹祸。于是，聂仁先和聂迪洪首先被这伙歹徒用锄头打死。由于杜光仁是当地人，有人提议不打死他。徐子忠说，不杀会走漏风声，要斩草除根，不留后患。就这样，杜光仁也被他们打死。歹徒们把三位烈士的遗体埋在塘下菜地事先挖好的土坑里，在上面栽了韭菜。第六区政府发现两人失踪后，派区中队前往社垅侦查破案。随后案情大白于天下，凶手八人均伏法。

江桥事件

1951年,新生的新建县人民政权为了巩固土改成果,在各区、乡、村积极开展声势浩大的镇压反革命运动。乐化区厚石裘家村地主、国民党党员裘名进进入当地土改工作队的视线。土改工作队通过调查,掌握裘名进的犯罪事实后,对其实行抓捕,将其关押在当时的一区区公所。反动分子裘名悟、王英秀等人策划营救裘名进。王英秀首先利用色相勾引区公所炊事员陈四海,并和陈发生两性关系。然后,两人出面拉拢区公所通讯员万德福,假意做主把王英秀儿媳王蛇姑许配给万德福。一天,裘名悟特意将万德福和王蛇姑关在同一房间里,万德福和王蛇姑感情暧昧,裘名悟、王英秀故意捉奸,说万强奸妇女。万被俩人威胁,十分害怕挨处分,只好任裘名悟摆布。1951年4月的一个晚上,王英秀、陈四海、万德福等人,挖开监狱,把裘名进放走。裘名进连夜逃到联圩裘名南家,裘名南给了他路费,并且将裘名进送到南昌市。事情发生后,区委书记冯俊龙(辽宁人,南下干部)对此案盯得很紧,限期破案。裘名进等人害怕阴谋败露,竟密谋策划杀害冯俊龙同志。就在放走裘名进后十几天的一个早晨,陈四海带着万德福用手枪从窗口射杀了冯俊龙,然后把枪放在冯俊龙手上,造成自杀的假象。中共新建县委领导闻讯后,迅速赶到现场组织精干力量破案。很快,案情有了突破性进展,裘名进、陈四海、万德福、王英秀等人相继落网,新建县公安局在南昌抓住裘名进。裘名进、陈四海、万德福、王英秀、裘名南等五人被执行枪决,主要策划者裘名悟当时未被识破,案发后病死。事件平息后,当地政府为了纪念先烈,在厚石裘家附近公路旁边建了"冯俊龙烈士墓"。

追捕匪首

1949 年 6 月，中国人民解放军经渡江战役取得决定性胜利后，迅速以泰山压顶之势，四野和三野一个自东向西、一个自北向南合围南昌。南昌国民党守军在万家埠一役丢盔弃甲，深知中国人民解放军锐不可当，于是，赶紧龟缩城内，军官和地方大员们只顾慌张收拾细软，携了妻小落荒而逃。中国人民解放军于 6 月 22 日进入南昌城，南昌宣告解放，新建县也同时解放。但是，新生的人民政权建立后，仍然有少量的国民党特务、土匪还倚仗南昌梅岭一带复杂的山地地形，在山中村落骚扰百姓，向土改工作队打黑枪，有的甚至昼伏夜出，集体出动，抢夺粮食，枪杀革命群众和土改工作队员。这些歹徒躲藏在暗处，心狠手辣，死心塌地为国民党卖命，与新生的人民政权为敌，严重干扰了中华人民共和国成立初期各项恢复工作的开展，成为新生的人民政权的绊脚石。这些人梦想反攻倒算，蠢蠢欲动。1949 年 10 月，国民党从台湾派遣特务杜成仁潜入江西，潜伏在南昌的阴暗角落指挥。一天，杜成仁在南昌城内的乌石徐家试馆分别找到曾任国民党区长、县参议员的乐化人李瑞华，国民党军退役团长徐觉先，重新部署，要求这两个人出面组织匪徒执行潜伏计划。为了稳住这两位国民党故旧，杜成仁代表台湾授予李瑞华“国防部青年反共救国军湘赣挺进纵队西山支队”支队长兼新建县地下县长，授予徐觉先“永（修）、新（建）、安（义）办事处”主任。杜成仁面授机宜，鼓舞士气，命令这两个人回到乐化，组织反动地下武装，建立西山游击区，骚扰土改工作队，破坏新生政权，伺机配合台湾国民党军队反攻大陆。

李瑞华甘做鹰犬，得到主子的指示后，来到乐化。他利用稍通文字的一技之长，混进农民协会担任乡农会文书。很快，他便在梅岭、溪霞、乌石、乐化、樵舍、观咀等乡发展了袁定国为副支队长，并煽动李得照等 9 人，组成了若干个武装大队（下设区队和中队）和梅岭、溪霞、乌石等乡、保的所谓政权。李瑞华还建立了秘密联络据点，使用联络暗号，甚至策反梅岭乡农民协会干部和六区人民政府中个别经不住诱惑的“软骨头”，蒙蔽人民群众，惨无人道地杀害了六区聂仁先等三名干部，制造了震惊全县的“乌石事件”。

他们不仅如此，还有恃无恐，抢夺枪支弹药，制造恐怖气氛。一时间，乐化地域反革命气焰十分嚣张。

为了打击敌人的嚣张气焰，制止反革命阴谋事件的再度发生，县公安局派出侦查人员，于1949年11月末进入梅岭、溪霞两乡，了解匪情，掌握匪特动向，进行监视。侦查人员发现，李瑞华经常外出和在家接待一些可疑人员，同时发现梅岭麻里沙有几个外省籍的国民党兵痞，以挖笋为掩护，经常散布反革命谣言。

12月中旬，麻里沙与双岭徐家村前又先后发生土匪枪伤我军侦察排张排长及一区政府工作员王庭芳，并夺走王的左轮手枪的事件。

这股土匪已成为新建人民的心头大患，不根除将后患无穷。土匪一连串的破坏引起县委的高度重视。1949年12月23日，县公安局刘蕴局长亲自率领贾长海、朱子兴（侦审股副股长）、刘福（侦查员）、刘生财（警卫员）和熊祖培，一行六人经梅岭高坊王家进入店前街。近午，公安人员来到店前街，发现曾任国民党新建县军事科长的高务滋家大门紧锁，门上贴着一张毛笔书写的告示："查高务滋私通共匪，刺探军事情报，今予枪决，为通匪者戒，以儆效尤。"下面的署名是"国防部青年反共救国军湘赣挺进纵队第一支队"，上面还加盖了该支队的长方形大印。

1949年12月30日上午，陈德胜带领数名匪徒在西庄通往小沙田的半路上准备伏击单独出外侦查的熊祖培，甚至想抢夺他的手枪。幸好农会干部徐维托抄小路前来支援，带着熊祖培穿山过林才躲过一劫，土匪的阴谋未能得逞。

1950年2月28日，新建县公安局从情报中得知陈德胜这股地下武装盘踞在梅岭麻里沙与溪霞乡上坊袁家山上的茅棚里。这时，李瑞华已出逃，经常和陈在上述地区秘密接头。新建县公安局当即派出小分队进剿，但无法从根本上消灭这股土匪。

1950年3月3日晚，刘蕴局长向全体公安战士传达了省委、地委的决定：南昌军分区四六六团一个营的兵力进驻梅岭、溪霞和安义毗邻的地区，实行军事进剿；县大队的一个中队仍驻溪霞乡配合。县公安局派刘文亮、朱子兴和熊祖培三人参与进剿。经我军强兵压境，土匪队伍土崩瓦解。经过广泛发动群众，挖匪根工作步步深入。3月下旬至4月上旬，匪徒骨干分子王明义带二号驳壳手枪一支和几十发子弹前来投案，之后陆续投案的匪徒有十多人。王明义交代了被小分队击伤的匪首陈德胜的下落，剿匪部队当即派人至樟树镇南昌专区医院将其捉拿归案。同时，匪帮副支队长郑金元和骨干分子马海滨也先后在山上被抓获。众匪见大势已去，纷纷携械投降。至此，陈德胜这股曾经嚣张一时的匪帮土崩瓦解，被全部歼灭。

可是，另一匪首李瑞华像惊弓之鸟，不见了踪迹。1950 年 12 月 30 日晚，抗日战争时曾在国民党便衣队工作的王瑞（家住甘舍旁边公路桥下王村），拿着一封从都昌县寄给李瑞华儿子李重伟的化名信（王瑞在农会办公室桌上发现的），到瀛上找县公安局局长贾长海上交信件。通信地址是“都昌县城东大街大和堂药店”，由老板陈茂乡转陈垂籍收。李重伟当即被传到瀛上。经审讯，他供认这是他父亲李瑞华的手书，并按县公安局起草的内容回信。经南昌地区专署公安局批准，县公安局派出朱子兴、万凤才（侦查员）和熊祖培三人，带着报信的王瑞同行，前往都昌追捕匪首。

来到都昌县后，追捕小组随即与当地公安部门取得联系，并展开调查工作。当天晚上 7 点，朱子兴、万凤才准时到达都昌县公安局局长办公室。该局的王、万两位股长和县公安队队长等人已先到。都昌县公安局刘局长将案情简要做了介绍后，即命令公安队队长挑选 12 名战士包围封锁鄱阳湖边的刘村，由王股长负责总指挥，万股长、徐所长协助封锁，朱子兴、万凤才和熊祖培三人具体执行逮捕任务。行动方案布置得周密具体，对可能发生的意外也一一做了分析，对整个围捕工作采取了相应的措施。晚上 12 点，大家很快就到了刘村。万股长、徐所长和熊祖培带 6 名战士悄悄地封锁后院。熊祖培堵住李瑞华父子住房的后门。王股长、公安队队长和朱子兴、万凤才带 6 名战士封锁村前。朱子兴守住李住的南门，万凤才进入厅堂守住东门。王股长和公安队队长全面检查包围圈后，用红布包的手电光向追捕小组发出行动信号。几乎是在同一时间内，三道房门一下子全被追捕小组用脚蹬破，五个电筒将房内照得如同白昼。朱子兴一个箭步跃到床前，掀掉棉被，李瑞华来不及反抗就被公安人员制服。李瑞华由于惊恐和寒冷，抖个不停。公安人员给李瑞华戴上手铐，由两名战士押解着，冒着雨雪将匪首胜利押回县城。

审讯室内，两盏昏暗的煤油灯看不清人们的面孔。李瑞华低着脑袋，坐在被审席上。刘局长亲自审讯，熊祖培和朱子兴旁听。半个小时过去，他反复就是那么一句话："我家被划了地主，怕挨斗争，所以逃出来躲避。"多次审讯后，他方才开口认罪。

1951年4月的一天上午，新建县人民法庭第一分庭在一区厚石裘村公路旁的禾田里召开全区数千群众参加的公判大会，宣判李瑞华死刑，并当即将其押赴铁路旁的刑场，处以极刑。

历史人物传记

裘万顷小传

裘万顷，南宋诗人，字元量，号竹斋，江西新建人，生于隆兴元年（1163），卒于嘉定十二年（1219），载入明嘉靖《江西通志 · 人物志》。裘万顷于淳熙十三年（1186）乡试中举，淳熙十四年（1187）进士及第，绍熙四年（1193）授乐平簿，后升江西新昌（现宜丰县）县令（《慈湖年谱》卷一）。宋宁宗赏识裘万顷“博识多闻，操行笃实”，于嘉定元年（1208），敕命旌表裘万顷自强不息，“以待国家之用”。宋宁宗嘉定六年（1213），裘万顷任江淮两浙、闽广南路坑，冶铸钱都大司检讨，后升任吏部架阁。嘉定十二年（1219），裘万顷升迁大理寺司直，根据本人放外官的请求，转任江南西路安抚司干官（幕僚），病卒于官所。

裘家上房祠堂

陈弘绪在《寒夜录》中说，裘万顷与胡桐原、万澹庵、徐竹堂往来唱和，号为“四杰”。另外三人的作品俱佚，只有裘万顷的诗集尚存。

裘万顷为人正直，淡泊名利，性至孝，有节操，有诗集存于世。其诗清婉流利。裘万顷著有《竹斋诗集》三卷、《附录》一卷（见杨简《大理司直裘竹斋墓志

裘家塘

铭》、吴潜《乞裘竹斋幸元龙遗泽表》)。裘万顷诗有清康熙刊本,以宜秋馆刊裘氏裔孙裘镜秋手校之《宋人集·甲编》三卷、《附录》一卷本为底本,校以影印文渊阁《四库全书》本(简称四库本)、《两宋名贤小集》(简称小集)。裘万顷还著有《裘竹斋诗集》六卷,收录在《宋元四十三家集》中。裘万顷在朝时曾写《归兴》诗,有"儿时只道为官好,老去方知行路难"之句。其乡居时写的一些诗作,也能反映农民的疾苦。如《老农叹》写农民幸而得到好收成,但租税催逼,稻谷价贱,还是过苦日子。他同情农民,《不雨》中有"半生忧国头欲白"之句。他对农家生活的描绘颇有情致,如《雨后》的颔联和颈联:"新香浮罢稏,余润溢潺湲。机杼蛩声里,犁锄鹭影边。"清人贺裳在《载酒园诗话》中称赞裘万顷身为江西人而不染江西诗派的恶习,是诗界清流,为后学所推崇。

土库坐石

裘曰修小传

韶华岁月

裘万顷应是裘曰修的先祖，按照裘氏后人、现为中国农业银行职员的裘有崇讲述，裘万顷应是裘曰修的九世祖。

裘曰修的骨子里流淌着诗人的血液，裘万顷的文化涵养和文脉传承，给裘氏留下了一条光明之路。在清朝，裘氏家族叙文脉，重教化，承天恩，沐皇宠，众星璀璨，成为江西人的骄傲。

裘家巷

裘曰修的祖父裘琅不鸣则已，一鸣惊人。裘琅的仕途可谓一帆风顺，很快成为京官，赴京后任吏部主事、刑科给事中，最后官至吏部郎中。裘琅生有五子，裘曰修的父亲裘君弼是长子，生于康熙四年(1665)，康熙三十六年(1697)中进士。裘君弼早年任建德县(今安徽省东至县)县令，为政勤勉有政声。早年的建德县是江南福地，这里松菊掩映，柳枝婆娑，山川秀丽，风光旖旎。这里是风水宝地，物阜民丰，裘君弼有了用武之地。这里的水土养人，女子也多才多艺。在这里，裘君弼遇上了一位王姓女子，两人一见钟情，坠入爱河。裘君弼一生妻妾有三，育有五个儿子。当时前两房已经为裘君弼生了四子。裘君弼携这位王夫人进京后，即生下第五子裘曰修。

王夫人早年居金陵秣陵（今南京江宁区秣陵街道）。清代文学家吴敬梓有“一带江城新雨后，杏花深处秣陵关”之句赞美烟雨朦胧的秣陵。说到秣陵，它的地理位置也令人看重。秣陵是江南重镇，也是秦汉时期江南的政治、经济、文化中心。这里环境优美，青峰层叠，风光秀丽，是人居的上佳之地。

王姓在金陵是显姓。王夫人自幼习诗书，精女红，善织绣。王夫人得到裘君弼的注意，是在一次绣品展销活动中。王夫人绣的蝴蝶双喜图深得裘君弼的喜爱，两人这才上演了一幕才子佳人的好戏，在当地传为佳话。王夫人 17 岁嫁与裘君弼，18 岁即随同裘君弼进京。民间传说，裘君弼携王夫人进京路过燕子矶，曾在此歇息。

燕子矶为长江三大名矶之首，有着“万里长江第一矶”之称，位于南京市北郊观音门外，是岩山东北的一支。燕子矶海拔 36 米，山石直立江上，三面临空，因形似燕子展翅欲飞，故名燕子矶。燕子矶古代是重要的渡口。康熙、乾隆下江南时，均在此停留。乾隆帝在此书有“燕子矶”碑。“燕矶夕照”为清初金陵四十八景之一。燕子矶附近有弘济寺、观音阁等建筑。岩山有 12 洞，为江水冲击而成，大多是悬崖绝壁，其中以三台洞最为深广曲深。

传说，王夫人长跪燕子矶水神庙的水神塑像前，祈求上天开恩授子入腹。当晚，裘君弼与王夫人居燕子矶水神庙，王夫人得一灵梦，梦见一袭袍服、手持玉笏的道家人物，附耳轻言：“尔诚笃仙，赐你玉男。”从此，这燕子矶成了裘家的福地，与裘家结下了不解之缘。

裘家一瞥

康熙五十一年(1712),裘曰修出生于京都,47岁的裘君弼年长得子,不亦快哉。这一年,王夫人22岁。

康熙五十四年(1715),裘曰修祖父裘琅在京去世,四岁的裘曰修随父母一道回南昌丁忧。

三年守制,裘曰修的童年就在裘家大屋度过。此时,裘君弼的另外四个儿子——裘曰菊、裘曰莲、裘曰菩、裘曰德,都已长大成人。裘曰修排行老五,大哥裘曰菊比王夫人还年长八岁,四位兄长皆在外为官。裘家厂是裘曰修玩耍的好去处,在这里他与自己的侄儿等一道玩过家家。裘曰修在侄辈中充“老大”,也是“打遍天下无敌手”,其实,是诸侄辈让他这个小叔三分而已。

三年守孝期满,裘君弼回京复职。裘曰修与生母一道,重回京城。

然而天有不测风云,裘君弼于康熙五十七年(1718)因病去世,这不啻给了王夫人当头一棒。她强忍悲痛,带着裘曰修扶榇出京,回到故里南昌德胜门内的裘家大屋。此时,由于裘曰修的几位兄长将任上攒下的银两寄回南昌,裘家开始大兴土木,裘家土库已初具规模,家族开始兴旺发达,声名远播,成为南昌的望族。那时,南昌城的西北角大士院、裘家厂、裘家塘一带,便是裘家的“天下”。其时,裘君弼的结发妻子、裘曰修的嫡母熊氏早已亡故,王夫人与郝氏(裘君弼的偏房)忙前忙后,为裘君弼举行葬礼。在裘曰修几个哥哥的料理下,葬礼办得隆重气派。

裘家外景

因为裘君弼在娶王夫人之前,已有正房熊氏、偏房郝氏,所以按照封建社会的礼教,王夫人的地位甚至要低于郝氏。熊氏死后,裘君弼想过将王夫人扶正,可没等此事落实,裘君弼便一命呜呼,撒手西去,只丢下王夫人孤儿寡母,在南昌这个人地两生的地方栖身。

王夫人自幼养成了坚忍不拔的秉性,丈夫去世给她的生活蒙上了一层阴影。但环境的困顿没有让她气馁。她把希望都寄托在儿子裘曰修身上。她毅然挑起度日、教子的重担,在南昌这块土地上栽下了一棵挺拔的“香樟树”。

土库坐石

王夫人是个聪慧、灵巧的女子,从小通诗书,善织绣。她课子甚严。一日之文字,不得二日复读。幸喜裘曰修聪明过人,粗通文字即过目不忘,古诗骈文信手拈来。据传,一日,裘曰修因默写不出鸳鸯二字,被母亲唤至厅堂,面对堂上父亲的牌位,端着书本长跪。最后,还是郝夫人讨保,方才作罢。也正是因为遵从母亲的教诲,发奋读书,裘曰修日后才满腹经纶,才华横溢,这也为他之后担纲经国大业打下了扎实的基础。王夫人对儿子可谓用心良苦,可谁又知道年轻貌美的她承受了多少世俗的压力。她在妙龄寡居,庶出的身份和寄人篱下的痛苦几乎让她终日以泪洗面。她在家族中既无名又无分,人微言轻;她生活困顿,大屋之内多有为难。裘曰修后来在《行述》中回忆这段生活:当是时,故里寒门霜摧雪压,母子相依形影互吊,孤苦伶仃之状,行路怜之,迄今追忆,非太史人以育、以教,何以至今日哉!裘曰修之言,痛彻肺腑又令人欣慰,他在那样恶劣的条件下,历经岁月风霜,饱经人间世事,既添了阅历,又多了经历,正所谓世事洞明皆学问,人情练达即文章。幸亏裘曰修不负母望,努力成才,改写了王夫人那段不堪的历史。

稍年长后,王夫人即把裘曰修送入豫章书院读书。豫章书院乃江南著名书院,明清两代,这里曾走出众多的国家栋梁之材。裘曰修在此遍览诗文,日见长进,获益匪浅。裘曰修的努力没有白费,母亲王夫人似乎经历了漫长的黑夜,看到了东方泛起的鱼肚白。裘曰修以一系列骄人的成绩证明了他的实力。

雍正五年(1727),刚刚入学不久的附学生员、十六岁的裘曰修被举荐博学鸿词科。这年,江西省共推荐二百六十七人,取十九人,随后补取四人。裘曰修开始崭露头角,被录入前十五名内。

乾隆元年(1736)秋天,金桂飘香,鸿雁传书,裘曰修中试顺天(因他的出生地和籍贯为顺天人)乡试,为第二十八名举人。三年后,他金榜题名,再中进士。

在父亲的同僚为他举行的鹿鸣宴上,裘曰修开怀之余,想到的是他的母亲王夫人。他想象着母亲的焦急和期盼,望着天边南去的鸿雁,热泪盈眶。他真想千里传声:"母亲,鹿鸣啦!"

走进皇帝的宫殿,去接受乾隆帝的面试,这对裘曰修来说,是一件诚惶诚恐的事。不过,裘曰修并没有半点怯场,面对乾隆帝的提问,裘曰修从容应对,对答如流。他观点准确、思路缜密、阐述清晰,很得乾隆帝的赏识。从裘曰修迈进官场的第一天,其才华便受到乾隆帝的关注。虽然裘曰修没有独占鳌头,但他所受到的器重不同凡响。进入翰林院任编修后,裘曰修像放飞了梦想,思想如插上翅膀,飞得更高,看得更远。凭着高人一等的素养和学识,裘曰修得到乾隆帝的器重和提携。而立之年,他考核优等,三年散馆即为一等一名,随后擢升为吏部右侍郎、户部右侍郎。他的好友、同科进士袁枚,诗才出众,却因为散馆考试满文没有过关,成为外放官员。袁枚很沮丧,感到仕途渺茫。裘曰修在为其饯行时,一再安慰好友。他在写给袁枚的诗中既安慰袁枚,又抒发己志,以明心迹:"逢迎长官不足道,鞭挞黎庶诚可悲。"他反对以逢场作戏、讨好上司来帮助自己进阶。其诗云:"为政先须酌宽猛,我闻要语清慎勤。"裘曰修就是这样,为人清心寡欲,为事精到极致,为政勤勉不懈,为事宽严有度,对上级谦诚恭谨,对下级热情关照。

现存史料很形象地描述了乾隆帝对裘曰修的关照。据乾隆年间的《内务府奏案》记载:“总管内务府谨奏,为请旨事。乾隆二十一年(1756)六月廿四日内阁奉旨:交内务府于内城官房中查一所赏给裘曰修居住……现有宣武门内石虎胡同宗学(清朝专门教授宗室学生即八旗子弟的学堂),因糟朽破坏交回房一所,计八十六间。若通融粘补收拾,可以得住房四五十间……奉旨着将石虎胡同房间赏给,钦此。”

从这则档案中可以看出,乾隆帝将宗学原来的宅院赏给了裘曰修居住。虽然房子有些破旧,但石虎胡同位于内城,这在当时是莫大的荣耀。因为按照清朝律例,汉族京官只有极少数受到皇帝赏识的人,才可以住进内城。《啸亭续录》中对此也有记载:“定制,汉员皆侨寓南城外,地势湫隘。凡赁屋时,皆高其值,京官咸以为苦。又聚集一方,人情諈诿,势所不免。列圣咸知其弊,故汉阁臣多有赐第内城者,如裘文达赐第石虎胡同。”

清代著名学者钱大昕在《潜研堂诗集・卷四》有《题裘漫士少宰苑东寓直图》七首,其中一首写道:“趯台西畔有新庐,履道坊南宅不如。应为城居少花竹,天教销夏此闲居。”诗中自注:“公赐第在长安右门西。”诗中所说的“新庐”就是石虎胡同这座宅院。它在中南海趯台(今瀛台)之西,所以说“趯台西畔”,“履道坊”即裘氏原先在外城的住地。

裘曰修将这座小院重新修葺后,领家眷搬了进去,全家高兴万分。这一年为乾隆二十八年(1763),其时裘曰修任工部尚书,正是其在仕途春风得意之时。他在这座宅院总共度过了十个春秋,直至去世。裘曰修的这座宅院,前人多有记述,尤以清代政治家、文学家、《四库全书》总纂修官纪昀(纪晓岚,1724—1805)的《阅微草堂笔记》最为详尽:“裘文达公赐第,在宣武门内石虎胡同。文达之前,为右翼宗学。宗学之前,为吴额驸府。吴额驸之前,为前明大学士周延儒第。”纪昀、钱大昕、王鸣盛、朱筠与裘曰修都是乾隆年间进士,同为编修,裘为长者,志同道合,常有接触。纪昀与裘曰修有师生之谊,两人过从甚密,对这座宅院的感情甚深。

裘曰修虽官至尚书,仍见贤思齐。他重文华,有学者风度;正官声,有法度尊严。他在自己宅院中的会客室门上挂“好春轩”匾额,以此明心迹,死后匾额犹存,直至民国初年。好春轩的内部布置,纪晓岚在《阅微草堂笔记》中有记载:

“厅事西小屋两楹，曰‘好春轩’，为文达燕见宾客地。北壁一门，又横通小屋两楹。”依此按图索骥，很容易找到好春轩。

西昌衍庆

乾隆五十五年(1790)，科举榜眼洪亮吉在其著作《更生斋文甲集》中具体地记述了裘曰修在好春轩与同人交往的逸事：“裘文达赐第构一轩，名‘好春’。退直所憩，宾客门下往来者，于阍人率不关白，径入此轩。若已退直，则公必坐轩左右若待客矣。一日，岁值小除，诸人咸诣轩与公饯岁。忽司阍者至公侧耳语。公大笑曰：‘户部堂官岁尽分饭食银，亦不可告人耶？’即命清挈一囊至，泻出之，皆库贮大定五十两。公数座中客若干，令各怀其一，曰：‘诸君年事大窘，聊以分润耳。’数不足，复命人取之，偏给乃止。”

纪昀更是常来此轩的笑谈之客，他常来此向裘曰修讨教：“曩在裘文达公家，尝谓余曰……贤臣亦三等，畏法度者为下；爱名节者为次；乃心王室，但知国计民生，不知祸福毁誉者为上。”两人还经常借狐语议论时事。《阅微草堂笔记·卷十·如是我闻四》载：“一夜寓直宣武门城上，乘凉散步。至丽谯之东，见二人倚堞相对语。心知为狐鬼，屏息伺之。其一举手北指曰：‘此故明首善书院，今为西洋天主堂矣，其推步星象，制作器物，实巧不可阶，其教则变换佛经，而附会以儒理。吾曩往窃听。每谈至无归宿处，辄以天主解结，故迄不能行。然观其作事，心计亦殊黠。’”

裘曰修很会当官，既懂得如何取悦皇帝，又懂得如何体恤百姓。所以，他一生官运亨通。尽管其间也有过几次降职的小波折，可他在皇上心目中的位置和好感一直有增无减。裘曰修有句至理名言：让人怕我，不如让人敬我。尊敬是从心底发出的，不可强求。

水神冠冕

将裘曰修比作水塑之人，一点也不为过。他一生闯荡于水，奔走江湖，疏浚淤积，舒畅黄淮，抗灾赈济，抚恤百姓，不惜工，不爱帑，不劳民。他向朝廷奏疏献策，与灾民尽心谋划，主持治理水道 28 处，开引导流河道 67 条，修建水利工程 300 余里，并撰写《治河论》讲述他的治水心得。

早年，裘曰修的母亲王夫人在行至水神庙之际，向神灵祈祷求子。后来裘曰修四处治水时，人们便疯传裘曰修乃水神转世。据《清史稿》记载，裘曰修奉旨治河，足迹遍布半个中国，每次一个地方的水患还没有治理好，治理另一处的皇命又至。裘曰修连休息的时间都没有，冒着酷暑严寒工作，终于积劳成疾。

乾隆二十一年(1756)，四十五岁的裘曰修在胡中藻案后，被乾隆帝再次起用。二月，裘曰修受恩宠充经筵讲官；四月，任军机处行走。九月，我国西部边陲厄鲁特人作乱，恣意杀戮抢掠回民，情势紧急。朝廷接报后，乾隆帝即召集众臣商议，拟委派裘曰修赴边，临危受命前往巴里坤办理军务，乾隆帝亲赐御用红绒结顶冠御衣一袭，以示恩宠。

洗衣妇

乾隆二十二年(1757),四十六岁的裘曰修号召前方将士,奋勇进剿,努力杀敌。他在正月上奏,提出要让伯克额敏和卓向诸回族部落宣谕朝廷的旨意:诛杀厄鲁特人是为回民除害,不要受敌人煽动或心生疑惧。对此,乾隆帝回复"卿所言虽亦一策,徐徐度之可耳",意思是,你说的也是一种办法,可以慢慢实施。裘曰修指挥得当,用兵如神,所到之处,厄鲁特人作鸟兽散,巴里坤地区军事进剿取得重大进展,边匪之乱得到平息。这次平叛,匪多如毛、人地两生,关山叠嶂,险象环生。当裘曰修冒着漫天飞雪,率军经过隘口悬崖,一鼓作气收复失地时,那种喜忧参半、悲喜交织的感觉,事后想起还不寒而栗。这是一场艰辛而且充满危险的历程,但也成为裘曰修日后成功的序曲。

五月,裘曰修班师回朝。刚刚回京的裘曰修,还没来得及歇脚,旋即受命前往山东、河南、安徽会勘水道疏浚事宜。

黄河是我国的母亲河,全长约 5464 千米,流域面积约 752443 平方千米,是世界第五长河,中国第二长河。

黄河北源发源于青海省青藏高原的巴颜喀拉山脉支脉查哈西拉山南麓的扎曲,南源发源于巴颜喀拉山支脉各姿各雅山北麓的卡日曲,西源发源于星宿海西的约古宗列曲。黄河呈"几"字形,自西向东分别流经青海、四川、甘肃、宁夏、内蒙古、陕西、山西、河南及山东 9 个省(自治区),最后流入渤海。

黄河下游冲积平原由黄河、海河和淮河冲积而成,是中国第二大平原。它位于豫东、豫北、鲁西、冀南、冀北、皖北、苏北一带,面积达 25 万平方千米。黄河流入冲积平原后，河道宽阔平坦，泥沙沿途沉降淤积，河床高出两岸地面3—5米，甚至10米，成为举世闻名的“地上河”。

泥沙淤积是黄河的最大危害，也是黄河常年发生洪水灾害的主要原因。就是在这样的大背景下，裘曰修的后半生与黄河结下了不解之缘。

乾隆二十二年(1757)春，黄河泛滥，山东、河南、安徽的广大地区一片汪洋，人民流离失所，哀鸿遍野。是年正月，乾隆帝奉皇太后命起銮驾出京，开始第二次南巡。乾隆帝先是在徐州阅视河工，降旨截流漕粮，将民众积欠的种子、口粮债款全部免去；接着到孙家集阅视堤工，命令将河堤改用砖砌；之后到荆山桥、韩庄闸巡视，四月二十六日，才回到北京圆明园。

乾隆帝这次南巡自运河由山东、河南入江浙。其间，他沿途目睹了这些受灾惨重的地方，回朝后，便命吏部侍郎裘曰修会同山东、河南、安徽巡抚一道进行治理。是年六月，裘曰修忧心忡忡，骑上他喜爱的枣红马前往山东。所到之处，眼前的景象满目凄凉、哀鸿四起，他深深地感到自责。身为父母官，不能拯救黎民于水火，有何面目见江东父老？他深感自己肩上的担子沉重，暗自发誓，决不负圣恩，要将“治黄”进行到底。他来到河南勘察，这里的情形更惨，大批农民四处流亡，饿殍遍野，水臭河污。进入七月，正值酷暑季节，烈日当头，汗透衣衫。骑在马上，上热下燥，实在令人难受。裘曰修一行不得已改走水路，乘船顺黄河而上，由河南至上江(历史上，安徽被称为上江，江苏被称为下江)。一路行，一路察，裘曰修不辱使命，不计辛劳，风尘仆仆。为避免遗漏赈灾对象或人为扩大赈灾规模，裘曰修奏请乾隆帝，建议在赈灾时“唯通行以村庄为率”，获准。这年八月，裘曰修会同安徽巡抚高晋同赴宿州、灵璧、虹县(泗县)进行实地勘察。裘曰修一行来到徐溪口(位于溪河入濉河之口，相传古时候，濉溪口住着一户徐姓人家，徐氏开了个路边小店，为往来旅客、商人等提供食宿便利，因此被称为徐口子、徐溪口、濉溪口)。

濉溪地处黄泛区，周遭地势低洼，东有濉河，西有溪河，所以旧时水患频仍。溪河原于老城东汇入濉河，与水自东流的濉河支流西流河相距甚近。每当汛期，溪河受洪峰侵入常倒灌成灾。为除此患，明嘉靖年间，水利总督白昂治理濉河时，将溪河入濉口填堵封塞，使其移至濉溪南黄桥入濉。此举虽有所改善，但并未根除水患。乾隆年间，安徽相山自西北流向东南的濉河，因河床年久淤塞，每逢雨季泛滥成灾。乾隆二十二年(1757),裘曰修与安徽巡抚高晋勘修濉河,看到濉溪口“宛在水中”,于是便命凤阳知府项樟环濉溪城筑堤防水,民感其惠,称之为“项公堤”。

裘曰修与高晋查明“濉河自徐溪口至符离集七十余里,沙淤平岸,河形全失;自符离集至霸王城一百数十里,俱间段淤塞”。裘曰修在濉溪勘察之后,决定加固上江堤防,疏浚濉河。于是,他将治理方案绘图上报朝廷。朝廷很快批准并下拨巨额银帑,于当年秋季开工治理。当地百姓见朝廷用心为民,根治水患,大家纷纷以工代赈,为施工尽一份力,做微薄的贡献。天遂人愿,施工时天晴气暖,风雪不兴,民众情绪高昂。经过两季的施工,堤防加固和疏浚工程很快便竣工,效果明显。

乾隆二十二年(1757)九月,裘曰修循颍河、亳州重新回到河南,偕河南巡抚胡宝瑔向朝廷上奏,帮助豫省(河南)筹款疏浚河道。随后,他又马不停蹄地回到山东省,偕河东总河张师载乘舟于济宁微山湖、南阳湖、昭阳湖、独山湖,上下查勘后,向朝廷奏报疏通四湖之壅塞,以根除水患;又奏山东运河淤积情形。乾隆帝谕旨曰:“所奏皆善,可妥协办理。”

乾隆二十二年(1757)十月,裘曰修因治水有成,擢拔为户部右侍郎。裘曰修的勤勉是一般人难以想象的,他皇命在身,终日奔波直至肝脑涂地。同年十一月,他又向朝廷奏称:全淮之水俱入洪湖,水之去路以清口为咽喉,今值初冬束坝蓄水之期,拟酌留三十丈,则湖水畅出,来年于宣泄有益。同时,他又奏请,疏通达洪湖诸水，则壅遏之患可灭。这个折子得到乾隆帝的允准，诏如所请。十二月，裘曰修又重新回到河南，偕同胡宝瑔向朝廷报奏中州（河南）全省治河已陆续竣工及相机疏筑事宜，皇上认同裘曰修的做法并嘉奖他。

皇上的恩宠使裘曰修有几分得意，他兴奋地以诗铭志。在《督视水利和春皋观察韵》诗中，他写道："一番游历事关身，转觉从前到未真。某水某山重问讯，最忙人是最闲人。"兴奋之情溢于言表。

乾隆二十三年（1758）四月，浙江省金华、衢州一带上江河工宣告竣工后，人们都觉得这是相山神在暗助，地方官员、乡间士绅、周遭百姓纷纷呼吁在疏浚河工的同时，重修残破的相山庙以纪念疏浚河工得以成功。

裘曰修和高晋顺应民意，与当地士绅人等一道来到相山显通寺巡视。只见庙宇被两山环抱，周遭古木参天，风景秀丽，但寺庙残破不堪。于是，裘曰修和高晋带头出资，会同当地百姓，修复相山这座人文殿堂。相山庙告竣之日，加固上江堤防、疏浚滩河竣工的典礼就在相山显通寺内举行。百姓皆颂裘曰修功德无量。乾隆帝闻报，御笔亲书"惠我南黎"四个大字，由宿州知府张开士摹刻于石上，乾隆帝甚至作诗称赞"曰修汝亮工"。此刻石保存至今。

乾隆二十三年（1758）六月十九日，裘曰修向朝廷报奏：全国各地遭遇天灾，按照朝廷律例应当免除粮食税。但如果免除粮食税，势必导致商人囤积居奇，受灾的百姓反而得不到好处，所以请照旧收税，自然流通。乾隆帝降诏请九卿议奏，并同意按照裘曰修所议行事。

这年七月，京师米贵，乾隆帝下旨命发官米平粜。裘曰修又向朝廷奏言，今米市价格倍增，若减价太多，奸商等不法之徒乘机囤粮，后果堪忧。拟每石谷米减百文，使商人不敢大量囤粮。朝廷按照裘曰修建议的办法试粜后，市场价格稍平，粜米价格递减。

乾隆二十五年（1760），四十九岁的裘曰修因稳定米价有功，改任仓场侍郎。十月，裘曰修建议，每年漕艘抵达通州必须换船入京，因为此处河道淤积已久，漕运阻滞。与其每年都维修，不如一劳永逸，一次疏浚，可节省过半。这一建议得到朝廷的重视，动员民工十几万人清淤，漕运之阻从此不再。乾隆帝因此对裘曰修更是另眼相看。

乾隆二十六年（1761），五十岁的裘曰修仍奔波于府县黄泛第一线。七月，杨桥河决，乾隆帝命裘曰修赴河南勘察赈灾，并具体处置疏泄事宜。裘曰修实地勘察后，向朝廷奏言，杨桥河水灾当先求复堤堵口，以抵御后续洪水再侵，在此基础上再筹谋疏泄。他还表示，处置目前的灾情，最重要的是要在灾区先行对受灾百姓进行抚恤，一面清查点验灾户，一面向百姓发放赈济粮米，无须等到汇齐造册。其中，建粥厂是最实惠也最普遍的方法。

清朝从顺治开始，对全国各地因旱涝灾害而缺衣少食的灾户以粥施救，解决流离失所、饥寒交迫者的温饱问题，以度饥荒。考虑到那些极度贫困的人家要钱无钱，要粮无粮，要柴无柴，散米也无济于事。施粥既不用烧煮，又节省开支，还可以立即进餐，起码不会饿死，更体现朝廷的体恤。施粥延续了穷苦百姓的性命，建粥厂比其他赈济方法简便易行。因为这体现的是患难时刻见真情，而且以此为由向大户人家劝捐也相对容易些。有了粮，可以根据粮的多少，决定施多少天粥，事情办起来比较灵活。主持粥厂的官吏虽然也贪占，但比起平粜、赈贷中的作弊还是要少一些。

不过，在裘曰修看来，设立粥厂也有它的不足之处：一是领粥要奔波，易造成虚弱之人死亡；二是粥厂要用许多厂役，费用比散米多；三是人们往返于粥厂、家门之间，耗费精力，不能从事生产；四是饥民聚集于粥厂，容易生事，可能影响社会治安；五是妇女抛头露面，有伤风化。此外，裘曰修在奏折中还提到了有些行之不善的粥厂的施粥不能落实到每户受灾百姓以及设立粥厂、聚集多人，可能会导致瘟疫流行。为此，裘曰修提出按照人口比例，分散设粥厂，以县、乡为单位,自然散布。这个主意缓解了集中设粥厂的压力,为广大饥民提供了方便,还为朝廷节约了设立大规模粥厂的开支,裘曰修的高明即在于此。

这年八月十日,裘曰修二十九岁的长子、编修裘麟得了肺病,咯血不止,病逝于京城府邸。其时,裘曰修在河南治水,原本儿子病重时,裘曰修就应卸下公务,前来探视;儿子死后裘曰修也当奔丧,处理后事。但裘曰修因忙于治水,并未回京。众人皆斥责他薄情寡义,唯独其母王夫人深明大义,修书曰:“黎民皆赤子,勿以哀痛汝子堕公事。”裘曰修含泪反复看着母亲的来信,心如潮涌。为了黎民百姓,他只能强忍内心悲痛而事君国大业。

整个八月酷暑难当,裘曰修都是在杨桥河上度过的。他仔细察看河堤决口处的情况,认真听取地方官员的意见,并进行缜密思考。随后,他向朝廷奏言:杨桥决口宽数百丈,必须料物云集,方能堵决,请酌增堵口费用价一倍,使料物源源而来,大工可速就。乾隆帝谕曰:如所议,速行。是月,裘曰修又风尘仆仆勘察杨桥下游,至颍河、亳州一带。九月,裘曰修向朝廷奏言,查贾鲁、惠济二河所受黄水,多有通连之处,俾顺势而下,导之中流,不致复生决裂。又言,豫省决口,江南颍河、亳州一带种麦无期,请给予当地百姓一概赈恤,此数州县粮价不昂,则河南等出米之乡,俱可尽留本省,于灾黎有益。随后,裘曰修返回杨桥,勘察杨桥河南北两岸各处工程,奏言:据我现场勘察巡视发现,河心老滩已成湖心岛,阻碍水的流通,为了疏通河道,应当发动民工挑挖湖心岛,这样就使河水流行中流河道。十月,裘曰修奏言,武陟一带被浸,决口大小不等,急需尽快补筑加高加厚,以防来岁汛水。此次工程浩大、费银巨数,请借帑兴工,以缓解百姓负担。又言,民间百姓有避洪灾赴邻境者,闻当地有赈济来归,请查明户口居址,一体赈恤。裘曰修的这些建议得到朝廷的认可。乾隆帝作诗《恭和御制大学士刘统勋、兆惠等奏报杨桥决口合龙诗以志慰原韵》,他在诗中赞扬裘曰修:“从河达海狂澜挽,束水攻沙古训谌。一闭龙门流总合,尽驱蛟穴迹俱沉。”

十二月,裘曰修得到乾隆帝的褒奖。乾隆帝特下谕旨曰:裘曰修办理豫省灾赈将竣,且闻伊子裘麟病故,伊母年高,着令其回京任事。河南省杨桥河工程告竣,乾隆帝御制中州治河碑文,其中不乏奖掖之词,有嘉其“不惜工,不爱帑,不劳民;水用泄,土计方,上源下游,以次就治”之语。

乾隆二十七年(1762),五十一岁的裘曰修总结历年治水之道,感慨自己治水多年，遇水而治，多有心得，将这些胸中之论和经验教训结集成册，在一年内先后写成《治河论》《治河策》《治淮论》，并著有《黄河古今源流说》。他在这些论著中留下了不少至理名言，如“河非能害人也，人害之也”“疏与浚，治之策也”“天下有一定之法，可以定不定；无一定之法，不可以定有定”“河非可治也，亦顺其自然导之而已”“治河即治淮，治淮不外于治河也；夫治病必先于受病之源，御寇必于所经之地”等，为后世效法。

义门裘氏

乾隆二十八年(1763)二月，乾隆帝谕曰：直隶连年方宣泄，终不如豫省之妥善。从前河南疏浚河工，皆系侍郎裘曰修协同办理，此时裘曰修服制将阕，着即驰驿来京，督办直隶水道沟渠事务。乾隆帝还御赐诗三十韵，有“水由地中行，南北势殊异……勉汝永逸谋，副予勤求意”句。裘曰修接旨后，作恭和诗元韵，有“倘能去其害，已是收其利，有害而无利，是则人所致”句。四月，五十二岁的裘曰修被任命为吏部侍郎。六月，由于直隶、山东蝗灾严重，乾隆帝命裘曰修偕尚书章佳·阿桂督办扑捕事宜。裘曰修接旨后，七月十一日，与阿桂、方观承等合奏督捕沧州、静海、霸州、文安等处蝗蝻的情形。乾隆帝接报后复谕勉励：“大潦之后，蝗蝻固所必有，然不可不尽人力也。览奏固中地方官推诿之弊，然以朕视之，尔等亦未免有委之天无可奈何之意矣。昨已有旨询问，尚应竭力督捕，勉之慎之。”

九月，直隶河渠事竣，裘曰修奉乾隆帝谕旨，于归途之便，会同高晋等勘察濉河。裘曰修实地勘察后，十月向乾隆帝奏言：勘办濉河必厚蓄清水，以刷淤泥，方为挈要；各闸随宜启闭，使水汇入濉河，力足冲刷，庶无淤积之患。十二月，裘曰修再度向乾隆帝奏言，濉河两旁淤沙停积，河底浅滞，应查明段落，疏令宽深；再南北二河口，于秋冬水弱时，筑坝堵截，俾清水全归濉河，至四月水长，仍启坝分泄。上嘉纳之，如所议行。

乾隆二十九年(1764)三月，五十三岁的裘曰修奉命和尚书舒赫德前往福建查办福建总督、巡抚受厦门洋行陋规岁馈案，并暂时接任福建巡抚。前任巡抚定罪后，裘曰修才返京，再次被授予仓场侍郎。

乾隆三十一年(1766)十月，五十五岁的裘曰修奉乾隆帝谕旨，会同高恒、高晋悉心勘察江南淮、徐支河一带官府所修河堤，并察看毗连山东、河南等地的河堤。十一月，裘曰修沿黄河巡视后向乾隆帝奏言，豫省各河自乾隆二十二年(1757)开挑后，现无淤垫残缺，至归德一带、涡河上游并各支河大局，均与初办相符，两岸堤工亦皆完固。乾隆帝闻奏后，龙颜大悦，对裘曰修倍加看重，十分赏识。

乾隆丁亥三十二年(1767)七月，五十六岁的裘曰修升任礼部尚书，兼顺天府府尹。闰七月，裘曰修向乾隆帝奏言，京师因雨路泞，商贩等艰于转运，米价稍昂，请将八月甲米移前支放。上从其言。

这年八月，乾隆帝经勘察后，觉得工部尚书一职非裘曰修莫属，于是，降下谕旨，调裘曰修任工部尚书。

乾隆三十三年(1768)八月，五十七岁的裘曰修又调任刑部尚书。

乾隆三十四年(1769)闰五月，乾隆帝命裘曰修至武清督捕飞蝗。其间，裘曰修作长诗《捕蝗行》，详叙扑蝗之策，并言："除恶务尽古有训，我共长吏宜关情。"不过，乾隆帝在得知裘曰修令顺天府尹窦光鼐查找蝗灾的源头后，指责裘曰修捕蝗不力，没有亲力亲为，将其降职为顺天府府尹。

乾隆三十六年(1771)二月，六十岁的裘曰修奉旨赴沧州一带会同总督杨廷璋查勘运河情形，奏言改坝事。上从之。是月，裘曰修被补为工部尚书，六月，为南书房行走。清代官员以能入南书房为荣。虽然这不是官职，但能接近皇帝，裘曰修入南书房，说明他与乾隆帝的关系已经非同一般了。七月，裘曰修充经筵讲官。这种虚衔同样是对裘曰修的肯定。八月，乾隆帝命裘曰修会同仓场侍郎瓦尔达等，办理河道淤积挑浚，以利漕运。九月，乾隆帝谕曰：裘曰修于近京水利情形，较为谙悉，着往来调度查勘，总司其事。

乾隆三十七年（1772）正月，乾隆帝谕曰：永定河、北运河等处督办工程，着裘曰修协同直隶总督周元理董率各员，妥协办理。二月，裘曰修奏言，直隶河工需用雇夫钱，请照京城发兑官钱例，许办工各员一体交银领买。上从之。四月，裘曰修奏言，治河之道，挑浚为要，一有新淤，即当乘时急办，请设立浚船，人夫可于船上用力，所挑之土即以入船，运至两岸，实为事半功倍。乾隆帝下诏，如议行之。裘曰修又奏言，直隶诸水千支万派，总由三汊河为入海之路，至格定一堤，原为隔别清浑而设，而出口只有大红桥一，过水有限，莫若改为叠道，水大听其自漫，水小仍于行人便利，则出水畅顺，下流澄清之水亦不致受淤。乾隆帝降旨，诸凡皆妥。

六月，裘曰修奏言，向来河官只讲筑堤，不言浚河，而筑不如疏，其理甚明。近水居民与水争地，所有淀泊，本以潴水，乃水退一尺，则占耕一尺，即呈请筑埝，有司见不及远，以为粮地自当防护，堤埝直插水中，水从决口而入，被淹更甚。请敕所司于一切淀泊，毋许报垦升科，并不得横加堤埝，则水皆有所归，不致壅遏为害。乾隆帝认可裘曰修所奏，降敕严禁。乾隆帝又让裘曰修寻兼管仓场侍郎事，九月二十六日启程，偕瓦尔达往盛京查勘民典旗地。十一月，裘曰修奏言，此项地亩，奉旨动帑回赎，俾出典旗人不失旧业，受典民人照旧出得价。臣等酌议，自回赎后，原业旗人果能自种，准其撤回；原佃民有欠地租者，地方官代催，抗不给者撤地，另行招佃；如旗人不能自种，原佃民并未欠租，不能遽行撤回，致佃民失生计。乾隆帝准奏。

乾隆三十八年（1773）五月一日巳时，六十二岁的裘曰修逝世，弥留时，无一语及家事，唯语左右曰："吾为燕子矶水官。"裘曰修一生，历任礼部尚书、刑部尚书、工部尚书，尤以作为工部尚书政绩突出。乾隆帝十分看重他的勤勉、至诚、忠心，多次褒奖裘曰修。裘曰修一生以治长江、黄淮为己任，足迹遍布大半个中国，政绩卓著，至死不渝。

文情交织

裘曰修是个重情重义之人，而且十分重视乡谊，对后学的提携也值得称道。

说到乡谊,就不得不提宾兴会。早在明朝末年,新建人张位官至武英殿大学士。身居高位的张位提携了不少好友,如沈思孝、徐作、刘应秋、刘楚先、戴士衡、杨廷兰等人。张位尤其重视乡谊,他在京城成立了宾兴会,凡新建籍进京赶考的举子,皆由宾兴会资助。明朝灭亡之后,新建籍官员熊文举接力操持宾兴会,使这个对新建籍学子十分有帮助的组织得以延续。新建籍官员曹秀先任户部尚书后,宾兴会更加完善。曹秀先在京城买下两座宅子,供进京赶考的新建籍学子膳宿之用。同期的新建籍官员胡中藻亦大力资助宾兴会。当时,宾兴会不仅资助每位新建籍进京学子二十两银子,就连跟随举子进京的书童,每人每天也有二十个铜板,供其膳食之需。在他们的资助下,一大批新建籍官员出现在历史的舞台上。这些穷苦出身的举子,因为这缕绵延不绝的"香火",得以茁壮成长,成为朝廷的重臣、国之栋梁。

裘曰修对宾兴会的帮助主要体现在金钱资助上。他常常用自己的俸银维持宾兴会的开销。他认为,一花独秀不为春,万紫千红方为艳。他的目的十分明确,就是想为新建人在京城发展提供良好的环境,换来新建人代代兴旺。

新建县大塘坪乡汪山村程家的程裔采、程焕采、程懋采三兄弟是得到裘曰修大力提携的典型。程裔采外放云贵就是裘曰修出的主意并在乾隆帝面前举荐,才使得程裔采顺利红袍加身。

裘曰修重乡谊并不是乱点鸳鸯谱,蠢人庸才一齐上。他看重的是被举荐者的品行、德行、才华、修养。这一点在南昌人蒋士铨和彭元瑞身上体现得尤为充分。

他在乾隆帝面前时常提及江南两才子蒋士铨和彭元瑞。历朝历代江西文人荟萃,才子多如牛毛。平日里,乾隆帝也很关注江右才子。裘曰修的话毋庸置疑为蒋士铨和彭元瑞在乾隆帝心目中的位置及拔擢,起了推波助澜的作用,也让乾隆帝从一开始便记住了俩人的名字。

裘曰修对蒋士铨的器重源于江西士绅为乾隆母亲七十寿诞所撰写的祝寿戏文《西江祝嘏》。当蒋士铨所撰的剧本传到他手上时,裘曰修细细披阅,其文字之精妙,着实让裘曰修惊讶不已。这几个剧本经他审读完毕,即在京城官宦手中传阅,遂使蒋士铨名动京城。随后,蒋士铨几番进京参加会试,裘曰修都以乡党的名义,宴请蒋士铨和彭元瑞。

蒋士铨对裘曰修感恩戴德,但是他从不卖弄自己的才华,也从不乞求裘曰修在关键当口出手援助。蒋士铨傲然的心志与彭元瑞形成了鲜明的对比,其心如镜,照得见肝肠。蒋士铨与裘家的私谊深厚。早年,居南昌时,蒋士铨与裘曰修的长子裘超然(裘麟)、裘曰修的族侄裘雒川、裘曰修的次子裘超臣过从甚密,尤与裘超然诗文往来频繁。乾隆十二年(1747)前后,年轻有为的几位豫章书生如蒋士铨、裘超然、杨垕、汪轫、赵由仪等,曾经结伴畅游南昌城。少年才子的诗文豪情在滕王阁、百花洲、绳金塔等地迸发。金德瑛来南昌主持江西学政,这几人追随金德瑛左右,游学江西境内,受益匪浅。乾隆年间,江西诗风兴盛几出于以上诸君之力。蒋士铨、杨垕、汪轫、赵由仪也由于诗文成就突出被人们称为"江右四才子"。蒋士铨在这些才子中是当之无愧的佼佼者,出类拔萃的诗文在江西文人中传诵,成为南昌人茶余饭后的谈资,也成为南昌人效仿和追捧的对象。俗话说"十年树木,百年树人",裘曰修为乾隆年间江西的文风鼎盛做出了不可磨灭的贡献。

乾隆三十八年(1773)五月,裘曰修在京与世长辞。裘家后辈裘行简有意请文华殿大学士兼军机大臣于敏中撰写墓志铭。可是,不知因何缘故,于敏中竟转请蒋士铨代笔。这篇情真意切、赞许有加的墓志铭竟同时出现在蒋士铨与于敏中的著作中,也算是乾隆年间文坛的一件趣事。

蒋士铨对裘曰修的敬重,从其为裘曰修所撰的墓志铭中可窥见一二。他赞美裘曰修:"职掌邦士,居四民,时地利,使修利堤防……尤善于治水。""当官任事,举重若轻""参身洪流,力障气砥,形折智营,悠塞昏徙。艰重杂投,弗凿弗诡。行所无事,若治斯水。公历六卿,施设规此……美哉豫樟,帝灌植之。"

蒋士铨这篇墓志铭,下笔不俗,文畅意丰,气势非凡,风云跌宕,掷地有声,让人看到了一个不同凡响的裘曰修,是历史上不可多得的一篇上佳墓志铭文。

可惜,这篇铭文在收入《裘文达公文集》时,文末署名却是:赐进士及第、经筵讲官、太子太保、文华殿大学士管理户部事务、加七级年家眷同学弟于敏中顿首撰文;赐进士及第、经筵讲官、太子少傅、户部尚书、加四级年家眷侍生王际华顿首书丹;赐进士出身、兵部尚书、加四级年家眷同学弟嵇璜顿首篆盖。蒋士铨有文无名,捉刀笔吏成就了于敏中在朝廷的最后显赫和粉墨登场。蒋士铨代笔此公,虽全了裘曰修的名声,却也让于敏中于文道多了几分羞涩。

裘曰修行述

裘曰修曾祖父宗海公,邑庠生。皇赠光禄大夫,工部尚书。

宗海公娶朱氏,一品夫人。

祖松亭公,举明经。皇赠光禄大夫,工部尚书。

松亭公娶郭氏,一品夫人。

裘曰修父亲思补公,康熙庚午亚元丁丑进士,任江南建德县知县,行取吏部主事,历陞员外郎中,考选户部给事,转刑科掌印给事中,没入祀建德县名宦祠。

思补公娶熊氏、郝氏、王氏。

裘曰修四十三岁生裘行简,又过三年生裘豫。裘曰修去世前两年裘麟、裘师几个儿子相继谢世,因此,裘曰修去世时无壮子。

裘曰修生于1712年,字叔度,一字漫士,江西南昌新建人,清代名臣、文学家、水利专家。雍正丁未入学为附学生,旋补禀膳生员,乙卯以优行荐会,命举博学鸿词。副宪陈公木斋以裘曰修应征入京师,中式顺天府乾隆丙辰乡试第二十八名举人。己未会试成进士。殿试二甲第七名,赐进士出身,改翰林院庶吉士,壬辰散馆试一等第一名,授职编修。癸亥御试一等第三名,迁侍读学士,充日讲官起居注。甲子命入值预修《西清古鉴》。迁詹事府少詹事。旋命南书房行走。丁卯充湖北乡试正考官。戊辰晋詹事。庚午充浙江乡试正考官。旋授内阁学士兼礼部侍郎。辛未陞兵部右侍郎。壬申充江南乡试正考官,又充大清会典馆副总裁官。癸酉调吏部右侍郎以原衔充经筵讲官。复充浙江乡试正考官。甲戌调户部右侍郎。乙亥牵吏议革职,越一月起用为左春坊右中允。命武英殿行走。迁翰林院侍讲,复吏部右侍郎。丙子命军机处行走,奉使巴里坤办事。丁丑复命旋奉使河南等处治水,调户部右侍郎。己卯奉使江南,查勘水道。充江南乡试正考官。庚辰奉使甘肃查军需事。署总督仓场侍郎。辛巳奉使河南查灾赈。丁继母郝夫人忧。癸未命勘直隶水利。旋而迎生母王夫人。命便勘潍河。甲申途次,命往福建审理,复署仓场侍郎。乙酉复授户部左侍郎。充经筵讲官兼管顺天府事。丙戌充会试副总裁官。丁亥晋礼部尚书。旋调刑部尚书。戊子丁生母王太夫人忧。庚寅起,复原官,嗣降顺天府尹,未半载晋工部左侍郎,仍管顺天府事。辛卯晋尚书,复充经筵讲官,命理直隶水利。壬辰奉使盛京查旗地。癸巳充四库全书馆总裁官,晋阶太子少傅。盖距裘曰修之卒二日矣。

述政绩:裘曰修初筮仕,以文章受主知,专意撰述,累司衡鉴。逮陟卿贰,敭历六曹,夙夜匪懈,而衔使命之日为多其事,亦最著为讲官、总司、记注,侍内廷、纂西清古鉴钱录,石渠宝笈,秘殿珠林热河志诸书。总裁会典,勘宝太学志,最后领四库全书馆,盖毕生带书局,始终云一,为会试总裁。五为乡试正考官,校阅不遗一艺。常曰:吾生平忝窃多矣。至如司文衡差无遗憾。故海内以裘曰修主试多得人。户部及仓场凡数至勾稽校复皆洞中。至工部则曰司计之地,一不当即破数家矣。敢不慎乎! 掌刑部曰:盛世政清刑平,理官善奉行,斯无失外,有断狱不当者,不敢徇也。几辅繁要,辖州县广交关之地,最伙所事恒办,上契圣心,至十年未尝离顺天府事。裘曰修二十余年,历六部,皆偏所司。咸日公每换一曹,辄数日手文书,精思不发一语,十日后即駮议如流,窾要矣。奉使所历半天下,一出塞至巴里坤,军事密,勿不得而详也。诉讼案咸允清,军需不烦。而理其它,则皆治水事。皆裘曰修生平经营于南北河渠水利,了如指掌。屡蒙任使,仰承指示,尽心经画。凡源委脉络,沮洳僻隐之处,莫不亲行复勘,所至则咨询利便,下至末弁隄夫之言,亦所不遗,故能治水成功。山东疏伊家河,安徽疏淝水、宋阳河、十字河、武家河、霍邱城西河。于都门疏浚大通桥至东水关河六千六百丈。有奇筑平下牐、普济牐,迤西减水石坝,建长生堤,板坝及创堤,各一百五十丈。辛巳年裘曰修于河南勘察塞杨桥蛰口二百余丈。于直隶永定河浚芦沟中泓抽槽取直。疏金门牐北村求贤两坝出水口,筑牛坨挑水坝入黄家河,移牤牛河上游,引河东南五十里,导葛鱼城北溜涨。筑拦水土埝,沦凤河淤。于北运河疏筐儿港、减河抵梅厂东。疏王家务、减河抵八道沽。筑南仓上横堤以卫民居。改南仓下叠道以洩西来之水。复隔淀堤。千里长堤之堕圮者都得到修复。这些治水大事,都是裘曰修与同时诸大臣权衡度量治水损益而成就。

丁丑年河南水溢,数郡民不聊生,痛苦而不得安宁。皇上特命胡宝瑔任巡抚,而裘曰修亦与之共同协理河南治水大事。凡有利于疏浚,利于灾民尽快摆脱水灾事宜,裘曰修都会毫不犹豫地去做。他的谋划主要以疏浚下游、畅通上游为主。在治水过程中,他采取以工代赈的形式,对黄河进行治理。在一年零五个月的时间内，二十五个州县，八条干支，河道六十有七袤，五十余万丈，绵延三千里。凡主干河流四条。贾鲁河界，开封陈二府之祥、尉、扶、西、淮五县，旧深通今拓之。达于沙河作夹堤以防漫溢。惠济河开封归陈三府之中，祥、陈、杞、睢、柘、淮、鹿八州县、分贾鲁之水以达淮。旧间淤，今大疏之，沙砾尽起，已成通渠并加堤堰漫口。晋弥巴沟及响河丰乐河界归德之商夏永三县，其地连年水灾，皆缘下游多阻，今通其尾闾加广焉。易达多容。凡支河之在开封府者，则陈留之坡沟小沟，杞县之桃河，陈杞之滩河，兰阳仪封之周家河，仪封之岔沟、牛家庄沟分入于惠济北沙河。其在归德府者则商丘考城之北沙河，商丘之南岔沙河志沟、陆邻沟，马三河、安家河、陈两沙河、冀家河，商柘之明河，夏邑之巴清河、桶子河、毛家河、三岔河小引沟，岐河、白波河，永城之减水沟，虬龙岐麦口大涧沟漕，虞城之惠民沟、永便沟，苑家堤，小引河。睢州之康家河、姬家河、横河。鹿邑之清水河、黑河、茨河，急三道河、明河。考城之盘马寺沟、林皇寺沟、汀水河。宁陵之五里堡河、何家洼河，分入于惠济涡沟、洪沟、浍河，达于江南；其在陈州府者则淮宁、项城；沈丘之东西蔡河，淮宁之东西蔡河，引沟枣林河，俱入于大沙河。其在汝宁府者，则汝阳之马常河，谢家湾沟。遂平之石洋河；上蔡之柳堰河、泥河、茅河。杨家桥沟、王四沟闸；新蔡之葛宁河沟，李庄桥沟，尤家坝沟，高溜沟，马家溜沟分入于洪汝二河。凡堤之修筑者，汝阳之沙河新堤，汝河新旧堤，遂平之沙河旧堤，西平之洪河。旧堤异涨，底平畅顺巩固，皆裘曰修之政绩卓著。

裘曰修承皇上恩典三十余年，当年受皇上恩宠，于正大光明殿初试。皇上驾出，垂询良久，御览裘曰修之诗赋。阅卷大臣拟将其列于次等，皇上特选拔一筹。由是见知，典试江南道滁州。携宗臣欧阳修画像敬献皇上。皇上欣然赐题。裘曰修就官吏部时，皇上垂念裘曰修家计，赐分户部饭银，并赐府第于宣武门外之石虎胡同。其时，奉旨出塞，赐御用红绒结顶冠，御衣一套以行治水。

皇上两次命议叙加一级。郝太夫人、王太夫人皆在高年得皇上赐笔额："八旬衍庆日""七泰连祺又"，同时赐堂额"爱日堂"，勘直隶水道。

裘曰修回乡守制，皇上即命驰驿抵京师并赐以诗：驰驿如来京，斯实为民惎。投艰非奇情，宁宜顾浮义。

丁亥正月，皇上赐三清茶并茶器一套。

裘曰修为谢皇上隆恩，于静明园退游碧云寺作诗录呈皇上。

皇上以宋代张即之书法赠之，以宫内藏张即之书华严经残本命裘曰修补。

皇上所耕籍田。皇上赐与裘曰修制乐词：犁鞭襄事皆文苑，应有佳词佐穑仪。令相国金坛于（敏中）公以大司农进犁，裘曰修以顺天府身份执鞭。

裘曰修病重于任上，皇上命御医屡屡上门诊视。经常遣内侍近卫官员探询，并询问用药量的增减轻重以及病情变化。皇上还以诗询问：腹因废食减便便，何事投医未霍然。欲乞水衡权解职，可忘芸席共研篇。瘘云效力正长日，我则怜才未老年。不忍养疴例香树，还爱香树例全痊。裘曰修恭敬阅之，深感主恩未报，涕泪俱下。弥留之际，念念不羁，无不谈及任何家事。既卒慨然。

皇上轸惮，谕曰：工部尚书裘曰修，品学端醇，才尤练达，入直内廷，服膺使命，宣力年久，倚任方深。今春偶患噎嗝。特遣太医院堂官诊治。复常遣御前侍卫前往看视。比因病体加剧，奏请解职未允所请，并赐诗示慰。昨又降旨晋加宫衔，俾之舒心摄养，以冀速痊。兹闻溘逝，深为悼惜。著加恩派散秩大臣一员，带侍卫十员，往祭茶酒。所有在任革职降级之案俱著开复，其应得恤典，仍著该部察例具奏。钦此。

礼臣上请赐祭一坛，给全葬银五百两。上谕之，仍予谥。

裘曰修仰承恩遇，至优渥每以老亲高年奔走职事。天语垂念家人妇子，无微不至。裘曰修家小感恩泣涕。

裘曰修十岁，遭父亲都谏公丧哀，其如成人，奉太夫人至孝。退朝则依膝下，周围不少孺子钦慕。裘曰修兄弟五人，其为季。尽友爱于族人，咸有恩礼，性乐易交游。偏天下少年同学之友，致老弥亲。同直若富阳董文恪公，年齿资格皆在前，终身未尝跬步先也。

奉使所至地方，吏部院属司，曾承事者，人人自以得裘曰修驩口，未尝言人过。一事之善，则赞赏不容口。所与游多文士，奖借不遗余力。人恒以比欧阳。公曰：吾何敢望欧公，然公至交若梅圣俞、苏子美。吾则差胜。每下直入公署，归则视封事。暇与宾从赋诗，谈古事为乐，必夜分始罢。与人语多谈天道。倚伏以为规戒。里党贫不能自存者赒之不倦。捐五百金修葺新建庙学。少游赣归舟，失足溺水，友之仆拯以济，贵后报以五百金且赡其子。男麟没时在河南，王太夫人寓书曰：彼之鸠形鹄面，待赈待水泗以耕。且食者皆人子也。勿以汝子伤堕公事。裘曰修恒诵之，以节哀恸。待下以恩多感之。居郝夫人忧，貌癯瘁，有武弁遇于途，抱足痛哭曰：好大人何老病至是。裘曰修不识也。盖江南使輶时，曾一日为巡捕官者。王太夫人之丧，吊客未集，环居第尘肆负贩者数十百人，先入哭者，皆尽哀。有陕西计吏入都既拜见，复拜曰：来时弁某拜，且属以是寄谢。盖弁初为格子烟墩汛卒，处塞外数十年不得代，裘曰修弁遇之，归以告其长曰：用人当均苦乐，卒获归。积芳得官，且娶生二子矣。裘曰修为文章构思，洋洋洒洒立成。每遇朝廷嘉礼，则赋颂。馆试所为文，后来者皆诵，为准式，家有之。评：江右后四家，制义以教人。刻少年所著曰：诺皋集。登第后所作诗文奏疏若干卷未刻，藏于家。

裘曰修，字叔度，号漫士。生于康熙壬辰年（1712）十月二十九日，殁于乾隆癸巳年（1773）五月初一日巳时。夫人熊氏，诰封一品夫人。广东海丰县知县熊大樊公女。子五。长子裘麟，乾隆癸酉年举人，庚辰进士，翰林院编修，先殁。娶钟氏，吉水县教谕钟建光女。次子裘师，国子监生，先殁，娶宋氏，浙江道监察御史宋霖女。次子裘行简，国子监生，娶庄氏，礼部侍郎兼理乐部大臣庄存与女。次子裘豫，娶张氏，大学士勤宣伯廷玉公孙女，太仆寺少卿张若渟女。次子裘尊庆，裘曰修侧室骆氏所生。裘曰修去世时，五女因幼未聘，长适吏部侍郎程岩长子，乾隆己卯举人，分发福建候补知县程为琳。次适甘肃宁夏道孔继洞长子孔广枚。次适福建布政使曹绳柱三子，国子监生曹寅生。次幼殇。次适山西平阳府知府徐玉田子，国子监生徐廷表。

熊文举小传

熊文举又名超五，字公远，号雪堂，晚年号耻庐生，明万历二十七年（1599）己亥八月二十日申时生。相传其小时候有风慧之才，能记忆其前生托身之事。十二岁时作梅花、萤火虫诗三十首。十七岁那年，参加县试为第一名，补邑庠生，初习《诗经》。庚午年改学《礼记》，中本房第二名。辛未年联捷中进士。外放任合肥知县，两退流寇，斩获功高，以优异之绩擢升吏部验封司主事，陞升稽勋司员外郎。己卯典试秦中，所得多名士，受到朝廷和乡党的奖掖。甲申年春，值沧桑之变，以事机错迁，不获其志。乙酉年，荷清廷选拔之恩，由文选郎陞升通政使司右通政。后寻陞升吏部右侍郎，乞假省亲告病在籍。辛卯蒙特召补吏部右侍郎。壬辰闻计丁外艰服阕，屡疏告病。壬寅年起用为兵部左侍郎。癸卯告病还乡杜门家居。著述甚富。博览载籍皆手校丹黄，事亲孝自诸生。以至服官未尝以守丝尺镪自私，而气岸嶙峋，高论沉思即古经济。名贤无以过之。刻有戴星司、封司勋雪堂、耻庐、江雁侣鸥等集行世。寿七十，卒于康熙七年（1668）戊申十月初八日子时己酉。御赐祭。葬于樵舍兰木桥庚申向。娶叶氏，万历辛丑年十月二十八日寅时，遇子妇掌内治最有家声，兼明忠孝大义。淡泊自甘，不异糟糠，三受诰命封淑人。卒于康熙六年丁未二月初一日卯时，葬宁和潭乾巽向。副室朱氏，生于万历丁巳年二月初一日酉时。处贵不骄，中年皈依净土，持诵精暾，殁于康熙十四年乙卯十二月二十日亥时。又副室杜氏，生于康熙五年丙午正月十五日辰时，殁于康熙五十五年五月十七日申时。又副室邓氏，生殁葬未详。

子三：鼎华，叶出；业华，朱出；孟华，叶出。女八：长适同邑大学士姜曰广之子之纶；次适南昌户科给事龚而安之子浚明；三适金溪兵科给事傅振铎之子子堂；四适南昌邑庠秦闻华之子善；五适奉新监察御史宋一贞之子三台；六适南昌少詹罗宪汶之子光怿；七适进贤经魁舒忠谠之子贞干；八适新建孝廉甘贞旭之子晋。

熊鼎华　为叶氏所生，行樛二，字梅卿。生于天启五年乙丑九月二十三日巳时。性聪敏，喜读书，一切世事绝不关心，遇值世乱，慷慨殉义。殁崇祯十七年

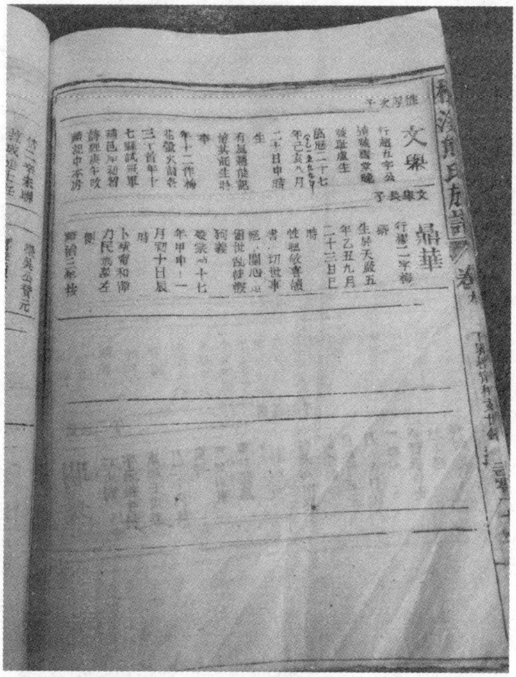

熊文举家谱

甲申十一月初十日辰时。卜葬宁和潭刁民翁墓侧。顺治三年，按台吴公赞元题奖，顺孙奉旨旌表。娶进贤介冈兵部左侍郎饶景晖孙女，孝廉元义女。

熊业华 为朱氏所生，行樛三，字宇僧，号吉柯。生于崇祯九年丙子二月十九日辰时。丰姿秀伟，才识卓荦，济困扶危，乡族多德之。年十七，督学樊公续前拔入郡庠。甲午补禀恩选拔贡，丁酉乡试中七十一名；甲辰拣选知县；辛酉考授内阁中书。公车十上未获南归。而读书夤夜不辍。当时名公巨卿咸仰其高风。中丞宋公犹如敬礼，为笃行名儒。卒于康熙三十三年癸酉五月二十四未时，葬本乡冷埠前甲庚向，娶清江翰林阁部杨柏祥女，生于崇祯十一年戊寅九月二十五日戌时。淑性慈柔、坤顺载德、相夫成名、内助多贤。殁于康熙二十二年壬戌十月十七日亥时，葬南坪朱太君茔右侧酉卯向。继娶朱氏，康熙三年甲辰四月十一日丑时生。康熙三十四年乙亥六月初六日寅时殁。侧室吴氏，顺治十六年己亥十月十四日生，康熙壬午闰六月初二日卯时殁。俱附青柯，翁墓。

子三，国材，朱出；国璟、国琏，俱杨生。女三，长适界冈工科给事饶宇栻子，候选州同；次适袁州进士袁继梓子副榜，二女俱杨出；三适金堂监察御史杜果子,邑庠驭,吴出。

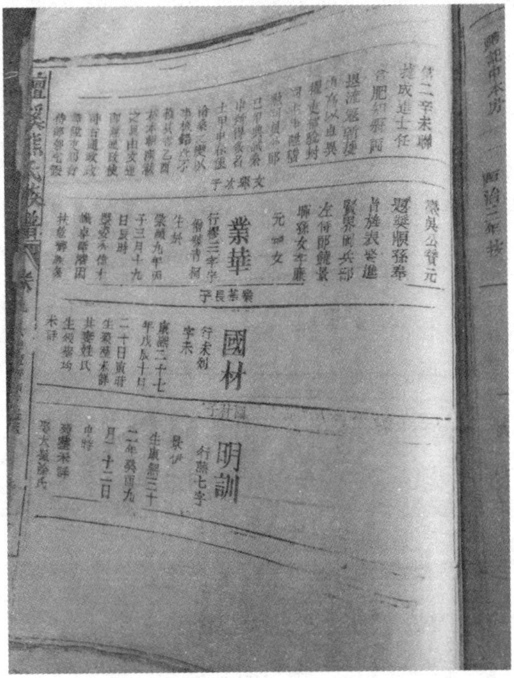
業華
國材
明訓

熊文举家谱

熊孟华　叶氏所生,行樛四,字椿柳,号紫芝。生于崇祯十年丁丑六月十六日午时。果敢决明,决不避权贵,又能严以律己,恕以后人。年十五游县庠。癸卯,遵恩获投供候选。辛亥授太常寺典簿;丙辰陛刑部浙江司主事;寻擢江南司员外,历四川司郎中,入载西曹平刑,折狱部,荐勤顺称职,癸亥迁楚南常德府知府。见地方凋蔽,民力不堪,备陈抚绥诸策,刚方不回。卒至萋菲,施沫皇恩,放归田里,两袖清风,无绝愠色,殁于康熙三十年辛未闰。

熊国材　熊业华子,康熙二十七年戊辰十月二十日寅时生,殁葬未详,子明训。

熊国璟　行戊二,字小宋,改名楚望。康熙七年戊申十月初一日申时,殁葬未详。娶墅溪守备胡女,生于康熙八年己酉四月二十六日巳时,殁康熙三十九年庚辰二月十八日午时,葬天官源杨家山杜孺人茔内,子明组。

熊文举心路历程

熊文举自壬寅十一月任职枢密院,兢兢业业,寅夜勤政,可其自认为政绩平平,有愧俸饷。

其实,这仅仅是熊文举的表象。骨子里的原委一直在折磨他。作为一位崇祯年间进士,明朝没有薄待他,令他身居要职。可生逢乱世又使他身不由己,在政治的漩涡中成为一叶浮萍,眼睁睁看着明朝土崩瓦解,眼睁睁看着李自成带着人马杀进京城。他有心杀敌,却无力回天。这种心态无时无刻不在刺痛着他的心尖尖。当众多文武大臣向李自成下跪时,熊文举的膝盖也软了。他随了大流,他也屈服了。

世事竟是这样弄人,变化如万花筒。李自成在龙椅上还没坐热,吴三桂便领清兵杀进京城,又变天了。晴变阴,阴变雨。熊文举的心情糟透了。求生的欲望、待哺的家室以及家族的期望,驱使他选择了生,选择了顺从。他不得已地低下头,不得已地做了贰臣。

他心中的煎熬,恐怕任何人都无法理解。知识分子的良知无时无刻不在敲击着他的骨头、脊梁,宁为玉碎、不为瓦全的骨气在此刻全部遗失了。

心底的哭泣、心底的依恋,使他无时无刻不在想念前朝的时光。他觉得羞愧,觉得脸上无光,他没有兴趣在一个高位上,听从异族统治者的吩咐,他的内心没有苟且。

于是,他选择了逃避。受邀录用并没有激发他的从政热情,吏部侍郎的待遇并没有让他感到心安,再高的职位也让它见鬼去吧!

乞假省亲,才任六个月侍郎的熊文举便在荣誉和高官厚禄面前选择了放弃。

急流勇退是需要勇气的,他心知这样做的结果,但他还是毫不犹豫、头也不回地学陶渊明先生“种豆南山下”了。气节没保住,志向不可丢。他开始以书为娱,以文为伴,用笔书写岁月,用墨迹遮盖内心的泪滴。

在历史的大转圜中,有几个人能站出来振臂高呼,以应大义,而甘愿成为刀下之鬼呢?

这是民族的顺应，这是国家的转折，没有太多的必要去诘难熊文举的行为。他尽力了、尽心了，何苦再去逆历史的大潮做些小动作，成全身前身后名呢？

进入清朝后，他的从政表现是他的心态的最好呼应和回答，他心中的徘徊、彷徨、不安、浮沉，注定了他的从政经历。他回归故乡，回到南昌老家，暂做一位田园耕夫以息心中的波澜。

他拿起了手中的笔，记录下了自己的心态，诠释了他这种扭曲了的生活。原本的他，风华正茂；原本的他，完全可以凭自己的才干、才华为国家贡献一切！可是，生不逢时的他，却遭遇了生命的蜕变。他就像一只被关进笼子中的老虎，无法腾跃于自由的大地，只剩下不得志的干吼。

他在诗文中极其隐晦地讲述自己的人生故事，也极其含蓄地表明自己的心迹。他想让世人知道自己的心路历程。离开官场又迫不得已重返官场，随后又再度选择离去，这种心路历程是一种典型的言不由衷、身不由己啊！

试想，在历史大潮面前，谁又能决定自己行为的对与错呢？

人是血肉之躯，内心的表达总是含蓄的。在选择面前，民族不能选择，国家不容选择，他从众地走向他生命的另一页。这就是历史，熊文举的历史。

重新审视熊文举的心路历程，重新正确看待熊文举的生涯，我们每个局外人难以以偏概全妄下定论，也无法以气节判定他的对与错。他有知识分子的良知，有知识分子的骨气，他选择了逃避，选择了放弃自己的追求和梦想。他从自身的高度迈下历史的台阶，回归自然。他只能如此而为。

这是一个真实的熊文举。

尽管历史没有给他留下一个伟岸的身影，尽管在国家的利益面前，他没有做出轰轰烈烈的贡献，可他付出了。他无怨无悔。

其实，我们回过头来看熊文举，他就是一个凡人而不是神，不需要香火供奉。人在行旅中，高处不胜寒。他走过的路，他有过的心迹，今天读来，也有宜人的滋味。才华横溢的他，折腰于世俗大流，折腰于民族的大义，这是文官书宦对政治的最好解读。不过，他走出来了，从自身的阴影中走出来了。他没有自暴自弃，用文字抒写了属于他的历史，成为不朽。

“鸟飞反故乡兮，狐死必首丘”，这是熊文举受尽磨难的憧憬，是他在命运漩涡中的挣扎，也是为自己生命打的最好圆场。在生命之火燃烧到极致时，他不以光亮的照耀为荣；当生命的运势退潮时，他不以矮化为意。他在充满荆棘的道路上，有选择地行走，或迂回、或曲折，不以为怀。

熊文举不屑于世态炎凉。当他上任时，曾有过多少前呼后拥，曾有过多少趋炎附势，他习惯了，不屑一顾。他明白这些权贵的追求和企求，他知道他们是想从他的权力中得到官位、得到金钱、得到他们所想得到的一切。当他买舟南下，回归故园时，这些官员退避三舍、推脱不见，他习惯了。他知道自己手中的权力没有了，他不能给予这些权贵所需要的官位、金钱。他不在意这些，平静的心态占据了他的心胸。他认定了，人的善恶不过如此，当面前有金山时，这些人不顾一切，总想得到其中的一小块。这种争夺使他们趋炎附势，穷凶极恶，不顾廉耻。

熊文举的心态，说明白一点，即善莫大焉！

我们无法用文字给熊文举盖棺定论，也只能以这些文字为熊文举留下光鲜的一页。这也许是对他在天之灵的最好告慰。

他永远行走在属于自己的路上。

熊文举祀陵记

按照明朝律例,每年清明节期间,皇帝要前往祖陵朝觐祭祀。

熊文举于辛未年(1631)中进士后,第二年即被明朝廷授予庐州府合肥县令。崇祯九年(1636),熊文举因功擢升为吏部主事。

皇帝祭祀先帝陵寝,朝廷各部得做好相应的筹备工作,尤其是礼部和吏部。

作为吏部主事,熊文举在明崇祯十年(1637)参与了皇帝祭祀先帝陵寝的大典。这年清明节前三天,熊文举即与功司苏靳列泉、勋司周柱明前往天寿山。当日辞朝后,三人即启程,时当丙子变乱后,沿途萧条,行至昌平,只见断壁残垣、白骨嶙峋。途中残老寡妪,守尸哭泣。荒凉凄惨,不堪目睹。诸陪祀官见状亦手足无措。大家都以能住土屋茅房一宿心满意足。第二天,大家排队入内,一拜三叩首。然后骑行至神宫监,吏科分祀定陵。漏下二更鼓,听闻长陵那边传来钟声,各陵行礼。众多圣子神孙,弓剑奕奕,云光霞彩,万年有道之长,实本于此祀毕。漏下二十余刻,熊文举一干人等仍然回到昌平。

这天得闲余,熊文举兴趣所致,与靳、周两位长官,步谒长陵。只见远山隐隐,山势独特,魁伟雄壮,帝王之气由此生。随后,熊文举他们还来到九龙池,只见芦苇萧萧,掩映琉璃,又是一番风景。

熊文举在吏部任职时,一共参加了五次皇帝的春祭和秋祀活动。丁丑霜降后,熊文举这次前往皇陵的伴当是:考功司葛德符、勋司周柱明。朝辞堂礼如初。其时京都乍暖还寒,出德胜门,风飕飕,冷寂寂,大似南方深冬。这时的天寿山就是另一番景象,光山秃岭,亦无绝岩奇峰,但是随处可见的刹寺金碧辉煌,焕然夺目。而香城寺中有来青亭,立于其中,举目远眺,葱郁奇特,彪炳如星日。游人皆赞不绝口。熊文举感慨万千。身处异乡异境,想自己生长于豫章,山水之国,看山对水,如见故人。章门拱对,似有王子安笔下珠帘暮卷西山雨的感觉。在豫章之西山中,也有碧云、香城二寺。这时,虽然它们都远隔千里河山,可俯仰低回就像在自己的怀抱一样。想起故园模样,熊文举禁不住潸然泪下。家国情怀,异样心志,始终荡漾在心底。以身报国,更待何时?此时,似乎又有种乡愁涌遍熊文举的周身。

戊寅年三月的祭祀典礼，司封署仅熊文举一人参与。这种陪伴皇上朝觐进香的行程是一项苦差，哪有坐在朝廷躬身书文自由自在。吏部四司各一官员随御驾，一年两庆，皇帝欣悦是熊文举他们的成果。天寿山的春天，带给皇上的是喜悦，也让陪侍官员难得消受一回自然美景。熊文举心旷神怡，他似乎又想起了“春风又绿江南岸”的家乡盛景，湖光山色两不同，只有在梦中才能重回故里，用绿色去镶嵌自己的颜面，去做故乡的傀儡。

戊寅年九月十四日，又值祭陵。此时熊文举已被提升为司勋副郎，其时的勋司尚缺正职，熊文举主事勋司，这样，他又不得不去陪侍皇上了。同行者有考功司杨彤宣、司封胡政初。这一次，天气十分恶劣，狂风卷沙。不过到了第二天一早崇祯皇帝出行时，天气豁然开朗，秋风萧瑟，拂云如鸣金、如戛玉。熊文举整理好朝衫，偶见老宫监，说起丙子年祸事，让皇上恼怒不已。大家来到院外，枫叶、杏叶随处飘落，诸多大小官员席地而坐，大家互相谈笑凡间事，气氛十分融洽。胡政初曾担任过太常一职，所辖多羽客。有近旁宫观中的道士，见到胡政初，即匆忙回到观中取来酒饷，野饮而欢。真有羲皇上人的感觉。

事毕，归昌平，同乡群集于督治司马署中。司马感触良多，深沉而语气双关道：“两年劳绩，血气早衰，稍待秋后，力不从心，告以请假。”熊文举愕然，不解地问道：“司马何出此言，你立了剑重地，圣明(上)倚傍，地理位置特殊，怎么就认为秋含煞气呢？”司马悄悄回答：“近日侦探叠传警讯，鸷鸟将击，烟尘烽起，边关有事。”熊文举其时只当梦呓，不以为意。

可是，熊文举一行回京不久，即传凶讯，司马之言，不幸言中。

熊文举最后一次陪侍皇帝出祀是在已卯清明，这一次，熊文举仍与吏部官员彤宣、政初两年兄前往。沿途所见，与前景象完全相异。兵祸未息，道路戒严。只见沿途墩台错落，墩台下有路兵，兵有马。马队过后有步兵，刀箭有序。至昌平，只见城头旌旗猎猎，鼓角声悲，熊文举触景生情，犹忆做合肥令时御兵于城外，众人一起晤谈细说，喜忧参半。

入夜，只见千山万岭，灯光闪烁，军阵严壮。夜沉云浮，不知这里已是壁垒千重。

初六日言归，马踏香泥，鸟啼深树，惊沙明净，远汉青蓝。遥忆江南远方故园，熊文举依恋情怀油然而生。前途未卜，安乱谁知？

熊文举不禁茫然长叹。

熊文举返京记

壬辰，熊文举以守制为名，向皇上禀报，据以隐忧之疾，服阙不出。皇上不允。后又请求中丞上疏入禀，方得准奏，在籍调理。光阴似箭，日月如梭，荏苒十年。熊文举在籍十年，到了辛丑年，吏部核查患病多年之官吏，发现熊文举仍未归仕，催促江西督抚题报，经稽核，吏部认为熊文举已经超限，勒令回奏部议于抚公，再不回京，当罚俸禄，不再起用。待归京后遇有新例出缺时补用。熊文举归京后，经吏部认定，熊文举为官二十年，当补佐铨也就是左枢密。由于佐铨重于其他各部，不好他补，应按清廷惯例而行。

吏部下令要求熊文举四月启程回京归任。可熊文举一直犹疑不情愿动身。他的理由是因为病体难耐船中酷暑，无法按时出发。时至八月，天气转凉，熊文举再无理由推脱，只得在八月十三日癸丑离家北上。鄱阳湖有句俗语：三月三、九月九，无事莫在江边守。这个时候出鄱阳湖，风高浪急，风险太大。于是，熊文举选择由浙江前往京城。

发舟之日，江西督抚衙门文武官员，为熊文举设宴饯行。熊文举宝刀不老，让众官瞠目。真可谓，猿雀之梦久酣，麋鹿之恋恋不舍。熊文举在从官的陪伴下，来到章江门码头登船。熊文举表情严肃，心下十分凄寂，他从心眼里不愿意回京再去攀龙附凤、阿谀作态。但是人在官场，身不由己。回首南昌，冷风拂面，依依乡情，难舍难解。凄楚的泪滴只在心间流淌。甲寅日，官船行至王家渡，原本上京的路线应走樵舍，至昌邑下鄱阳湖。考虑风高浪急的鄱阳湖过于凶险，他只好弃北往东，在王家渡折转东行。送行的诸位自此而别，熊文举怅然若失，留下儿子熊业华、熊孟华随他一道进京。乙卯日，熊文举所乘官船泊南昌县赵家园。这天正好是中秋节，熊文举在舟中赏月吟诗，心下忧闷难以排解。丙辰日，官船行至余干县瑞洪镇，余干县令及学师等前来求见，向熊文举禀报县域诸事。由于鄱阳湖进入枯水季节，河水干涸，船只艰难前行。事实正是如此，船缓缓东行七十里，夜宿德兴县金山铺。己未日早起行十五里，船过贵溪，又行八十里，熊文举来到弋阳。只见沿途山水奇绝，游历一名叫钓岩寺的庙堂，拜访寺中长老。得知此处为“鹅湖宰相”费宏读书之处，高山仰止，心中崇敬之情油然而生。

费宏自幼无其他嗜好，尤喜读诗书，聪慧好学有慧根，13 岁得中信州府童子试文元，16 岁中江西乡试解元，20 岁中殿试状元，声名鹊起。他在钓岩寺苦读的经历也一直为人们所传颂。

可是时至今日，熊文举眼中的读书处却破败不堪，物是人非。谁能想到，昔日一门科名鼎盛，而今却衰败至极，熊文举见状叹息不止。又行八十里，熊文举的官船夜泊河口古镇。这个镇，是江西四大古镇之一。山水佳妙，人文渊薮；集市繁荣，码头繁忙；货物齐备，琳琅满目；交易活跃，交流穿梭。古色古香的街巷给熊文举留下了深刻的印象。离开铅山，熊文举又换行小舟前行八十里至广信府上饶。上饶令程蕉鹿是熊文举任合肥令时的仆从，又是他的受业门人。两人相见甚欢。程蕉鹿为恩师接风洗尘。两人言谈中，熊文举突然想起前朝内阁辅臣郑方水（郑以伟），向程蕉鹿打听，得知郑方水为官一生，“妾不衣帛，马不食粟。盖棺之日，囊无余赀”，人人称道的郑相国，家世零落，又无后嗣，至今棺盖暴殄于怀玉山，未曾入殓下葬。熊文举听后，惨然相向，半晌无语。念及当年自己未中进士前，有一天，太子侍读太宗伯邀约熊文举前往拜见郑相国。郑相国仔细观察熊文举后，对太宗伯说：“此子风骨不凡，待日后老夫栖身怀玉山时，羽衣翩跹，定当款待该后生。”熊文举当时听郑相国此言，实感怪异，谁知这一去三十余年，上天竟让熊文举在有生之年得有怀玉山此行。思念郑相国让熊文举涕泪俱下。当下取出行囊中银两，请程蕉鹿举柩发丧，以告慰郑相国在天之灵。程蕉鹿慨然应允。郑相国因了熊文举的襄助得以归土，熊文举也因之得以完成自己的夙愿。

离开上饶，癸亥日，行百里至玉山县，让熊文举感到失望的是，玉山县治荒残破漏，寥寥数丛炊烟，仅一县丞署理县中之事，朝夕不保，十分拮据。熊文举带着一肚子的长吁短叹离开县城，行至乡郊山里，到处可见虎豹豺狼之迹。该县人烟稀少，鸟雀纷飞，凄寂苦寒，荒蛮至极。甲子日，熊文举行百里至常山。这里即为江西、浙江界址。民苦而粮缺，又有盗匪经常出没，民甚怨矣。县令倒不错，少年进士。见到熊文举后，大倒苦水，诉说此地之不可治。很快，又有不少负债累累的穷苦百姓，蜂拥而至，来到码头，诉说种种苦楚。熊文举只好认真听，一再允诺上奏巡抚，疏解民苦。同一天，衢州府孙副戎领兵马来迎熊文举，检阅环视，军容壮观，让熊文举刮目相看。乙丑日，熊文举再度前行，约九十里，至衢州府，受到厚待。熊文举意欲在此盘缠几日，稍作歇息，下榻督府，等候换船。衢州太守雷经为熊文举旧日门下之士。他摆酒设宴，为熊文举接风洗尘，两人相谈甚欢。延揽几日，戊辰举舟至龙游县，县令艾朝栋是熊文举在秦地主考时所录之士，留住一日，熊文举见艾朝栋清正廉洁，治之严明，深得民心，不胜莞尔。己巳再发舟行九十里至兰溪县，本打算朝拜枫山先生祠，因为种种原因，只好作罢。

明末清初文学家黄宗羲曾为章枫山立传：章懋，字德懋，金华兰溪人。成化丙戌会试第一。选庶吉士，授编修。与同官黄仲昭、庄昶谏上元烟火，杖阙下，谪知临武。历南大理评事，福建按察司佥事，考绩赴吏部，乞休。冢宰尹旻曰："不罢软，不贪酷，不老疾，何名而退？"先生曰："古人正色立朝，某罢软多矣。古人一介不取，视民如伤，某贪酷多矣。年虽未艾，须鬓早白，亦可谓老疾矣。"遂致仕。林居二十年，弟子日进，讲学枫木庵中，学者因曰之枫山先生。弘治中，起为南京祭酒，会父丧，力辞。廷议必欲其出，添设司业，虚位以待之。终制就官，六馆之士，人人自以为得师。正德初致仕。转南京太常、礼部侍郎，皆不起。嘉靖初，以南京礼部尚书致仕。是岁辛巳除夕卒，年八十六。赠太子太保，谥文懿。其学墨守宋儒，本之自得，非有传授，故表里洞澈，望之庞朴，即之和厚，听其言，开心见诚，初若不甚深切，久之烛照数计，无不验也。以方之涑水，虽功业不及，其诚实则无间然矣。金华自何、王、金、许以后，先生承风而接之，其门人如黄傅、张大轮、陆震、唐龙、应璋、董遵、凌瀚、程文德、章拯，皆不失其传云。

熊文举回忆前次癸未年出山，路过此地，曾去祠中行苹藻之奠，而且向朝廷举荐章枫山先生两个孙子入庠序。还帮助地方官员重修祠堂，并主持祭祀之礼。想起这一切，于现时已时过境迁，不值一提了。

三十日这一天，兰溪北风大作，熊文举还是冒险行船九十里，来到浙江严州（今金华、嘉兴地）。九月朔辛未，在两个儿子的陪同下，熊文举来到钓台（相传为汉代严子陵垂钓之地，在桐庐县东南）。三人一道拾级而上，各有赋咏。再拜谢翱（谢翱，南宋爱国诗人，"福安三贤"之一），从远处西台那边隐隐传来痛哭之声。熊文举也不由得怆然而涕下。也就是在这一天，船过桐庐，行一百一十里，宿柴铺。壬申日，行八十里至富阳。富阳县令朱永盛亦为熊文举在秦地主考时所录之士。更为高兴的是，县丞熊登竟是熊文举的族从。熊登才智聪慧，睿智优秀，想其在县丞的位置上游刃有余，料其日后必定前途无量。对后生一番奖掖后，癸酉日，熊文举冒雨行一百二十里至武林，甲戌日暂住督府，等候换船。院司诸大夫都一拨一拨前来叩安请宴，流水席应接不暇，这令熊文举感到憋闷。

熊文举的宗弟熊雪岩任职机严道，请熊文举游西湖，款以酒食，原本是件很高兴的事。让人大煞风景的是，西湖上，亭台楼阁荒凉破败，堤树摧残，满目疮痍，不免让熊文举唏嘘不已。他忆及癸未年自己掌选江南，相邀许霞城先生，煮酒楼船，风景秀丽，今日竟如此荒凉。西湖的河山美丽绝伦，今非昔比啊！

丙子日，富阳丞熊登以宗谊再邀熊文举聚于西湖，也因天气阴沉、暮色暗涌，倒胃口再提不起精神，草草饮了几杯，便索然无味而归。

丁酉日，熊文举辞别杭州抚军司道各位大小官员，于戊寅日换舟于关外，己卯行九十里，至嘉兴。辛巳，大北风，熊文举所乘官船迤逦而行八十里，宿平望驿。壬午过吴江，行八十里至苏州，泊胥门。驻扎在这里的韩抚军、祖将军等前来拜晤，相见甚欢。甲辰，熊文举携两子游虎丘。业华购买各种奇花异草数十种，点缀船舱，消解苦闷，也算是其用心良苦，别出心裁了。

乙酉日，熊文举应梁守愚将军之邀，前往祭奠梁将军之父。

梁将军是明末戚继光部下，骁勇善战，屡平倭寇，受到苏州人的尊重。在苏州期间，熊文举不仅乐游山水，而且常有挚友来会。素有“江左三大家”的吴梅村(伟业)听说熊文举来到苏州，也匆匆赶来与熊文举叙旧。

吴伟业字骏公，号梅村，别署鹿樵生、灌隐主人，大云道人，江苏太仓人。其本为明崇祯四年(1631)进士，明时曾任翰林院编修、左庶子等职。入清后，居家不仕。清顺治十年(1653)被迫应诏北上，第二年被朝廷授予秘书院侍讲，后升国子监祭酒。顺治十三年(1656)底，吴伟业以奉嗣母之丧为由，乞假南归，此后不复出仕。

吴伟业是明末清初著名诗人，与钱谦益、龚鼎孳并称“江南三大家”，又为娄东诗派开创者。吴伟业长于七言歌行，初学“长庆体”，后自成新吟，被后人称之为“梅村体”。

由于熊文举与吴伟业出身、履历、脾性相近，文味相投，因此两人相交甚笃。

听闻熊文举来苏州，吴梅村（伟业）特自娄江赶来，各叙京城别后境况，互畅衷肠，可见两人情谊非同一般。

西子湖畔，波情浪意，两人舟中话旧，诉衷肠，互道珍重，算是惺惺相惜了。不过，两人谈起身世，也不免自觉生不逢时。史过两季，心负重疴，纵有经天纬地之才，却无力回天，唯相对惆怅而已。

送走吴伟业，熊文举前往孙江防府上，回拜探访，了个人情。来也匆匆，去也匆匆，随后，晚上，梁守愚将军再度相邀，两人举杯邀明月，笑谈人世，也算是生逢知己了。尤其是谈到梁守愚荡寇平寨的往事，熊文举夸奖梁守愚有卫青、霍去病之风骨，功勋卓著，值得史学大家巨笔描写，以传不朽。谈吐间，熊文举更是自叹弗如，对梁守愚夸赞有加。他甚至预言梁守愚，日后必将建立殊勋。梁守愚对熊文举感激万分，认熊文举为知己。

戊子，熊文举告别苏州诸君，载舟至浒墅关，这里是十四省通衢之地。因其濒临运河，苏杭丝绸织品及手工制品，皆经自转口运往全国各地，素有“物华天宝黄金地，人杰地灵浒墅关”之说。境内有道教圣地观山，相传秦时，白鹤道人管霄霞隐居于此修炼，因此又叫管山。众多文人墨客在浒墅关留下过不朽的文字。

在浒墅关稍事歇息时，钱谦益先生闻听熊文举在苏。年逾八十的钱老，棹扁舟寻友，赶到浒墅关相聚，其真诚让熊文举感动得掉下热泪。

钱谦益的经历与熊文举也十分相似。他在明朝也是响当当的人物，曾是东林党领袖之一。他也曾官至礼部侍郎，只是因与温体仁争权失败而被革职。明亡之后，马士英、阮大铖在南京拥立福王，建立南明弘光政权，钱谦益参与谋划，并四处奔走，任礼部尚书。弘光政权垮台后，钱谦益降清，任礼部侍郎。

钱谦益前来拜访熊文举，当然也是同病相怜。相似的经历、相似的处境，不顺心的环境，又无力改变现状，这样的访问就是意料中事了。钱谦益年事已高，可当他闻熊文举在苏州，顾不了许多，便自虞山匆匆赶来，足见钱谦益对熊文举的高看，甚至是寄予厚望。也许他有所托求，也许是友情驱使，总之，钱谦益来了。钱谦益雄风仍不减当年，两眼炯炯有神，说话高声大气，语气铿锵，谈吐自如。两人相叙，气氛十分融洽。唯一让熊文举感到沮丧的是，钱谦益耳背，影响两个人的交流，常常一句话得重复几遍钱谦益才能听明白。即使是这样，熊文举也觉得：有朋自远方来，不亦乐乎！钱谦益重情重义，老前辈的砥砺，这是用金钱也买不到的东西。

熊文举极尽地主之谊，热情地款待钱老，两人无话不谈。

明赐进士、广西灵川县知县许石门的世兄许玉及许石门的三叔也自虞山前来拜见熊文举，让熊文举应接不暇。

在苏州盘桓数日，熊文举再度扬帆起航。戊子日泊平望驿。己丑日行九十里，过无锡，差遣下人过问明代状元邹于度家的近况。邹于度的嗣子闻讯前来求见，诉说家道中落，贫破不堪。

说到邹于度，明清两代有个传说：有名为邹于度者，忠直不倚，是出了名的正人君子。他大德化人，感天动地，相传他的前身为金山寺老僧。

明朝末年，有位新科状元乘舟过金山，不少人围观赞叹，羡慕不已。老僧见状，执杖叹曰："状元亦人为之耳，有何难哉！"崇祯庚午科，于度之父名兑金者，挟重赀赴金陵乡试，泊舟京口，忽起大风，行舟多覆。邹君启其箧，指谓人曰："吾财不吝，有救得一人者予十金。"于是人争赴救，溺者皆活，而金亦尽矣。老僧于山上见之，曰："此人有德，吾可去矣。"遂入定坐化。是科，邹君中试归，见老僧入室，而于度生。顺治九年壬辰，于度果状元及第。

熊文举曾与邹于度主持廷试大考。其时，邹于度风华正茂，才气横溢，可惜的是，命不假年，不久便辞世西归。他去世后，又乏子嗣，一朵魁首之花，转瞬凋零，萎谢而失。可怜身后科名，又值几文。

离开无锡，熊文举带几分忧郁，立于船头，遥看南天，不知今夜故乡月色几许，离愁别绪涌上心头，只好以诗抒写内心的惆怅。前行八十里，船抵京口，镇海大将军刘都统前来舟中拜见叙旧。都督张前川也来拜晤。张前川于熊文举为长者，而且带兵行令、整肃地方多有可取之处，因此，在该地声名甚佳，百姓传诵。

辞别二位，熊文举所乘之舟顺风而驰，船过瓜洲，驻军将领及兵弁等前来保驾护航。船行夜色，停泊吴公塔下。未及仔细打量塔之真面目，擦身而过，带几分惋惜，第二天一早即行起锚。甲午时日来到扬州，鹾台郑佳实、援剿总戎赛亢宗前来拜晤。第二天，稍事歇息，即赴郑佳实举行的欢迎宴会。第二天丁酉日又出席赛亢宗的宴请。船到扬州后，熊文举的儿子熊孟华患疟疾，几日不见好转，幸得郑佳实延请当地名医钱君，施以救治。经过钱君的调理，儿子的疟疾才逐渐痊愈，撂下了熊文举内心的忧虑。戊戌日赴张总戎宴席。己亥日江都令族子江仲良设宴款待。庚子日，熊文举以前的门人旧漕储李葆庵邀请熊文举赴家宴叙旧。十月朔日，赴司王贻上宴饮。王贻上的诗文超群，版印刷质量也不错，琳琅满目。熊文举为其诗文作序。参加宴饮的还有门人陈伯瑗，寄旅广陵，因病栖身萧山寺，也把自己的作品挑选刻印成诗集，在宴会上让众人一齐观瞻，清气扑鼻，满室芬芳。熊文举为此文人诗事甚感开怀，心情格外激动，言谈中不乏溢美之词。如此诗文盛事，也为自己的旅途增添几分乐趣，以壮行色。

出扬州，熊文举改走旱道。侍从们忙着重新打点陆路行装，熊文举借此稍事闲暇，写信一一答谢亲朋好友。癸卯日，郡丞司李江都令饯于平山堂，李江都令很是得意地指着迷楼旧址，讲述迷楼过往的经历，让熊文举十分开心。迷楼曾是扬州一大景致。它是一座临水而建的酒肆，因为历史上众多过往的文艺骚客在此留下过不少优美的诗文而成为迷人之处。文人墨客都喜爱在迷楼中品茗赋诗，也留下过不朽的文字。迷楼经文人如此点化后，便名扬江南。其实，这迷楼并不大，楼梯很窄，但登楼进阁，看阁外屋屋相连，檐檐相交，街上熙熙攘攘，人来人往，听歌声袅袅飘来，让人心旷神怡。可惜的是，由于战乱，熊文举这一次路过此地时，只见满目苍凉，残垣败壁，蔓草荒烟，实在不值得人去凭吊，只有感慨寄情怀。

李江都一日两度拜见熊文举，因为其即将辞官归里，买舟南下，与熊文举依依惜别。

行六十里，熊文举来到天长县。在这里主政的是原奉新邑侯万甓木。听说熊文举来天长，他兴奋不已，设宴为熊文举接风洗尘。随后，熊文举在天长告别万甓木，以每天六十里的速度经莲塘公廨至泗州，夜宿署楼衙门。面对眼前物是人非，熊文举怅然若失。回忆自己当年任合肥令时，每岁都要来泗州拜谒台察。当年的公署至今保存完好，可堂庑却都被改建得面目全非。更令人失望的是，物是人非，早已不是当年光景。友人、同事，至今人海茫茫，无从寻踪。渺然忧郁，心结难解。

与扬州的繁华相比，自泗州至宿州，再到徐州，几许风烟，几许凋敝，几让熊文举欲哭无泪。只见满目疮痍，荒凉至极，民不聊生，盗贼蜂起，委署岌岌难以自保，就连堂堂的宿州府，也是债台高筑，官员奉委而不受印，以致印封尘埋，无人收领。如此江北要地，竟至如此民生，无法制伏的盗匪，肆无忌惮，民怨鼎沸。

若无强兵镇压，一旦成燎原之势，势必覆水难收。此次进京赴任，熊文举心想：定当面奏朝廷，早做预备，未雨绸缪，加强防患。

徐州地界更是凄寂。前路处处水漫“金山”，泥泞湿滑路难行，前路遥远。乡民之苦，苦似黄连。一路无语，只祈求上天开恩，佑护子民而已。抵近黄河边的黄楼，地方官员钟民极尽地主之谊，于黄楼设宴。是夕，月明如画，听南曲低回萦绕，缥缈如神宫，多有人间仙境之感。与此前一路之场景形成鲜明对照。至此，熊文举自觉民苦之甚，甚于黄连；自觉为官之难，难于上青天。

乙卯日清晨，天朗气清，凉风拂面，北渡黄河。

江北之情景，仍是破败之象。行几日，来至滕县，就连城门也无人开启。过兖州，行百里至新嘉驿。晨起大雪，雅性顿生，于驿院寻找会稽女子的题壁诗。自古以来，驿站、驿院之墙壁皆为文人墨客题诗留文处。新嘉驿是明清之际山东兖州府滋阳县北四十里的一个驿站。

驿站是南来北往的客商、文人雅士的旅途留宿之处。在这种生命的临时寄留之地，身处异乡为异客的心态，让人生发过多少离愁别绪和乡情寄恋。新嘉驿之所以在历史上留下自己的痕迹，成为文人墨客怀念的地方，起源于一位女子的诗文。在新嘉驿的驿院墙壁上，明朝末年，有一位不知名的女性题款“会稽女子”，写下了属于自己的惊世骇俗之作：

余生长会稽，幼攻书史。年方及笄，适于燕客。嗟林下之风致，事腹负之将军。加以河东狮子，日吼数声。今早薄言往诉……悲予生之不辰，则予死且不朽。

银红衫子半蒙尘，一盏孤灯伴此身。恰似梨花经雨后，可怜零落旧时春。

终日如同虎豹游，含情默坐恨悠悠。老天生妾非无意，留与后人作话头。

万种忧愁诉与谁？对人强笑背人悲。此时莫把寻常看，一句诗成千泪垂。

这位女子的题壁诗展露了一位会稽（今绍兴）才女的哀怨心潮。她在人世所经历的风雨，字字如泪，似如子规啼血，撼人心扉。她风姿绰约，美貌靓丽，一袭红衫，出没风尘。只因家道中落，枝弃尘埃。孑然一身，来到北方，卖身一位无能的所谓将军为妾。没想到，进入将军家门后，如进入虎狼窝，得不到好的待遇，而且那位用八抬大轿抬回来的原配又是位穷凶极恶的母老虎，成日河东狮吼，将其当作奴婢一般使唤。她题诗于壁，展露心迹于壁，只寄望能有某位风流倜傥的才子，助她一臂之力，成全她的美梦，驱散她的噩梦，带她远走高飞。她希望那个才子与自己情投意合，知心知会，知冷知热，郎才女貌，出双入对，成为人人称羡的知己。她与将军一干人等路过新嘉驿，心情忧闷，游走于驿站，见壁上众多文人诗文，字字珠玑，一时如鲠在喉，大有一泄为快之感，于是当夜甩脱将军的羁绊，找来笔墨，于壁上奋笔疾书，将胸间苦衷一股脑倾泻。最早发现这首诗的是明末著名诗人袁中道和钱谦益。明代天启初年，袁中道和钱谦益北上进京赶考，在新嘉驿碰面相见。欣赏众多诗文时，两人眸子一亮，这位会稽女子的诗文进入他俩的眼帘，袁中道“不觉泫然，犹冀其未死”，当即诗兴大发，和三绝句于女子诗之后。钱谦益也为女子的诗情所打动，激情澎湃，不甘示弱，毫不犹豫和诗一首，题于壁上。钱谦益后来在他编著的《列朝诗集》中，收载了会稽女子的诗和序，并言：“天启初，余与袁小修北上见此诗，各各和诗。然再过此地，则已圬墁，不复迹矣。”

熊文举也曾于当年进京科第时，寄宿新嘉驿，赋诗留迹。可惜此次重游旧地，碑碣狼藉，不见往日之风流韵事，众多骚客逸士所留佳韵文迹荡然无存，让熊文举扫兴。想人世沧桑，岁月化物，竟如风卷残云。

熊文举触景生情，回忆往日，公车北上，与少年友人舒鲁联辔同行。每路过一驿站，夜里必苦思冥想，酌题诗文。想那时，年少气盛，满腹才华无处施展，于是对墙发泄，成了文人趣事。咏歌达旦，不知疲累，如今，当时的激情不知飞向哪方爪哇国了。虽说有笔墨文字存世，可好友已去世，自己也岁月催人老。想起自己再度身不由己，脚踏官阶，重为官奴，熊文举不免悲从心生。

告别新嘉驿，熊文举一路经汶上县，过汶河，宿东阿县，过铜城驿，宿茌平，至高唐州，一路逢雪，滑沓而行。过恩县，至德州，这里是山东的最后一个市口，街市空旷，人烟稀少。然后前往河北景州，至阜城县，于单家桥渡河，在大雪纷飞的路上行七十里，至河间府。随后仍循风雪，过夹沟河，住涿州，于阴风中行至良乡，天气开始晴朗，于丙子日到京。

熊文举在回忆这段经历时，感慨道：自念壬辰南奔回里，卧病请告。弹指十年，久辞鸳鸯之班，重策驾驭之步。烛之武不云乎！臣之壮也，犹不如人。今老矣！无能为也。盖不特颠毛种种而愧，汗亦淫淫浃踵矣。因按路程作《征途记》。

熊文举南归途记

顺治十八年(1661)八月,熊文举从南昌出发,至京供职。康熙元年(1661)十一月,起用为左枢密、兵部侍郎。在任上,熊文举虽然兢兢业业,但官场习性、官场生态,已是面目全非,供事亦力不从心。康熙二年(1662)八月八日,熊文举晨起进署办公,忽觉身下不适,寒战不已,四肢冰冷,双齿禁不住格格有声。同署官员刘未齐催促熊文举归家。由于昏聩,熊文举不能参加升殿觐见活动,即行回家。没想到,熊文举此时已如坠冰窖,不省人事,随后高烧不已,如堕火坑。家人急延医治,诊断为恶症,服下一帖药后,方稍稍苏醒。可之后又变症,咳嗽难忍,彻夜不能落枕。整夜不交眼,无以为眠,兀坐于床榻。熊文举拖着病体,几月有余,奄奄一息。念此危躯朽质,长安孤署,举目无亲,药饵无资。万般无奈之下,熊文举只好呈递快贴上报大司马,乞骸还里调治,稍延残喘。让熊文举没有想到的是,大司马认为此病不宜批帖。而吏部同僚中不少乡党也再三强留。他们认为,熊文举去国十载,来到京城,历任未暮,也就是一年未到,怎么就可以浩然长归,不思进取,似有不忠嫌疑。大司马尊长怜惜下属,差司官多次察验熊文举的病情,认定熊文举事出有因,于是便动了恻隐之心,将熊文举病退一事交部会商讨,允许放熊文举回籍调理。可会台察疏批评熊文举原本到任就迟迟未达,而且部察时,熊文举的门人又出言不逊。熊文举以风雨阻隔,去国遥远,而无法按期到京为由,多次上帖为自己辩解。就这样,又候一月余,部察认为,京官到任,并无限期,所述病因,也理由充分,同意放行回籍。熊文举感激得无以言表,连谢朝廷隆恩。

旨下数日,熊文举方才启程,十一月初四日戊辰晨起出发。众多的亲戚朋友送至彰义门外,众人依依不舍。侍御艾意九策骑护送至郊外。儿子孟华候选京城官邸,也只好于此无奈而别。骨肉分离,天长路远,看着儿子伤心的样子,熊文举不禁怆然泪下。

自京城出,一直走旱路,自良乡至涿州,然后霸州,熊文举归心似箭,恨不能如飞鸟瞬间飞到江南,飞到那一片生他养他的地方。行至霸州,霸州道安铸九遣使遗书并施以馈赠,熊文举收礼后仍马不停蹄,继续赶路。

自新城，宿白沟河，至雄县。县令吴峻季将他收藏的前朝宰相李标所得世庙御札也就是明代嘉靖帝的手书诏令拿给熊文举赏玩。此是稀罕物，触景生情，熊文举心潮澎湃。想当年，自己年轻有为，追随李首辅，出入朝堂，君臣似鱼水之契，令人何等心醉。至今浮想，也不免动容，只是这种异样的情感，仅仅深藏于内心，无以表达罢了。

壬申日过河间，宿商家林，河间郡君南延铉，举宴摆酒为熊文举话别。想当年，熊文举主持陕地乡试，过渭南便听人们传颂南氏一族之佳话。这个家族中大冢宰、大司空、少宗伯，皆为南延铉的父叔辈，时至今日，这些人皆作古。想人世，乱后衰残，物是人非，熊文举又生感慨。

癸酉日行百二十里，过献城、宿城，甲戌日顶着大风前行，过景州，宿德州，逗留数日，经平原，宿二十里铺，走禹城，宿延城铺。丁丑日，天气转好，晴空万里，熊文举心绪亦佳，行百里来到齐河县。抚军周彝初差人致书，以示慰问。熊文举回复抚军殷殷之情，在回信中，他对自己离开官场也觉不舍。他写道："国不知其病若如斯，不能驱策也。"

回复完，他策马扬鞭，绝尘而去。家国情怀在熊文举心中荡漾，只有收住这份不堪回首，才能够心系故园，去过一回"田园居"的生活了。

让熊文举留步的下一站，便是泰安。远远眺望泰山，巍峨雄伟，气势磅礴。"会当凌绝顶，一览众山小"，熊文举反复默念着这首不朽的诗。杜甫之笔，竟是这样到位，包容的分量足以让人掂量。"岱宗""五岳之尊"，孔子"登泰山而小天下"的感慨也令熊文举感慨万千。想庚午年（1630）北上公车，曾经用笔抒写情怀，留有诗篇《望泰山诗》。一语成谶，三十余年，往来数日。曾不得登莲花、明月诸峰，高山流水，一览秦皇汉武，金泥玉简故迹，能不怅然。这是熊文举发自内心的呐喊，几度过泰安，而无缘登临，这一次又因病，无法领略和享受，真可谓是一生的惋惜。

来到蒙阴县，山高路陡，真可谓：鲁道难，难于上青天。人困马乏，痛苦难忍，但蒙阴县特殊的地理环境却让熊文举精神为之一振。他想起了历史上，季孙氏要对颛臾用兵，孔子的弟子冉有、季路拜见孔子。孔子说："冉有！恐怕应该责备你们吧。那颛臾，先王曾把颛臾的国君当作主管东蒙山祭祀的人，而且地处鲁国境内，是鲁国的藩属国，为什么要讨伐它呢?"冉有回答道："季孙要这么干，我们两个做臣下的都不愿意。”孔子说：“冉有，周任有句话说：能施展才能就担任那职位，不能胜任就该辞去。”

熊文举总想像夫子所言，正视自己的生命镜像。既然不能施展抱负，那最好的选择就是离开。虽然熊文举此中隐语很多人还未听明白，借古人来说身边事，来叙述自己的胸怀，这种曲意可见熊文举煞费苦心，也可以说是用心良苦。他想解释自己此番离去的真正动因，又不能得罪当朝，也唯恐失去此份俸禄，这就是熊文举的矛盾所在。君不明不侍，臣不苦不申。熊文举做到了，而且做得天衣无缝。用病的疾苦去自圆其说，消解自己内心的痛苦，熊文举的内功练得何其精彩。生逢乱世，世俗的折磨消解了他的意志，也消解了他的追求和生存目标，他在世俗的侵蚀面前丢盔卸甲，在生命的危机面前举了白旗，可他内心如泰山石一般坚硬。他的内心世界一直在挣扎，他很想自己内心强大，强大得坚不可摧。在随波逐流的大势面前，又有几人能独善其身。一生的喟叹，就在这一句“叹此鲁颛臾地，当日以为邦域之中，社稷之臣，而今小邑寥寥，不堪施设，何古今之不相及乎”中，熊文举找到了生命的出口，也找到了生命的通道。

他不再纠结了，不再自我沉沦了。道不同，不相为谋。

随后一路，熊文举心境顿开，踏歌而行。但是来到泰安城，城门紧闭，让他吃了个闭门羹。明明早就接到驿报的泰安州抚，竟如此待客。世态炎凉到此份上，也让熊文举领教了一番，他只得露宿城门外。倒是之后一路行至江苏宿迁县，一位年少得志、甲科及第的县令，设宴款待，给了熊文举一份好心情。这位县令原本年轻气盛，很想为朝廷干一番事业，也显示自己才华出众。可宿迁太穷，让他畏首畏尾。他在谈话中说起穷，有个比较：钱粮收入不及山阳、江都三分之一，而往来应付却倍之。熊文举也只是颔首而叹：势穷理极万不可为。县中诸生举着火把前来求见，把熊文举奉若神明，亦来痛诉宿迁之穷和上之不公。熊文举面对这群后生文人，也只有答应的分了。他说，以后在驿站碰到宪使，一定会将诸生所反映的情况，如实陈告朝廷。不过，他不知这样做妥不妥当，有没有回音。有谁会听一位下野的吏部侍郎说上几句心系朝廷、心系国家的肺腑之言呢？

一路迤逦，熊文举经月南归，来到江苏淮安，南方的繁华开始显现。南方的气候也让熊文举的情绪发生了更大的变化。这里是漕运枢纽、盐运要冲，经济活动频繁，市口也因此火热。酒成了打发时光的最好工具。淮安总漕林北海的造访让熊文举倍感亲切。两人侈谈漕政利弊，相见甚欢，真可谓把酒临风，老夫聊发少年狂。林北海的门人李俞君、周二峰，也因与熊文举渊源颇深，前来相晤。侍御徐山琢当时正告假在淮南归养，听说熊文举来到淮安，也欣然赶来同晤。送走林北海后，熊文举与徐山琢彻夜长谈。

随后，一路上顺风顺水，过宝应、泊界首。因逆风，庚寅日掩纤而行。众纤夫佝偻而行，实不忍见这些黑牛一般的汉子，一个个弓背勾腰，在泥泞的水岸爬行。奇耻大辱的心理压力让熊文举无地自容。纤夫苦，苦似黄连，什么时候这一群人能够仰脸朝天，大踏步朝前走一回？

在扬州，熊文举又见证了一回人情冷暖。这天，鹾台阁使（盐运使）总戎来晤。而太守司、李县令皆以有公务在身，或称病不出，“人情落落，转瞬暄寂，有如此者”。其实，熊文举本身也已倦于应酬，对这般的世态炎凉，只当路闻，见怪不怪，何苦自取其辱，非得某人某官觐见，方觉心安？这是偏见。熊文举早习于官场，对此等现象已是看透。一个谢帖，算是最好的回答。人家打发我，我打发人家，各用一帖药，比江湖郎中有过之而无不及。熊文举想起这，不免滑稽一笑了之。人生就像一幕戏，登台时，锣鼓响后，人声鼎沸；散场时，最后一通锣鼓响罢，人去楼空。这就是官场的潜规则，熊文举受用了。

在扬州期间，熊文举的长子熊业华赴京公差，正好路过。父子得见，涕泪俱下。在异乡相遇，这是一种宿命，还是老天的安排，熊文举不得而知。扬州张总戎招金饮，熊文举以儿来父子有寒窗夜话、家中絮语要说为由推托，可张总戎是个热心肠，执意相请，熊文举只好带着儿子赴宴，以一醉解百忧。

丁酉日，方坦庵先生竟闻讯来到舟中相叙。方坦庵，又名方拱乾，安徽桐城人，明崇祯元年（1628）进士，官至少詹事。崇祯十七年（1644）三月十八日，闯王李自成率大顺军陷北京，明朝土崩瓦解。方坦庵被执，初受酷刑，以贿赂得以免罪，李自成退山西时，方坦庵乘乱逃出，南归故里。顺治十一年（1654），方坦庵因江西总督马国柱举荐，被清廷起用为翰林院侍讲学士，后因编书有功，升詹事府右少詹事。顺治十四年（1657）秋闱，方坦庵的三个儿子方章钺、方孝标、方亨成因“南闱科场案”相继入狱，方坦庵受牵连入狱，同年十一月二十八日，全家被流徙宁古塔。顺治十八年（1661）冬，由于认修京城前门城楼赎罪，方坦庵全家赦归,流寓扬州诸地,以卖字为生。

1625 年,风华正茂的熊文举与方坦庵在南京曾有诗文之交,相约组成星社,唱和答对,好不热闹。今日相见,已是皓首,苍颜难认。想当年,方坦庵身材魁伟、衣冠楚楚,才子豪情,今日竟物是人非,老之将至!熊文举慨叹不已。

辞别老友,告别扬州,至江口,顺风舟速,至江宁泊东门外,众多官员前来拜谒,熊文举概以托词谢绝免见。随后,舟过江宁镇,泊四合山,丁未日因大雾舟行缓速,至芜湖关。关使来见,寻舱中仅被褥衣服及文书数卷,即刻放行。制台大人差官致书询问,书中谈到两人情分,非同寻常,相互探望,也是人之常情。想今日,熊文举不入城一晤,好像有见外的意思。其情溢于言表,笃厚暖人。"实非迂朽(熊文举)所敢承也",熊文举还是未曾下船,仅回书以表谢意。

一段时间的雨雪至戊申日总算打住。舟行六十里,泊白马与孤洲,过荻港,夜泊紫沙洲。辛亥日乘北风过铜陵,行八十里,宿老洲头,再至老龙池。再度纤行四十里,至池洲,夜泊乌山爽,与少司空程端伯年兄不期而遇。淡煮诗。分别十余载,笑味沧桑,宽解释怀,好不惬意。自此长分别,天涯云迹,不知能有相见之时?只有把酒问青天了。

拔舟辞友南行,过安庆东流,夜泊沙窝,夜浓时,熊文举独立船头,杳杳世界,命运的走向几乎不由人主宰,向着一个虚空的境地前行。河水潺潺,波涛暗涌,残灯一梦,乡愁所系,肝肠寸断。急切与迫切的心态,与这夜色相互交织,牵动思绪,走向无垠。近乡情更怯,熊文举回顾过往的岁月,就像一只戴着镣铐起舞的猴子,尽管四处蹦跶,终归是一段烟云。自责、无谓;自醒、有意;天不给时,地不行运,就让自己走过如此不堪回首的前半生。

舟进湖口,天放晴,也使熊文举心情晴朗。过小孤山,泊大矶山,进吴城。船行至此,已进入本县域地界。原本船家打算泊吴城夜宿,可熊文举见天色尚早,还是催促船家再度离岸上路,直到船行至桃花铺,眼见夜已深沉,方才定锚下船,于酒店稍事歇息。此桃花铺距熊文举的老家乐化下檀溪仅有七八里路。这一回,他才悉心听从船家的安排,煮酒一壶,对灯独酌。他在想象着明早归家的情景,他在想象着家园厚土的气味,一切都有新鲜感,在心里咀嚼得有滋有味。

第二天一早，熊文举还是放弃了昨晚的初衷，吩咐船家风行三十里，进入宁和潭，也就是熊文举所建的淇园耻庐。

父老姐妹、兄弟子侄、女儿贤婿闻听熊文举归来，众皆惊喜不已。“骇予投林之太速，喜予危病之稍甦也。嗟乎！十载田间，原无小草之意，一朝强起不为，暮月之淹，此其人，实为膏肓痼疾，岂真以勇退恬尚为高者乎？”

这就是熊文举的真心所愿，这就是一个真实完美的熊文举。

原本一生壮志酬国，荣宗耀祖，却生不逢时遭世阴，贰臣之悔，失节之耻，每每想起来，似如银针扎进心肺，痛状无以复加。他将自己的名字改为耻垒子，算是对自己得失的清算吧。

但是，我们回过头看熊文举，就觉得他是个站在高处的明理之人、仁义之士。他入清后成为汉族官员入仕中的高职位官员之一。他用自己的智慧成全了汉文化，成全了入仕的众多文臣武吏，他的文字的不朽，将是耀眼的一页。他的道行深远，学养丰富，又有几人能比。

人孰能无过？跳出三界外，不在五行中，这不是人的本性。

熊文举的行走，路途之艰，生命之脆弱，消受了多少生命的风雨，经历了多少世艰的历程，他没有低头，没有喊冤叫屈，似如一个苦行僧，终日在行走、行走！

熊文举倦鸟归林

冬去春近晚寒霜，菊黄梅红向斜阳。
鸿雁呢喃随棹去，小酌一杯尽疏狂。
岁月蹉跎回首望，白驹过隙尤难忘。
浪迹天涯路坎坷，风轻月盈又家港。

为熊文举立此存照，这是笔者的打油诗，难以诠释熊文举的心迹，也难以抒写熊文举的胸怀，只用几行文字为熊文举正名，还原一个真实的熊文举。

月是故乡明。江南的冬天是热烈的节日。正赶上春节来临，虽然病疴在身，熊文举还是心清气朗，与众多的亲友打躬作揖，有诉不尽的衷肠。这就是故乡，清静无为的环境洗刷了熊文举在官场上的烦恼与拖累。人最怕的是心累，熊文举的心累了大半辈子。当这份难得的放松来到跟前时，他会轻易放过？已过耳顺之年的他，早已看淡世间事，他所追求的是安逸。前行一步退两步，大化化人，熊文举认定的生存观，成全了他的晚年生活。

他几乎每天都在交谊中度过。从京城带回来的典籍来不及开箱，应酬与拜访，充斥了生活。

在乐化下檀溪小住了些日子后，熊文举来到石岗上檀溪祭祖。听说天官前来拜庙朝觐，上檀溪摆起流水席，如过年一般。上至老叟，下至孩童，皆把熊文举当上宾看待。熊家祖上居上檀溪（上新建）。明朝成化壬寅年，洪水决堤，熊文举的世祖熊莹中自上界檀路过乐化，见此地有山有水、依山傍水，山清水秀，田畴百顷，桃花绿岸，十分适宜人居，慨然喟曰：后世子孙，必有兴于此者。于是，他当即出钱买山购港，为子孙后代的繁衍生息造福。不过，熊氏一门，自上檀溪迁出一支，来到这桃花盛开的地方，就没有一位后代能够入科选，进考场，获得功名，只效陶渊明，躬耕田亩，日出而作，日落而息，低头求土，稽首问天。这种平稳而劳累的生活，给熊家休养生息提供了好一片惬意的天空。没有大起大落，没有天翻地覆，一杯羹、一碗粥足矣。

老天还是十分抬爱熊家，到了熊文举这一代前后，“黄老鼠扒动了祖坟山”，熊家开始出现中兴的征兆。熊文举的几个长辈,不是乡贤便是举子,不是学士便是奉直大夫。熊家开始热闹起来,轮到熊文举登场可就非同小可了,他一举成名天下扬,进士及第光宗耀祖。可惜命运不济,生逢乱世,他本想以自己的努力,得到朝廷的认可。但是没等他彻底实现自己的抱负,明朝便在李自成的战马厮杀中改朝换代。熊文举在躲过了李自成的屠刀后,又成为清朝统治者的砧上之肉,命运注定他就是一叶飘萍。熊文举曾说:盖自宁和以来,世有兴衰,代有隆赞。而书香一脉不断,至乃文举得以科甲联魁,三叨卿贰,稍振家声,岂不戛戛乎难哉!

熊文举此番游历上界檀,祭祀先祖,其用意也很明显,无非是向外界和族众宣示自己不忘祖恩、得以报效的心志。

这次回上界檀途中,路过西山万寿宫,引发了他的万分感慨。让他未曾想到的是,这座千年道观,呈现在眼前的竟是一番苍凉之景。残垣断壁,瓦砾遍地,杂草丛生,道祖的尊严荡然无存。尤其是逍遥靖庐竟为市侩地痞所占据。熊文举惋惜之余,即于顺治十二年(1655)会同新建县衙大小官员重新勘定宫界,察出明塘,重新建筑四周围墙。随后,他又于己亥(1659)倡建玉宸宝阁,同时征召道士返宫,恢复道宫薪田,解决宫中道士食禄、宫观维修及各项支出。待宫建成后,即恢复祭祀活动,万寿宫方恢复元气。熊文举重整山规,重建道约,重塑祖庭气象,为四周八县民众举火祭祀提供了良好的朝觐环境。

熊文举年表

熊文举，新建县乐化界檀人。

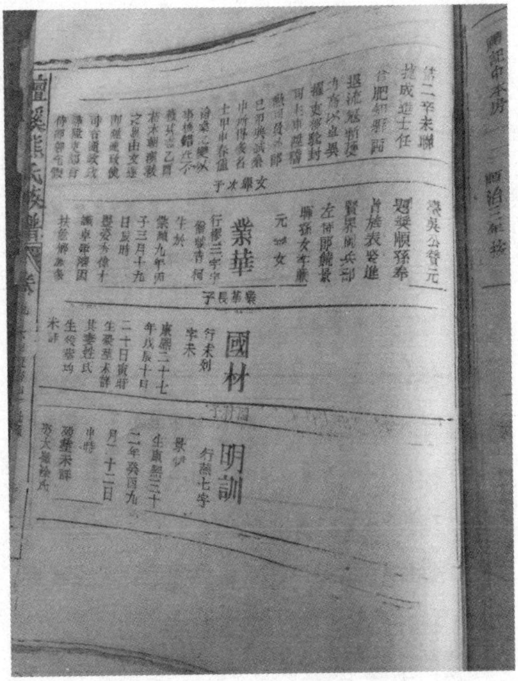

界檀村前有清泉水自西山大岭流入檀溪。界檀地方，林丰水茂，凤鸟和鸾，山水绝胜，风水佳妙，仿如人间仙境。熊文举曾喻故乡界檀为：人间桃花源，天下又一村。

熊文举出身于世代官宦书香家庭。

父熊惟厚，熊文举为次子。

熊文举行超五，字公远，号雪堂，晚号耻庐生。

原配叶氏，掌内治最有家法，兼明忠孝大义。淡泊自甘，不异糟粕。三受诰命，封淑人。辛丑万历十月二十八日寅时生。康熙六年丁未二月初一日卯时卒。葬宁和潭。生长子鼎华、三子孟华。

副室朱氏，处贵不骄，中年皈依净土。持诵经严。万历丁巳年二月初一日酉时生。康熙十四年乙卯十二月二十日亥时卒。生次子业华。

副室杜氏，不宠不娇，自贤宜人。康熙五年丙午正月十五日辰时生。康熙五十五年五月十七日申时卒。

副室邓氏，重情知礼，可人守道。生卒不详。

1. 1599 己亥　明神宗万历二十七年八月二十日申时出生。

2. 1600 庚子　两岁，能微记托生之事。

3. 1601 辛丑　万历 10 月 28 日寅时，原配叶氏生。

4. 1602 壬寅

5.1603 癸卯

6.1604 甲辰　父以四书五经外，以《文选》一本授熊文举句读。

7.1605 乙巳　去奉新靖安万山中村，得老儒授塾。

8.1606 丙午　万历三十三年，熊文举从涂映薇师训。

9.1607 丁未　其时，塾廊边有一闽人所开书店，积书甚富。店主看重其年少好学，举书借览，十余日，雇一小驴载书，供熊文举诵读。读毕复还，还后复借，这使得熊文举有机会博览群书，纵观经史稗杂及诸大家文集。

10.1608 戊申

11.1609 己酉

12.1610 庚戌　赋梅花、萤火虫诗各三十行。

13.1611 辛亥

14.1612 壬子

15.1613 癸丑

16.1614 甲寅　应邑试拔冠，八千人参试，熊文举为高等。

17.1615 乙卯

18.1616 丙辰

19.1617 丁巳　副室朱氏生。

20.1618 戊午

21.1619 己未

22.1620 庚申

23.1621 辛酉

24.1622 壬戌

25.1623 癸亥

26.1624 甲子

27.1625 乙丑　客游南京，与方坦庵等组白门星社，众诗友风华正茂，诗情潮涌，相互唱和，云天以应。九月二十三日巳时，长子鼎华出生。其一生，性聪敏喜读书，不谙世事，与世无争。

28.1626 丙寅

29.1627 丁卯　下第，与弟云堂于听涛居把袂痛哭，不能出一语。鼎华三岁患痘症,手足微伤。

30.1628 戊辰　崇祯元年,以家贫单独与师前往西蜀游学,弟云堂送于章江码头,兄弟两形影相吊,血泪满襟。

31.1629 己巳　崇祯二年

32.1630 庚午　崇祯三年,自西川归,应试已逾期,江西督学蔡云怡公裁之补考于临江,拔举第一。冬,与涂子期同上春官。

33.1631 辛未　崇祯四年,联第,中进士三甲 227 名(赐同进士出身)。辛未捷中南宫房。举座师兄弟及诸翰林先生皆以庶常荐,而熊文举于中堂值。乡中前辈有齮龁者摈:不得读书,中秘书去。鼎华七岁读书敏慧,然每每痰懵不药而复。

34.1632 壬申　崇祯五年,被授为庐州府合肥县令,在任时好士爱民,以廉洁著称。公务之余暇,熊文举喜好与诸生赋诗论文,所以当地文风大振。当时正值明末起义军活动高潮,农民军三次攻打合肥,他亲率军民守城,城竟未破。

35.1633 癸酉　长子鼎华九岁从熊文举读书于合肥县署;伯父熊力民北上应岁贡试,取天下第三,遂得首选建昌司训。至合肥,过熊文举官舍,熊文举视伯父脸色憔悴,嘱其远道宽怀。谁知归而谒祖堂,一蹶疯症,遂不复起。伯父壮年魁梧磊落,风神朗异,谈吐洪亮,出入经史,可书可诵,可惜英年早逝。

明毅宗崇祯六年(1633),江西巡抚解学龙,捐俸倡议重新修建滕王阁。1633 年 5 月动工,8 月完工,并在阁外另建一楼:环漪楼。熊文举应约赋诗一首:故等夷犹玩物华,廿年心事碎天涯。登高欲搁楂楼笔,望远如乘泛海槎。半歇笛声留落日,尽归帆影画明霞。缘何不得王孙信,十二肖峰暮雨遮。

鼎华十岁,病愈,手足稍稍拘阂。所记毛诗、左传、韩柳欧苏及李杜大家诗,向祖父伯叔背诵朗读,不遗一字。右手作书,左手微弱不能提笔。

36.1634 甲戌　崇祯七年秋日,送何相国返旆留都,小憩包城寺。时新月在天,明霞映地。一老僧持粉版,索诗走笔,熊文举应之。

37.1635 乙亥　崇祯八年,熊文举于南昌城建大东门三义楼,当年落成。

38.1636 丙子　明崇祯九年、后金天聪十年、清崇德元年,擢吏部,叙功擢吏部主事。当黄道周、李汝灿、傅朝佑等人因谏言得罪时,他即上疏力救之,一时称为直臣。

初授验封主事陛稽勋员外郎。次子业华生，丰姿秀伟，才识卓绝。济困扶危，乡族德之。

39.1637 丁丑　明崇祯十年就官吏部，蔡公云怡以服阙至长安。熊文举朝夕相侍，执弟子礼。

冬，居吏部司封寓，与驸马街隔垣，为太原馆翰林王炳藜之寓。两人过从甚密。随后又有黄铜海先生移居最近，望衡对宇，门庭甚峻、寒冰万仞。惟熊文举与炳藜及翰林杨伯祥，时时得叩门扉披帷。讲道论业，声气之合，等于登龙。一日，天大风雪，炳藜携尊游。伯祥与熊文举集于先生寓。先生出韵戳，凑字成诗佐酒，各得二伯字，限五言律。熊文举诗成，遂得二律。先生喜甚。而伯祥急剧分给熊文举戳一字，乃得成诗。先生与炳藜诗次第而成。见熊文举袖手闲坐，骤然笑曰：翰林主人怄错如是能无，为吏部公所笑。次日，先生书前诗一卷，附一小跋，托炳藜寄熊文举。此后，熊文举将诗笺藏于箧。

40.1638 戊寅　明崇祯十一年，蔡公云怡随补阌宁道。熊文举告诫公该地为冲险地。

41.1639 己卯　明崇祯十二年，入为天官尚书郎曹务；典试陕西，所得多名士。

将所藏纲鉴、名臣奏议、两汉文粹、文鉴、八大家诸集以及平日迎送上官时兴中读之书，及为天官尚书郎各种铨规，及暇时所吟编选之文集，还有任稽勋司所见佳作之抄本，以及好友送的廿十三经注疏，俱付粮艘载归南昌。

典试关中，又将所藏书用夹板大绳捆绑，有十余抬。托同门人余君卜携至江西，行至彭泽，为大盗劫走。不过余君卜之言实不可信，可也无奈。

42.1640 庚辰　作《旅哀赋》。

为郎言事，触忤奸辅薛国观，借题罗织，陷熊文举父诏狱，熊文举泣血叩阁请死，请代携持草履扶服长安两载。未几，奸辅败，熊文举以蝼蚁之忱，感动昭雪，致厪温旨，给假送亲而南。一日，在书斋与父语及前事，鼎华儿在一旁说“儿愿为公公死”，让熊文举大吃一惊。

43.1641 辛巳　请探亲假回老家，为儿鼎华订婚。鼎华病剧，有时愤怒，举动颠倒，虽如此，在祖母跟前却顺从听话，唯唯诺诺。

44.1642 壬午　冬，鼎华病尤不见好转，需人照料，郑玄岩先生多次函告，促熊文举归署,不就。前后奉旨督责甚峻。

访漳海先生于庐山之西,过圆通参浪丈人。丈人指示海阡黄公:谓是子,精炯异常,当见鞭影而千里。

45.1643 癸未　崇德八年、明崇祯十六年,冢宰李箕谷以偃蹇违限参,不得已应旨。时干戈四起,心下十分不情愿离家往北赴任,儿子鼎华牵着熊文举的衣衫哀号哭泣,十分不舍。腊月抵京,冬抄补稽勋郎。城陷之日,仓皇求死,一再自缢。幸得门生翰林刘世芳解救,再死,得中书谭涓解救。

46.1644 甲申　顺治元年三月,明亡,京城失守,仓皇出走,与邹鼎孳数位文官遁于野。有诗《甲申秋日和同志杂诗六首》,诗云:悲歌风雨壮千愁,拟吊田横海未浮。白草久迷秦塞月,青烽吹断汉宫秋。无人洒血题鹃梦,有客锥心过凤楼。谁谓采薇殷阜远,挥锄尤认故陵侯。

金茎黯黯舍朝露,翠荇依依泣晚风。不见鸡人传御幄,独遗珠网锁离宫。伤心化鹤千年杳,极目飞虹百丈空。何事江郎愁不死,临春留恨古今同。

后降大顺,又依清。三度辞官。甲申五月,初次投辞官奏折;甲申六月,第二次投辞官奏折;甲申七月,第三次投辞官奏折。

十一月初九,鼎华病尤不见好转,于南昌去世,葬宁和潭熊力民墓左。

47.1645 乙酉　顺治二年,由文选郎陞升通右政史司右通政,寻陞吏部右侍郎。六月乞假省亲。舟过江南,遇门人韩圣秋,圣秋适避乱白门,不及深晤,深以为怅。

抗疏归里,秋末,舟至淮阴,得家中兄弟手书,方知儿鼎华去世消息。仰天哀号,一呼几绝。

六月,清军占领南昌。由于南明降将引清兵进入江西,江西的原明官吏和农民军的抗清斗争蜂拥而起,遍及瑞金、兴国、九江、南昌、赣州和宁都等地。

48.1646 丙戌　顺治三年,告病归里。日以著书自娱。

49.1647 丁亥　顺治四年,国乱后,圆通参浪丈人羁姑苏间,寓书嘱熊文举毋忘圆通夜话。

50.1648 戊子　顺治五年、永历二年闰三月,江西南昌大乱。为避乱、躲兵,弟云堂奉母避难逃入西山。母亲于十二月去世。

51.1649 己丑　顺治六年,母亲灵柩于正月初二权厝铁炉山。妻子叶氏被强人掠去，以百元大洋赎回。经此乱，家道中落，生计成难。幸得熊文举居于府城，犹胸怀洒脱，不以贫累，莳花种竹，兴味悠然，绝无委琐穷愁之色。

52. 1650 庚寅　顺治七年，熊文举为报答参浪丈人及海厈黄公，锐志修复南昌西山翠岩寺，并作《翠岩语录序》。

53. 1651 辛卯　顺治八年六月，赴召北上，泊舟吴城，候风十二日。一日，风陡起，视空中有黑气一道，两岸房屋瓦片如飞，熊文举急套上外衣上岸，所乘官船被风掀翻，两个儿子所乘舟船不知去向。疾风过后，得神助，两个儿子安然无恙，父子相拥，抱头而泣。至京，蒙召补吏部左侍郎。

54. 1652 壬辰　顺治九年，上疏清廷减除江南省、浙江、福建、广东的税赋；前福王分子不应委任为官员；早降清廷者应该计功受赏；等等。清初，汉官不授尚书，他官位已居极品。因病致休，起补吏部左侍郎兼兵部右侍郎。

55. 1653 癸巳　顺治十年，夏月，粤东西告警，浔江总镇杨公提一旅之师从靖南。熊文举与杨公元凯素深契谊，见杨公所部纪律严明，朝闻命而夕就道，甚是愉悦，即写《赠浔阳总镇杨公元凯序》，书此当江滨饯行。

前往上界檀祭拜先祖，路过西山万寿宫，见万寿宫残垣断壁，宫毁殿破，为重新修建万寿宫四出奔走，极力呼吁。

孟冬晦日，过东林寺，有诗赠东林寺僧、住持僧自真：烟岚散尽雪层层，最爱高峰跻未曾。乱后寄怀无好友，松间话旧有耆僧。霜苔踏遍冯先仗，风叶飞旋似圣灯。二十年来等惆怅，心空及第愧何能。

56. 1654 甲午　顺治十一年，清江西巡抚蔡士英重建滕王阁，熊文举再度赋诗以贺：

曾怀秋水漾长天，恍惚犹思万历年。风景不殊仍俨雅，词章无恙亦悽然。高筵客散沉青黛，远浦鱼归荡绿烟。独为滕王怨荒草，江藩摇落夕阳边。

凭栏几度已伤时，击楫中流感遇迟。画壁已残余落照，江声无恙咽荒祠。云霄致主何年事，风雨怀人旷代悲。肯为子安留彩笔，苔花春满丽往碑。

57. 1655 乙未　顺治十二年，重新修建万寿宫一事，经熊文举玉成，新建县衙、南昌府、江西巡抚衙门拨出银帑供修复所用。勘定宫界，察出明塘，修建宫观四周围墙。

58. 1656 丙申　顺治十三年。

59. 1657 丁酉　顺治十四年。

60. 1658 戊戌　顺治十五年。

61. 1659 己亥　顺治十六年，倡建西山万寿宫玉宸宝阁，恢复宫田，征召道士入宫。

62. 1660 庚子　顺治十七年，偶病，不以为念。猝不及防的是，因庸医所误，遂至不起。

63. 1661 辛丑　顺治十八年，返京，四月开命，八月启程。

64. 1662 壬寅　康熙元年，起用为左枢密、兵部左侍郎。

65. 1663 癸卯　以病再度告老回里，杜门谢客，闭门读书，以著述为业；购桃花岭，效张位，安顿病躯。

66. 1664 甲辰　前往上檀溪祭祀先祖，路过道教福地西山万寿宫，见千年道院荒芜凄然，残败不堪，实觉惋惜。随即向抚院提告，建议立即着手拨帑，并企求尽快启动修复，延续道教朝觐香火。

67. 1665 乙巳　秋日七月初十，自淇园至樵舍，闻族众议将兰木桥后山一段售于市井，熊文举闻之，地虽离太参公墓远，然卧榻之侧，岂容他人鼾睡，急用价购之。

68. 1666 丙午

69. 1667 丁未　冬，熊文举于病榻翻箧，找出明朝为吏部天官时与先世好友和韵诗卷重读，怀旧情绪油然而生。记得丁丑冬雪，炳藜携尊游。伯祥与熊文举集于先生寓。先生出韵鑯，凑字成诗佐酒，得诗一卷。熊文举重读诗文，万般感慨涌上心头：一时光景，依稀可念。去今三十年，公俱已先后下世，取义成仁，而唯独熊文举后死，每一念之为之感慨！此卷诗文，失于兵火，数年前王藉茅太史得之长安，出之赠熊文举。熊文举展观泪落亦复汗漫。割裂人世间之聚散显晦，岂惟楮素为？然因书数语志之卷末，期异时子弟览之，见熊文举当日交谊之不泛也。

70. 1668 戊申　康熙七年十月初八日子时，熊文举去世，御赐祭，葬于樵舍兰木桥，终年七十岁。卒于官，赐葬。他一生勤于学，尤耽著述，工诗、文、词。清初驰名文坛，极享盛誉。

蝴蝶范儿

一个不起眼的小地方，一个淹没在竹高林密山中的小村落，一个藏在石头缝中的小庄户，却走出了一个大名鼎鼎有蝴蝶范儿的人。他就是生于晚清咸丰年间的范金镛。

范金镛祠堂

这个村坐落于新建县桃花乡，名叫沟田村。村子不大，也就十几户人家。

沟田村，是个用绿字写满村史的地方。绿意缠沟，花香溢村。山峦间云缠雾绕，雾霞弥漫；松竹林间，凤飞蝶舞。幼年的范金镛在此从父初诵文字之余，与村中几位同龄好友，于村前屋后扑蛾捉蝶。范金镛的儿时生活充满了韵味。

范金镛的父亲范钦茗是个老学究，授文林郎，人称乡中秀才。他对子女要求极严，总是期望后辈能够长学问，求功名，有个好前程。范金镛从小悟性极高，记忆力也不错，古文经书，过目不忘。只是，在读书之余，范金镛喜好扑蝶的习性让范钦茗有点儿招架不住。范金镛不仅爱捉蝶，而且渐渐地开始照着标本画蝶，这让范钦茗懊恼不已。他无法约束儿子的行为，每次指责儿子时，范金镛便会顶嘴：您每天要我背的课目我都一一诵读，记之于心，何苦还要我像傻子一样死读。你看哥哥姐姐，有谁能比我背得好、背得快。说完，他一口气便将《论语》《大学》背得滚瓜烂熟，让父亲目瞪口呆，无话可说。

进士第

范金镛十来岁时，便随父寄寓省城南昌。十五岁那年，范金镛参加童子试，新建知县项筌伯见其文采极佳，有奇才，将其名次列为前茅。后来，他的父亲聘请金溪县人、庠生周裳为业师，习举子业。可范金镛秉性不改，喜交游而尤爱赋诗作画。其好友有张吟三、陶福履等。陶福履比其年长，可俩人亲昵热厚，情同手足。

范金镛十五岁时曾作有诗《题吴山人壁上》：翔龙嘘海气，洗出碧芙蓉。野水自成涧，高云无限峰。两三间矮屋，四五本长松。负耒从今始，凭人唤老农。

携家随处得，家具少于车。鸟狎争厨饭，儿忙剔野花。踏歌春烂漫，倚醉字横斜。不爱幽潜密，门前有客楂。

小小年纪，诗情画意，竟是如此狂放。他十七岁时，一口气吟了不少诗文，诸如《泊樵舍》《有所思》《延寿寺》《怀人》《伊人》《过外父家旧塾》等。

他在《绮阁》一诗中写道：蕙兰心性玉精神，笺纸桃花绮阁春。新月一痕山数点，拈毫应忆画眉人。

他的业师伍作臣见其天资聪慧、伶俐有才，于是将次女许配给范金镛。

十六岁那年，范金镛应南昌学童子试。知府见其小小年纪，肚腹内竟有如此造就，初见之惊讶，爱其才，又见其诗文写得流畅有序，将其列取前茅，但未入泮。十七岁时，他进入新建县学随大宗师李文田就读，为新建县学附生。

范金镛故居街巷

同治十二年(1873),范金镛走出了他迈上金阶的第一步。这年金秋,江西乡试大比,参加乡试的士子达千余。范金镛年少志高,以十七岁之龄跃跃欲试,志在必得。当年发榜,全省中式举人一百三十四名,副榜十八名。新建县中举者竟达十名,副榜三名,新建历史上从不曾有过如此盛举。这些中式的举子中,最年长者五十九岁,为武宁县人王建桓,中举第七十三名;最年幼者即新建县人、十七岁的范金镛,中举第三十四名。

这一年腊月,范金镛即马不停蹄买舟北上,与新建县同科举子傅观光、叶然书、蔡遴园、刘印滨、陶福祖、陶福祠、万兆道、万兆蓉等同行。

范氏祖堂

可惜的是，范金镛的努力没有收到理想的回报，他折戟京城。

随后，他于光绪三年，亦曾二度进京赴试，未第。

光绪元年(1880)，二十五岁的范金镛不甘沉沦，三月入京居住于新建会馆。

这年会试，范金镛得中进士，脱下青衣换紫衣，入礼部授主事。

带着进士及第的喜悦，带着浓浓的思乡情，范金镛迫不及待，连写三首乡愁堆积的诗文《不寝》《病起》《思家》后，即断然买舟南下。

范金镛任礼部主事四年，其中往返京城与南昌，虚与职事，静待朝廷外放候选。

这一时期，范金镛因收入微薄，生活窘迫，仅以卖画补贴家用。

祸不单行，范金镛柔弱可爱的女儿，才三岁即因病夭亡。这年去京候选途中，范金镛又因衣物失窃而滞留武汉。其时风雷交加，范金镛受尽饥寒交迫之苦。

范金镛故居街巷

这样的生活磨圆了范金镛生活的锐气。直到光绪二十九年(1903)，范金镛于南昌接到乡谊故友陶福履来自京城的信函。信中告知：朝廷谒选在即，希望您从速赴京于吏部谒选。接到信后，范金镛与妾彭若梅顺赣江，出鄱阳湖，经吴城、九江、湖口、黄梅、安庆、南京、上海、天津等，于这年四月抵达北京，留居新建会馆。

范金镛是性情中人，久候不选的心绪如堵了一团沉铅，胸中块垒难以释放。候选之途如漫漫长夜，遇大臣阻隔而心志难酬，淤积于心似火山迸发。这年末之一日，他受邀赴会，参加一本籍在京显宦之宴。范金镛独饮苦斟，倍感冷落，即以醉意开骂，弄得宴会不欢而散，众皆退席而归。事后，范金镛追悔莫及，从此闭门谢客，足不出户。

范金镛故居门栓

翌年正月十九是范金镛四十九岁的生日，他回忆往昔，感慨自己枉度岁月，更觉世态炎凉，寄情于诗：

纵有三万六千日，也过五十二春秋。但凭诗画论功业，便作神仙亦惰游。霖雨会看龙起蛰，梅花终许鹤能修。山泉久抱澂清志，入世何曾混浊流。

幸喜这年二月，皇上开恩，朝廷谒选，授范金镛为云南省曲靖郡首属曲靖知县。当年三月，范金镛即领旅费出京，取道上海，前往云南赴任。

光绪三十一年（1905），五十岁的范金镛改任平彝县知县。其间，范金镛诗兴大发，画作犹佳。云南之地，四季暖如春间，气候温湿宜人，花蝶泛滥。范金镛采集了不少蝴蝶标本，以此入画。其画出的蝴蝶栩栩如生，深得民间及宫廷喜好。蝴蝶画传至慈禧太后手中，慈禧欣赏后，当即喃喃以赞：范蝴蝶，范蝴蝶，不愧是画蝴蝶之高手。范金镛的雅号“范蝴蝶”因此遍传海内。洛阳纸贵，范金镛所画之蝴蝶，成为人们的热门收藏。

范金镛故居门头

在云南期间,范金镛居宦之余,以诗画为食,聊以自慰。可惜,范金镛对云南的生活十分不适,腹泻不止,坏了肠胃,导致体弱身衰。无奈之下,他只好奉调入京闲置。

重新调配无望的范金镛,在看不到希望的心境驱使下,于五十六岁,也就是宣统三年(1911),辞官告老还乡,寓居南昌东湖边的一座小楼中。

居南昌的日子里,范金镛与众多官宦交往甚密,有熊腾、曹伯荣、曹九畴、魏无旷及曹伯枀等。

范金镛祖堂

其中有一段时日,范金镛居于小楼,终日以作画为生,茶饭都是家人用竹篮送上。求画者络绎不绝,范金镛名重江南。

可惜的是,民国四年(1915),六十岁的范金镛一病不起,病逝于楼中。

范蝴蝶一生,以蝴蝶入世,以蝴蝶糊口,以蝴蝶扬名,以蝴蝶善终。其一生落魄落拓,生活没有大起大落,身后仅余《心香室诗钞》四卷、《蝶梦问》一卷,以及等身的蝴蝶画流布民间。

范氏义捐碑

范金镛去世后,挚友曹伯棨助力,葬其于南昌郊野燕子湖畔(贤士湖)。圻作南向,也就是今之青山湖北岸。众诗人以诗悼之。

范金镛去世了,但他的诗作不逝,他的画作不逝,他的蝴蝶画至今仍为收藏界所青睐。

进士第

戏剧家裘德煌

裘德煌是二十世纪江西著名的戏剧家。他致力于戏剧文化、地方文化,尤其对戏剧情有独钟,造诣颇深。

裘德煌(1897—1958),字少云,号叟耘,笔名扫景,新建乐化乡厚石裘村人。他出生于读书家庭,系裘文达公曰修后裔。他幼承庭训,四书五经卒业,善辞,好研求文学戏曲。裘德煌早年毕业于南昌两江优级师范学堂。1916年,裘德煌返江西,任教于南昌模范小学。不久,他升任南昌第一中学学监。1917年,他调任新建启新中学校长。一时俊彦多游于其门下,扶助桑梓,造就人才甚多。1921年,裘德煌改任江西省通俗讲演所所长兼第二中学生物教员。1928年,裘德煌应江西省立南昌乡村师范学校校长涂闻政聘,出任教务主任。他性情敦厚,品德清高,谈吐诙谐。裘德煌事母吴太夫人(名翰林吴璆之妹,新建吴城吉山人)至孝,晨昏省问。裘德煌教育学生,孜孜不倦,数十年如一日。

1931年,国民党江西省教育厅创办江西省音乐教育推行委员会,主任委员为著名音乐家程懋筠。内设管弦乐及戏剧两个大组,戏剧又分话剧、平剧两个小组。程懋筠聘裘德煌为平剧小组主任。平剧即京剧,自清中叶以后,由汉剧、徽剧混合演变而成,盛行于同治、光绪年间。国民政府于1928年将北京改名为北平,京剧遂改称平剧。平剧史料大都采自历史、说部、弹词及传说等。裘德煌继戏剧家欧阳予倩、田汉、朱双云诸人之后,进行大胆改革,以平剧旧有的形式植入新生的内容。1934年,他创办平剧班,招收男女学生20余人。除聘请老伶工满子善为指导员,他还亲自任编剧,多取材于时事及历史,共编著有《胡阿毛》《西门豹》《宫井埋香记》《飞来的祸》《弦高犒师》《模范军人》《刮骨疗毒》《游岳坟》《一女三许》等10剧。其中,《胡阿毛》《宫井埋香记》由音乐教育推行委员会铅印行世。《飞来的祸》等除由音教会自行公演20次,还在江西省立南昌乡村师范学校、三村五里祠、西山万寿宫、靖安县学宫、靖安中山纪念堂等处多次公演。各剧由南昌市剧团,《胡阿毛》由山东济南、湖北武汉、四川成都等地剧团又公演多次,数日不衰,获得观众的好评。1937年,裘德煌又编著《焦土抗战》一剧,为宣传抗战不遗余力。1944年4月,广西桂林举办戏剧展览会,裘德煌率领江西戏剧教育队平剧组前往参加，于 13 日晚演出《西门豹》，旨在提倡兴修水利，破除迷信，铲除劣绅，颇得好评。不久，致力于教学工作的裘德煌，辞去音乐教育委员会平剧组主任，但课余仍事写作，改良平剧剧本。其间，他著有：《群忠诛逆记》，为讽刺卖国贼的史事，刊载于国民党江西教育厅《江西地方教育》；《刘淑英》，为赞扬安福奇女子毁家纾难、誓报国仇的史事，刊载于江西省三民主义文化运动委员会《文艺季刊》；《卖菜翁》，为赞扬农民救国义卖的史事；《化子献金》，为赞乞丐献金爱国的史事；《华效兰》，为赞扬侠女花木兰代父从军的史事。原稿悉藏于家，多未刊行。

裘家马头墙

裘德煌于创作剧本之余，亦爱好写讽刺小品文，也爱说笑话，演说常技惊四座。他一生嗜好戏剧曲艺，也与师友有关。1922 年，因避军阀战乱，裘德煌携眷走上海，与戏剧家、剧作家田汉、石凌鹤、欧阳予倩、严独鹤诸人相交，探讨戏剧改革问题，著有《改良平剧》一文。当时，文豪郭沫若居沪，正编导《棠棣之花》一剧，裘德煌曾予协助演出。其幼妹德瑜（字幽筠，诗人），常饰演剧中角色。裘德煌后来任《音乐教育》主编时，撰有戏改说问题的论文 10 余篇。1949 年中华人民共和国成立后，裘德煌参加江西省文联组织并被选出席江西省文联会议。1953 年 5 月，江西省人民政府奉国务院命令，在南昌创办江西省人民政府文史研究馆，裘德煌被聘为文史研究馆馆员。他积极学习党的政策，撰写了许多珍贵文献贡献给国家，受到人民政府嘉奖。1958 年，裘德煌病逝于南昌，终年 61 岁。他一生著有戏曲、剧本数十种，多藏于家。

历史人物

万肃铎　《南昌府志》作“万萧铎”，字宣木，清代新建县金盘山人。康熙三十五年（1696）丙子科举人，四十二年（1703）癸未科进士，授广西武缘县知县，行取主事。

杨增荦　字昀谷，新建溪霞草塘人。光绪二十三年（1897）丁酉举于乡，越年戊戌联捷成进士，官刑部主事。光绪三十一年（1905），保送热河理刑司。光绪三十三年（1907），调回本部，开办京师地方厅。光绪三十四年（1908）补授推事。宣统元年（1909），法部保送知府，分发四川。宣统二年（1910），道出广州。两广总督张人骏重其才，奏调广东任督署法科参事。中华民国成立后，杨增荦罢官返居北京。民国五年（1916），杨增荦任国史馆协修，越年，官司法部秘书。民国十三年（1924），杨增荦调交通部参事。杨增荦秉性耿介，交游甚广，平居于学，无所不窥，晚经沧海，脱屣妻子，浸淫内典，先后独居北京新建会馆三十年，穷巷湫尘，有归隐之志。杨增荦与亲家蔡慧卿迭次函商，购得溪霞岭清泉庵，将所得善本及书画藏于其中，归隐采薇，遁身研佛，托志于诗。又多客居京、津间。民国二十二年（1933）十一月，杨增荦客死天津，终年七十四岁。其一生著作甚丰，今仅存散文数十篇及《寅寮睡谱》二卷、《昀谷诗集》八卷、《补录》一卷、《补遗》一卷、《联语》一卷、《浮云集》一卷，又遗有手抄书一百六十册，百余万言，均藏于家。王揖唐仅刊其《昀谷先生遗诗》八卷、《补遗》一卷行世。

杨墨非　名劭，以字行，号觉厂，新建县溪霞草塘人，晚号朱霞山人，昀谷之子。杨墨非于清光绪十五年（1889）出生，少时偕弟墨农随侍父侧，居北京新建会馆，从父受书，毕业于法政专门学校。杨墨非性情耿直，常面揭人短，对上司尤甚，故一生郁郁不得志，沉居下僚。先后于国民党交通部、后勤部、武昌市政府、禁烟委员会诸部门供职，除任一等科员外，未曾升任。抗战时期，杨墨非居重庆，供职于行政院禁烟委员会，家徒四壁，生活清苦。民国三十四年（1945）八月，日本投降。九月，人皆复员，而觉非旅资莫由筹措，迨至民国三十六年

(1947)始复员返里。1952 年,杨墨非卒于家,终年 64 岁,著有《觉厂吟草》稿二卷藏于家。

杨墨农 名劼,以字行,号佛根,新建县溪霞草塘人,为昀谷之三子。杨墨农清光绪十八年(1892)出生,少时与仲兄随侍父侧,居北京新建会馆读书。稍长,还南昌,考入九县联立洪都中学。毕业后,考入江苏省立警官学校,期满返江西,出任南昌三江镇警察所所长。未几,调京汉铁路大智门巡官。数年,升任吉安、赣县公安局局长。性甘淡泊,不慕名利,年未老即弃职归隐溪霞。抗日战争爆发后,复投入军界,以赴国难,先后服务于国民党军政部江西荣军管理处,任少校纠察股股长、第三战区兵站总监部任粮食服装仓库中心主任。杨墨农曾出任新建县临时参议会第一、二、三届临时参议员。1945 年 8 月,日本投降后,杨墨农任江西省田赋粮食管理处督导员、新建县财产整理委员会主任委员。1953 年,杨墨农病卒于家,终年 62 岁。

范敬先 字思祖,明代新建县乐化江桥人。洪武二十年(1387)丁卯,范敬先科举于乡,二十一年(1388)戊辰科中任享泰榜进士,授监察御史,充交趾(今越南)吏,后任赵府长史,赵府败后被罢官。

范宇栋 字效呈,清代新建县乐化江桥港田人,康熙五十九年(1720)庚子科举人,官至云南呈贡县知县。

范金镛 字福廷,号藕舫,清代新建县乐化江桥港田人。范金镛道光三年(1823)出生;同治十二年(1873)癸酉科举于乡;光绪六年(1880)庚辰科进士,授礼部主事;光绪三十年(1904)二月,台谒选得云南曲靖郡首属,刚宰任四个月改调滇南。范金镛幼喜绘画,花鸟、草虫、仕女无不入妙,尤工于美人蝴蝶,有“范蝴蝶”之称。同僚以重金求作《百蝶图》献权贵,金镛鄙其为人,拂袖而起。范金镛作画以工笔擅长,间或有写意,着色厚而清,光暗远近分明。他自滇南归后,就一楼于东湖旁,读书作画,自娱自乐。范金镛曾作诗自遣:“湖月湖云水上楼,遽声呼起古今愁。闻鸣不识先生面,万里归来白了头。”民国三年(1914)卒于家,终年 69 岁,著有《心香室诗钞》四卷、《蝶梦词》一卷及画作《百蝶图》行世。

徐宝森 字蔚存,清代新建县乌石人。道光元年(1821)辛巳科举人,十三年(1833)癸巳进士,历官四川巫山县知县、兴文县知县、营山县知县。

曹家甲 字为质,清代新建县港口曹家村(今属南昌市经开区)人。康熙三十二年(1693)癸酉科举人,康熙三十六年(1697)丁丑科进士,授福建龙溪县知县。沿海多海盗,常来骚扰,曹家甲擒海洋巨盗,颇有声名,百姓赖以得安。曹家甲钟爱士民尤甚,修学校,设义塾,减火耗五成,葬义冢万余,颇有惠政,怎奈秉性刚毅,不能俯仰上官,终以恃才自傲而被免职。回乡时,百姓哭泣送至郊外,有人干脆举家随之迁往江西。曹家甲居家潜心经史,登眺名胜,足迹遍及大半个天下。曹家甲著有《地理原本说》四卷,康熙帝特召相视蒙古地形。值监副员缺,理藩院奏请曹家甲充任。曹家甲以年老多病辞归。曹家甲世居南昌西郊安峰之麓,人称安峰先生。有子七人,孙、曾孙五十余人,多有作为。

曹绳植 字逊思,清代新建县港口曹家村人,曹家甲之子。曹绳植六岁时,即通四书五经大意,七岁入籍为诸生。康熙四十七年(1708)戊子科乡试,曹绳植遇见临川李绂,两人谈经论文,极为投机。榜发时,李绂居第一,曹绳植居第三。曹绳植32岁时,骤然去世,令人扼腕叹息。其生前著有《延青楼集》《树兰亭集》,诗文皆可传。曹绳植之子曹章先,为邑诸生。

曹淇 字瞻泉,清代新建县港口曹家村人,曹家甲之子,康熙五十二年(1713)举人,官中书舍人。曹淇小时天资较纯,稍长之后,刻苦学习,始有所得。星占、律吕、医卜、丝竹等无不涉及,不求功名,只寄托情趣。曹淇又致力于研习宋儒之书,著有《正谊斋集》,其诗文精微雅洁,无俗气。漳浦侍郎蔡世远得见后,对曹淇赞叹不已。高安相国朱轼、临川侍郎李绂曰:"人言江右多才子,如今又得一人焉。"曹淇之子曹袭先,官至江南江浦县知县;曹翼先,为咸安宫官学教习。

曹绳柱 字介岩,清代新建县港口曹家村人,曹家甲季子。康熙五十九年(1720)庚子科举人,官内阁中书;雍正八年(1730)中进士,授刑部主事。他两值提牢、询问狱情时,对可怜悯者减等处刑,从轻发落,升本部湖广司员外郎。有一遣犯即将发解,曹绳柱感觉有异常,再三审问,原来该犯系他人花钱购来替罪者。曹绳柱立即追捕真犯,将其绳之以法。未几,曹绳柱被擢升为湖广道监察御史。他巡视东城,曾呈疏至通政司皇案前,堂官不起立。绳柱对此不恭予以谴责,并奏本弹劾,此后乃敬立受疏如礼。乾隆元年(1736),曹绳柱出浙江绍宁道,调嘉湖道。湖郡闹水灾,曹绳柱力请赈灾抚恤,使众多灾民赖以存活。福建闹饥荒,他运湖米十万石予以协济。杭嘉湖漕积弊甚多,曹绳柱择其最突出者,封斛严惩之。曹绳柱在守制期满后,补湖北驿盐道。武昌金沙洲左、江右田堤年久未治,曹绳柱立即筑堤捍洪水,使水患绝而田地日益丰腴。未几,他被授予河南南汝光道。汝宁府城沿河,河入汝水,水路逼迫狭窄,须经三折方可汇入汝水,淤曲漫流,势必受涝。曹绳柱议于折处横开引河以注汝水,终于根除水患,升福建按察使。福建多项凶案陋俗,曹绳柱奏请严定科条,及台湾重案由道讯解,谕旨允,擢福建布政使,后卒于任上,终年六十有二。曹绳柱所著《三河草洲图记》,有益乡邻。

曹茂先 字两华,清代新建县港口曹家村人,曹绳彬长子,年十二能操笔作古文。雍正七年(1729)己酉拔贡,朝考一等,拣发山西,以州县用。历署凤台、陵州、虞乡、安邑,题补交城县知县,皆有惠政。交城即古屈地,盛产良马,小而善走,令馈上官,或作自用,托名乡练,用一派十,民甚苦之。茂先立革其弊。邑境辽阔,山岩险峻,奸宄时作。茂先为之操练民壮,弓矢旗帜皆堪实用,编保甲,往来出入俱登册籍,合邑秩序翕然。茂先出任五邑,所至之处皆张地图于壁,或绘于扇头,户口厄塞,无不周悉。审判诉讼,案无留牍,即有他故亦不过三日。据案阅牍,摘其要领,择人发问,数言而决,罪者无不慑服。茂先有暇则引胥吏挟被褥走出城外,课晴问雨,询查疾苦,与民笑语无间,人感动且畏之。后引疾归里,时年四十。新建县令邸兰标荐举经学,以书辞。所居见一山房,图史错列。偕弟昌言、发先、振先自相师友,仿佛苏门。晚年自号天山逊翁,因世居桃花乡,又自号桃花乡人。殁年六十有七。著有《三礼通论》《逐翁文编》《次多录》《绎堂存稿》《释堂杂识》《谈林》《从政略》《桃花乡人传》若干卷。子承祖,另有传。

曹发先 字曙山,新建县港口曹家村人,曹家甲之孙,雍正七年(1729)己酉科举人,乾隆十三年(1748)戊辰科进士,吏部主事升员外郎。

曹秀先 字恒听,一字芝田,清代新建县港口曹家村人,曹绳彬季子。曹秀先由选拔副贡中式,雍正十年(1732)壬子,为顺天乡试举人,官内阁中书。乾隆元年(1736)举博学鸿词,未试,中进士,选庶吉士。散馆授编修,分辑明朝时文,充世宗宪皇帝实录馆纂修官、三朝上谕编次官、皇清文颖馆提调官、经史馆勘官、明史馆编次官。乾隆十年(1745),改浙江道监察御史,转刑科给事中,历鸿胪光禄少卿，通政参议国子监祭酒，升内阁学士，授工部右侍郎，调户部右侍郎，吏部左、右侍郎，充经筵讲官、四库全书馆副总裁。乾隆三十九年(1774)，曹秀先迁礼部尚书、上书房行走，命为总师傅，充《四库全书》总阅、《明臣奏议》总裁，八直上书房，赐紫禁城骑马。秀先书法高古，每逢国家大庆、大典礼，撰述诗文赋颂表示祝贺，并且恭装所刻书课进呈，多次受到高宗褒奖。秀先主持过多种考试，先后主持山东、浙江、江南、顺天乡试各一次，文武会试各一次，其他考核数十次，为朝廷选拔了不少人才。乾隆四十七年(1782)，曹秀先任上书房总师傅，两年后去世，终年七十七岁。高宗得知后，深表轸恤，赠太子太傅，赐谥文恪。曹秀先为官五十多年，家无余资，唯有老屋数椽、薄田几亩而已。著有《师席渊源考》《赐书堂稿》二卷，《依光》《使星》《秋光》等集，还有《地山初稿》《希古堂时艺》《敬恩堂题跋》《移晴堂四六》二卷，自刻石书课若干种藏于家。曹秀先之子曹师曾，自兵部郎中累迁至侍郎，历礼、兵二部。

曹经　字原山，清代新建县港口曹家村人，曹家甲之孙。曹经生性敏悟，读书尤为勤苦，即使天寒地冻，亦能挟书本吟诵至天明，爱好汉魏以前的书几乎成癖。雍正十三年(1735)，曹经中乙卯科举人，乾隆四年(1739)己未会试，主司赵国麟等极为欣赏其文章言理精赅，以第四名进呈御览。高宗阅后，特提朱笔改为第二名。曹经由庶吉士授编修。丙寅八月，朝廷在瀛台设宴，高宗喜欢题诗，让群臣来和。曹经有“直向秋风写春意，楼船汾水不同歌”之句，前辈、后辈叹为莫及，卒于任上。

曹袭先　字宝田，清代新建县港口曹家村人，曹淇之子，乾隆元年(1736)丙辰科举人，江南江浦县知县，以子镐赠奉直大夫，云南盐政并提举。

曹承祖　字筠壁，清代新建县港口曹家村人，曹茂先长子，乾隆三年(1738)戊午科举人，授福建政和县知县。曹承祖秉性惠和，审项案件极为详慎，绝不轻下一杖。他不徇私情，直至卸任，无人敢去送礼行贿。该地过去人文辈出，后来科第渐渐衰落，入清朝一百多年未出过有才能有影响的人物。曹承祖修葺宋代朱韦斋先生(朱熹的父亲朱松)所建云根书院，延请名师任教，终于使该县科第继起。壬寅年间，曹承祖因公驻省，无疾而终，时年六十有四。曹承祖为官十二年，从不私取一钱，去世后两袖空空，靠同官们资助始得归葬。曹承祖有子骏业、居业，均有传。

曹勋祖 字虚中,清代新建县港口曹家村人,曹家甲曾孙。曹勋祖自幼聪敏,十二岁便善于撰著文辞。他于乾隆三十五年(1770)庚寅恩科中举,议叙拣发山西。乾隆四十五年(1780),曹勋祖补屯留县知县。次年,高宗巡幸五台山,勋祖协办差务,以真才实干著闻。乾隆四十九年(1784),曹勋祖调阳曲。此乃山西省治,差役频繁,任务繁重,案牍堆积如山。他每日除应付公务,还要剖决十余桩案件,无滞留,不徇私。勋祖经常走出衙门,深入民间,重新制定各种章程,合理公允,深受百姓爱戴。乾隆五十一年(1786),曹勋祖升代州直隶州知州。他清正廉洁,待人诚恳,三晋地区称其为"长者"。曹勋祖后以老托病辞归故里,十余年后去世。

曹师曾 字云浦,晚号稀堂,清代新建县港口曹家村人,曹秀先之子。乾隆三十九年(1774)甲午,曹师曾由贡生铨注员外郎,赴兵部武选司学习。乾隆四十二年(1777),曹师曾加郎中,乾隆四十九年(1784)选补兵部车驾司郎中,历武库司职方司郎中。嘉庆二年(1797),曹师曾授鸿胪寺少卿,嘉庆三年(1798)授通政使司参议,接任两署都察院左副都御史,不久又任兵部右侍郎,转左侍郎。在都察院,他曾出使天津蓟州等处会审。在兵部,他四任武乡会试提调官,两任户部宝泉局、工部宝源局监督。嘉庆二十五年(1820),曹师曾因失察遗失兵部行印,降职为候补四品京堂,同年授太常寺少卿。道光二年(1822),曹师曾授通政使司副使、太常寺卿。离职返乡后,他于道光十二年(1832)去世。曹师曾平日注重卫生,食淡味,寡言笑,至老视力不衰。曹师曾之子曹开业,由监生铨注盐运同。

曹庠业 字孝伦,清代新建县港口曹家村人,曹茂先之孙。曹庠业于乾隆四十二年(1777)丁酉拔贡,选玉山教谕,保举知县,授浙江武义,又调钱塘。之后,曹庠业因服丧离任,再起后,任福建尤溪知县,又调漳浦,再升任广西新宁州知州。未几,他奉特旨授四川茂州直隶知州,调署泸州。曹庠业精于剖断,目视牍,口问答,笔判事,目击者皆称服。时川楚一带义军蜂起,曹庠业为此耗尽精力,有病未能及时医治。待病势严重,曹庠业准备往成都就医,在行船途经忠州时去世,终年四十有九。曹庠业有子名熊,另有传。

曹居业 字立中,清代新建县港口曹家村人,曹承祖次子。曹居业于乾隆四十五年(1780)庚子优贡,考补觉罗官学,教习期满后,以知县用。嘉庆二年

(1797),曹居业拣发陕西,补高陵县知县。他在此地为官六年,体恤民情,审案详慎。嘉庆七年(1802),陕西闹饥荒,西安一带饿殍遍野。曹居业奉命施赈,事必躬亲,作弊者莫能染指。曹居业担心穷乡僻壤得不到救济,又亲自带人下去勘察,后奉旨以知州任用。曹居业五十七岁卒于任上。

曹德华 字迪谐,清代新建县港口曹家村人,曹绳柱之孙。曹德华是乾隆四十八年(1783)癸卯科举人,次年考取国子监学正。乾隆五十八年(1793)癸丑科会试,曹德华中式第四名,乾隆六十年(1795)乙卯补殿试成进士,授内阁中书,考取军机章京。嘉庆三年(1798),曹德华充山东副考官、方略馆纂修提调官,迁刑部江苏司主事。曹德华在公勤谨,寒暑无间。他擅长篆刻、绘画,书法得米芾神趣,公务之余为别人挥写,多用先贤格言。他的画理最深,山水人物以南宋为宗,花鸟虫鱼无不精妙。他不喜作巨幅,即使贵人威迫亦不可获得。偶有画作,人们争相收藏。曹德华所作诗文未能收集,少时著有《采兰屋诗》一卷藏于家,享年五十七岁。

曹熊 字占吉,清代新建县港口曹家村人,曹庠业之子。他自幼聪慧,九岁能文,十三岁入本邑学府,嘉庆三年(1798)戊午科中举,嘉庆十四年(1809)己巳成进士,授内阁中书,升吏部文选司主事,稽勋司掌印员外郎,兼掌验封司印,仍办选司事,升御史,掌江南道。曹熊秉性刚毅,有干济才,初任内阁中书时,即为戴衢亨所器重。在吏部,他常因公事与堂上长官发生争辩,即使长官脸色难看,依然慢慢重新叙述己见,最终使长官豁然理解从而认同。其他司有纠纷难办时,往往委托曹熊治之。嘉庆二十二年(1817)丁丑,曹熊充会试同考官,得人才十四名,多是老成博学读书人。秩满后,曹熊理应升迁,不幸因病去世,年仅四十七岁。京城知情者均认为曹熊未竟其才,深表惋惜。

曹师恕 字存中,清代新建县港口曹家村人,曹绳柱之孙。曹师恕为嘉庆三年(1798)戊午科举人,嘉庆十六年(1811)辛未成进士,选庶吉士,散馆改刑部主事,山西司行走,补陕西司主事。在部十年,曹师恕办事明决,令同僚折服。他为文禀经酌雅,力返先正。仪征观察汪全德、庐陵侍御王赠芳,皆受业其门下。曹师恕居家亦友爱甚笃,视诸侄如己子,教养备至。他五十四岁卒于任上,著有《存中斋制艺》《小荔雨山房诗集》。

曹联桂 字子固,新建县港口曹家村人,曹熊之子,道光二年(1822)壬午科顺天举人，道光十五年（1835）乙未科进士，榜眼，任湖南衡州府知府。

曹联城 清代新建县港口曹家村人，曹熊之子，道光十七年（1837）丁酉科拔贡，直隶济水县知县。

曹炜 改名传，字郁斋，清代新建县港口曹家村人。同治元年（1862）壬戌，曹炜并补行戊午科举人，同治二年（1863）为癸亥科进士。曹炜历任翰林院编修、詹事府右赞善、安徽颍州府知府。

曹本俊 改名鼎，字翰生，清代新建县港口曹家村人，光绪五年（1879）乙卯科举人，安徽知府。

曹九畴 字范卿，新建县港口曹家村人，曹九成之弟，光绪十七年（1891）辛卯科举人，内阁中书。

曹信本 字务庵，清代新建县港口曹家村人，光绪二十八年（1902）壬寅补行庚子恩科并辛丑正科举人，直隶知县。

曹起言 民国时新建县港口曹家村人，曹春坊第六子，光绪十八年（1892）出生。他曾留学日本研究纺织学，颇具心得，归国后，历任南京纺织厂、九江新生纱厂工程师。1937 年 7 月，全面抗战开始。8 月，日机轰炸南昌，曹起言携妻赴彭泽岳父家。不久，日寇窥视安庆，曹起言又来到安义乳母家暂避，随后又返回彭泽。一天，曹起言独自外出，突然遇上日寇，竟用日语痛斥日军侵略行径，终被日寇所害，年仅四十六岁。

裘万顷 字元量，南宋新建县双港（今属南昌市经开区）人。淳熙十四年（1187）进士。裘万顷有孝行，其学唯以存心为主。他在乐平任主簿，清誉之声远近闻名。后迁大理寺丞，裘万顷力求补外，差派江西抚干。时真德秀为江西安抚使，对裘万顷尤为器重。裘万顷去世后，赠通直郎，著有《竹斋诗集》。

裘从龙 裘万顷之子，南宋新建县双港人，嘉定十五年（1222）壬午科举人，兵部侍郎。

裘琅 字玉声，岁贡生，清代新建县人。宋兵部侍郎裘万顷后代，裘琅经学深湛，尤精《易》，工小楷，又善作擘窠大字。他笃志教子，皆有成就，育有子君弼、君弘、应时，另有传。幼子君弢，雍正年间进士，官承德知州、白鹿洞书院山长。裘琅初举，乡饮大宾，以子君弼封吏部验封司郎中，以孙曰修晋赠光禄大夫、工部尚书。

裘君弼　字宸臣，清代新建县双港人，康熙二十九年(1690)庚午科举人，康熙三十六年(1697)丁丑科进士。裘君弼初授江南建德县知县。该县原有一书院，年久失修，几乎倾塌。裘君弼上任后，感慨不已，即以俸禄会同当地乡绅重建书院并亲自讲课。有一老儒生徐某，年逾六十仍是单身，君弼助资为其娶妻，并生有一子，徐某夫妇再三道谢。另有一人因家贫卖儿，君弼亦出钱帮助赎子，一家团圆。任期满，裘君弼调任吏部稽勋司主事，后官至刑科掌印给事中。建德百姓念念不忘，将其列为名宦祭祀。裘君弼有子五人：曰菊，知县；曰发，知州；曰德，举人；曰修，历礼、刑、工三部尚书；曰莲，举人。

裘君弘　字任远，裘君弼弟，清代新建县双港人。裘君弘性聪慧，十二岁补邑诸生，康熙三十五年(1696)顺天秋试，中举人，补教习。裘君弘笃志好学，搜辑甚勤，著有《西江诗话》《妙贯堂余谭》若干卷行世，其余多散失。裘君弘之子裘联桂，举人，朝邑县知县。

裘君弢　字约斯，清代新建县双港人，裘君弼之弟，康熙四十七年(1708)戊子科举人，雍正元年(1723)癸卯科进士，直隶知县，升承德州知州。

裘建　字树三，清代新建县双港人。曰菊之子，康熙五十九年(1720)举人，广东新兴县知县。

裘联桂　字丛南，裘君弘之子，清代新建县双港人，康熙五十九年(1720)庚子科举人，陕西朝邑县知县。

裘曰正　改名翰周，字稚谷，清代新建县双港人，雍正二年(1724)甲辰补癸卯科举人，内阁中书。

裘曰修　字叔度，一字曼士，清代新建县双港人，裘君弼季子，乾隆元年(1736)丙辰科举人，乾隆四年(1739)己未科成进士，选庶吉士，散馆授编修，荐升侍读学士，詹事内阁学士，又提为吏部侍郎，充经筵讲官，调户部。因事革职，不久再起，任左中允，转翰林院侍读，复授吏部侍郎、军机处行走，且在宣武门内石虎胡同赐府邸一座。裘曰修料事警敏，先深思熟虑，后判决如流，悉中肯綮。裘曰修生平政绩最著为治河，凡南北河渠水利，皆了如指掌。河南水漫数郡，他奉命查看灾赈，奏本请并干支河道，即贾鲁河、惠济河、涡河、丰乐河。调任户部侍郎后，他频频出使江南、河南、直隶各省查勘水利。裘曰修仰承朝廷旨意，尽力经画，凡源委脉络、沮洳僻隐，无不亲身经历调查，皆有成效。他在山东疏伊家河，在安徽疏泥河、宋阳河、十字河、武家河、霍邱城西河，都门设大通桥至东水关河，六千六百米有余。他又筑闸建坝，各一百五十米。高宗赐诗给予褒奖，随即署仓场侍郎兼顺天府尹，升礼部尚书，调刑部，降顺天府尹，复任工部侍郎、尚书，充四库馆总裁。裘曰修文学素养很高，著有《西清古鉴》《秘殿珠林》《石渠宝笈》《钱录》。高宗以裘曰修书法类似宋臣张即之，以内藏张即之所书《华严经》残本，命曰修书写补足。裘曰修曾充会试总裁，五典乡试正考官。乾隆三十八年（1773）夏，裘曰修病噎甚为剧烈，请求解职。高宗不允，命御医诊视，赐诗慰问，晋加太子少傅。越二日，即五月初一，裘曰修因病医治无效，卒于任上。高宗得知后悼惜不已，遣大臣祭奠茶酒，赐谥文达，予祭葬后祀乡贤祠。裘曰修为官任事，僚属吏役畏其精明，乐其宽容。去世后，朝野皆叹惜。其生前著有奏议四卷、文集六卷、诗集十二卷。

裘曰德　字敬哉，清代新建县双港人，裘君弼第四子，乾隆六年（1741）辛酉科举人，截取知县不就，改授国子监典簿。他归里好读书，敦尚实学，摘选春秋三传、秦汉六朝、唐宋八大家文章编成若干卷存于家塾。裘曰德居家常以孝悌礼让化导乡人，人敬重，竞相取法。

裘缙　字实孚，清代新建县双港人，裘君弼之孙。乾隆十二年（1747）丁卯科举人，四川冕宁县知县。

裘麟　字超然，清代新建县双港人，裘曰修长子。乾隆十八年（1753）癸酉科举人，乾隆二十五年（1760）庚辰科进士，选庶吉士，散馆授编修。高宗弘历喜写诗，特从翰林院挑选十余名善书法者缮写御制诗集，裘麟即为入选人之一。不久，裘麟卒于任上，年仅二十九岁。高宗得知，大为悯叹。是时，麟父曰修往河南查视河堤，高宗特降旨慰劳。

裘允绪　字贵先，清代新建县双港人，裘曰德之子。乾隆二十一年（1756），丙子科举人，湖北德安府同知。

裘尹　字位衡，清代新建县双港人，裘建之子，乾隆二十七年（1762）壬午科举人，安徽庐江县知县。

裘行简　字敬之，清代新建县双港人，裘曰修第三子。裘行简于乾隆四十年（1775）赐举人，授内阁中书；乾隆四十二年（1777），任军机章京上行走；乾隆四十五年（1780）擢内阁侍读。是年，京察一等，复考选御史。乾隆四十九年

(1784),裘行简赴河南查办睢州河工堵筑事宜,乾隆五十年(1785)擢山西宁武府知府,乾隆五十三年(1788)调平阳府,历署雁平道太原、潞安诸府。乾隆五十五年(1790)八月,裘行简呈请改补京职,旨谕允,补户部员外郎,仍在军机处行走。乾隆六十年(1795),裘行简擢刑部郎中,嘉庆四年(1799)擢内阁侍读学士,奉命祭告南海,嘉庆五年(1800)擢太仆寺少卿。嘉庆六年(1801)正月,裘行简偕大理寺少卿额勒登保赴陕西军营犒军,擢太仆寺卿;四月授河南布政使,未几,调江宁布政使;五月,仁宗以裘行简前赴军营犒赏兵勇出力,赏顶戴花翎;七月,抵江宁任;八月,因母去世回籍守丧,服丧后实授福建布政使。嘉庆九年(1804)十二月,裘行简调直隶布政使,嘉庆十年(1805)正月,上奏直隶藩库各项钱粮亏缺款项细数,圣上嘉奖其所奏明晰,令大学士、六部尚书议行;五月兼署按察使;九月,护理总督;十月,著加恩以兵部侍郎衔,署直隶总督。嘉庆十一年(1806)五月,因办理宋二凶杀一案缓决,部议降调,圣谕降三级留任;七月,永定河北岸坍塌一百余丈,防堵不力,自请严议,奉旨降二级留任;八月,布政使庆格查出司书假雕印信,串通银匠虚收解款,行简据实入奏,部议革任,圣上改革职留任。嘉庆十一年(1806)九月,裘行简卒,仁宗颁谕旨照实任总督例予一品恤典,所有任内一切处分撤销,均恢复原官原衔,赐祭葬如例。谥恭勤。

裘增寿 字祝君,清代新建县双港人。他早年丧父,为祖父裘曰修抚养。少时聪颖好学,补邑庠,年十八中乾隆四十二年(1777)丁酉科举人,充四库馆缮录,选河南唐县知县。后因政绩卓异,升福建漳州南胜同知,调泉州厦门同知,升漳州知府。因叔父裘行简任布政使,请回避,特调任直隶正定府知府。嘉庆九年(1804),裘增寿又因回避,调任河南南阳知府。后福建漳州府缺出,大臣奏本,言裘增寿熟悉福建情况,仍调漳州。裘增寿凡历官各任,开诚布公,赏罚分明,审理案件从不以酷刑相逼,每离任,百姓皆遮道相送。裘增寿在福建任职十年,缉盗安民,清理积案,捐修城垣,无不尽心,终于积劳成疾,告假归里,不久去世。

裘豫 改名行恕,清代新建县双港人,裘曰修之子,乾隆四十八年(1783)癸卯科举人,湖北汉阳府同知。

裘元淦 字绎圃,清代新建县双港人,裘麟次子,以诸生两次南巡召试,俱列为二等。裘元淦入国子监读书,肄业,以训导注选。他先后署九江、清江、广昌、庐陵、南城各学讲学,诸生多所造就。乾隆五十九年(1794),裘元淦甲寅科中举，嘉庆十年(1805)乙丑科成进士，选庶吉士，散馆授检讨。他居京邸读书取友，门庭淡泊如常。

裘璋　改名申录，字得中，清代新建县双港人，嘉庆五年(1800)庚申恩科举人，贵州印江县知县。

裘荣甲　字芗珊，清代新建县双港人，元淦之子。裘荣甲嘉庆十八年(1813)癸酉科举人，授浙江德清县知县，调乌程，又历任淳安、诸暨、永康县事。他生平品行端方，有志有节，听理诉讼，导以至诚，不以刑威辄转推问。浙东有遗弃女婴之旧习，裘荣甲晓谕百姓送至育婴堂，经费不足，劝民捐助，以为久远之计。当地乡绅老者，两次为裘荣甲敬赠匾额。任上，他按实收漕，不加合勺，遇有水灾旱灾，请求赈济，缓征赋税。他组织兴建坦水海塘工程二百六十丈，范公塘三十四丈，均如期奏效，造福久远。裘荣甲订先人《绎副时艺》前后两篇，馆课诗赋一卷，皆谨慎敲定校正。

裘元善　字葆初，清代新建县双港人，裘行简长子，由监生应顺天乡试，挑取缮禄，议叙盐大使，以父荫恩赐举人。未几，任内阁中书，充方略馆分校、文渊阁校理。嘉庆十九年(1814)，裘元善甲戌会试成二甲第一名进士，选庶吉士，散馆授编修，充武英殿协修、国史馆协修。嘉庆二十三年(1818)戊寅，裘元善典试山西，次年又视学贵州。任期未满，裘元善因母去世服丧。裘元善事双亲至孝，与兄弟和睦相处，遇族人亲戚急难亦尽力接济。裘元善年未五十而逝，著有《南归小草》集。

裘元淳　改名元询，清代新建县双港人，裘行简之子，嘉庆二十一年(1816)丙子科举人，赣州府教授。

裘元俊　字淑初，号渔桥，清代新建县双港人，裘行简之子，嘉庆十五年(1810)庚午科副贡，嘉庆十八年(1813)癸酉科举人，嘉庆二十二年(1817)丁丑科进士，历任翰林院庶吉士、吏部主事、甘肃西宁府知府。

裘僔　字子进，清代新建县双港人，裘元洵之子。裘僔于道光十五年(1835)乙未科中举，以教习知县分发江苏。咸丰二年(1852)，两江总督陆建瀛命裘僔赴江宁协助办理防堵工程。咸丰三年(1853)正月，督修竣工；二月，太平军围江宁城，裘僔守仪凤门，知难以固守，即修书与家人诀别。初十日，城陷，裘僔巷战而死，事奏朝廷后，被赐予云骑尉世职。

裘华 字笙白，清代新建县双港人，裘元洵之子，道光二十年(1840)庚子恩科举人，东河知县。

裘献功 字赐秋，清代新建县双港人，裘增寿之孙，同治三年(1864)甲子并补行辛酉科举人。河南汝阳县知县。

裘友椿 民国时新建县双港人，历任中学教员、校长，抗日战争时期任国民政府国防部少将专员。

裘德治 民国时新建县双港人，精通军事学，抗日战争时期任第三战区少将参议。

熊文举 字雪室，明代新建县檀溪人。崇祯三年(1630)庚午科举人，崇祯四年(1631)辛酉科中陈于泰榜进士，授合肥令。在任有兵攻城，尽力抵抗，士民安居，叙功擢升为吏部主事。黄道周、李汝灿等以言事获罪，文举上疏救助，后迁为稽勋司郎中。入清后擢为右通政，两任吏部左、右侍郎。时汉官无尚书，文举居极品。后起补吏部左侍郎兼兵部右侍郎。他平生勤学，好著述，尤擅长文辞。据《江南志》载：文举令合肥，好士爱民，以廉平著声。常与诸生议论赋诗，一时文风大振。著有《荀查守城纪》《墨盾诸草》《使泰杂咏》《雪堂全集》。

熊业华 字芋僧，清代新建县檀溪人，顺治十一年(1654)拔贡，顺治十四年(1657)丁酉科举人，任内阁中书。

熊起磐 清代新建县乐化仙里店前人，乾隆三十三年(1768)戊子科举人，官至山东平阳县知县。

熊惠生(1873—1960) 江西新建县人。自幼多病，身体虚弱，常咯血。甫7岁，熊惠生之父忧虑其病，遂延请知交、梅岭道观长老来诊。诊毕，长老说："你若信得过，请把惠生交给我，十年之后，保证将一个身强力壮、有文化、能医术之惠生还给你。"于是，熊惠生拜长老为师，随长老在道观习文练武，兼读医书。历十载，熊惠生果然体魄健壮，能文能医。回家后，熊惠生应试入泮，为邑庠生，旋弃儒从医，专攻内科、妇科、儿科，于新建、南昌之间行医60余年，医名甚著，深受患者赞誉。1954年，熊惠生进入江桥中医联合诊所，求诊者络绎不绝。

1958年，熊惠生年逾八旬。新建县为了发掘我国中医药宝库，传承中医药传统，总结老一辈中医临床经验，由卫生局委派专人对熊惠生一生的笔记进行整理，历时三个月，写成《医学经验录》一书。全书包括证治概要、妇科辨论、病案记述三部分，共计 20 万字，由县卫生局刊印。

1959 年，熊惠生调新建县人民医院工作，曾任江西省政协委员、新建县人民代表、新建县人民委员会委员。

熊文敏(1902—?) 新建县乐化乡仙里村人，在南昌市豫章中学毕业后，即赴湖南长沙福湘女子中学任教，教书三年，他因勤慎得到校长赞美。熊文敏得美国人凌支尼的资助，1922 年直接考入美国加州斯坦福大学半工半读，获文学硕士学位，专攻教育心理学及儿童教育。1927 年，熊文敏回国任教，是我国专事师范教育方面、儿童教育及儿童智力测验方面的权威。他与我国早期幼儿教育家陈鹤琴、肖考嵘齐名，1928 年至 1930 年在上海国立大学任教，1930 年至 1934 年在杭州大学任教，1934 年至 1937 年在北京中央大学任教，1937 年至 1940 年在西北联大任教，1940 年至 1945 年在四川大学任教，1945 年至 1949 年在广西大学任教务长。中华人民共和国成立后，熊文敏在厦门大学、福建师范学院任教育心理学教授，学生遍布东南各省，多为中小学教育界中坚。

熊瑞庭(1904—1976) 新建县乐化乡仙里村人，熊文敏胞弟，南昌豫章中学毕业后，考入湖南长沙雅礼大学化学系，专攻化学工程。1927 年，熊瑞庭投军参加北伐战争，在国民革命军第四军"铁军"部参加过对张作霖军的作战，打到山东。1928 年，熊瑞庭离开军队，在上海沪江大学化学系完成大学学业，获理学学士学位，随后在福建安南中学、江西上饶中学、杭州省立高级中学、九江同文中学、齐汶金嘉联立师范学校、浙江锦堂师范任化学教师。1938 年至 1945 年，他在恩施任湖北省立农专化学教师，1945 年至 1949 年供职于武汉造纸厂。中华人民共和国成立后，熊瑞庭先后任轻工业部福建、河南、天津等省、直辖市轻化工业学校教师，1958 年后任化学工业部造纸工程师及湖南省轻化工业厅设计院工程师，1976 年 9 月于湖南轻化工业设计院副总工程师岗位上病故。熊瑞庭精通英语、德语，发表过不少有关化学译文，多刊载于学报，在中华人民共和国成立初期，他为培养造纸人才、工程技术人才及建立造纸厂技术做出了突出贡献。

裘德焘 新建县乐化乡厚石裘家人，曾就读于上海复旦大学，1926 年任江西省立商职学校教师，1949 年由兴业银行聘请任稽核，1945 年任国民党新建县参议长，1948 年被选为伪国大代表，中华人民共和国成立不久后去世。

现当代人物

邓明 新建县乐化乡黄墩村人,现任云南省军区参谋长。

熊炳坤 新建县乐化乡仙里村人,上海复旦大学教授。

裘逸娟 新建县乐化乡厚石裘家人,裘德焘长女,上海财经学院经济系副教授。

裘宗霖 新建县乐化乡厚石裘村人,广州公路管理局高级工程师。

邓必燶 新建县乐化乡黄墩村人,曾任乡水电站管理站副主任,1956 年出席全国劳模代表大会,1957 年被评为特等劳动模范。

裘新宝 新建县乐化乡仙里村人,原仙里大队书记,1958 年被评为省劳动模范。

万本晨 1952 年 7 月生于新建县乐化镇新庄村,大学文化,经济师,1970 年 12 月参加工作,1990 年 3 月加入中国共产党,曾任中共江西省水上运动学校委员会书记。

万本晨 1969 年 7 月毕业于新建县乐化中学;1970 年 12 月应征入伍,在中国人民解放军某部服役;1975 年 4 月退伍,同年 8 月入南京大学物理系低温超导专业学习;1978 年 9 月毕业后分配至中国科学院近代物理研究所工作;1981 年 9 月调江西省体育服务公司工作;1983 年 8 月任江西省体育建筑工程公司副经理(主持工作);1986 年 8 月任江西省水上运动学校办公室主任;1988 年 9 月任江西省体育服务公司总经理;1991 年任江西省体育足球协会副主席;1992 年 9 月任江西省体育发展总公司总经理兼江西省体育发展中心主任;1994 年 7 月调江西省体育场工作,先后任场长兼党委副书记、党委书记;1998 年 6 月任中共江西省水上运动学校委员会书记。

万本晨 1971 年和 1972 年在部队获嘉奖各两次,1980 年获中国科学院颁发的集体科研成果三等奖,1990 年被江西省体育运动委员会授子"热心支持体育事业企业家"称号。

万家明 1960年5月生于新建县乐化镇金盘村，大学文化，1981年10月参加工作，1986年5月加入中国共产党，现任江西省商业厅基建处副处长。

万家明1981年7月毕业于江西省建筑工程学校，同年10月分配至江西省商业厅设计院任技术员；1984年1月调江西省商业厅基建处工作，先后任计划科副科长、科长，基建处副处长；1999年2月至2000年6月下派至江西省彭泽县人民政府任副县长。工作期间，他曾于1984年9月至1987年7月在上海同济大学工程系工民建专业学习。

王令树 1926年10月生于新建县乐化镇天源村，1950年10月参加工作，1952年4月加入中国共产党。

王令树1950年10月任新建县第二区土地改革工作队队员；1951年4月任第一区土地改革工作队组长；1952年11月任中共新建县委组织部组织员；1954年10月入中共江西省委党校学习；1955年11月任新建县厚田乡乡长；1957年10月任生米区南岗乡党总支书记；1958年11月任乐化区蚊桥人民公社副社长；1959年10月起在乐化人民公社工作；1967年1月任乐化供销合作社负责人；1968年7月下放乐化人民公社郭台大队劳动锻炼；1972年1月任乐化中学革命委员会副主任；1979年10月任大塘供销合作社主任；1981年3月任乐化供销合作社副主任；1986年4月任新建县供销合作社调研员；1990年9月退休，为新建县供销合作社退休干部（副县级待遇）；1996年9月病逝。

朱峰 又名朱亲桃，1943年8月生于新建县乐化镇杉山村，大学文化，副教授。他1968年8月参加工作，1971年5月加入中国共产党，现任江西农业大学国土资源与环境学院副院长。

朱峰1964年9月考入江西共产主义劳动大学（总校）学习；1968年8月毕业，在本校农场劳动锻炼，后就地分配，先后任该校中学连排长、药厂车间主任、农学系党总支秘书、系办公室主任、教工党支部书记、学生党支部书记、系总支委员；1987年4月任江西农业大学所属江西紧固件厂党总支副书记（主持工作）；1989年4月起先后任该校植保系、食品科学系党总支副书记，思想品德教研室副主任；1997年5月任江西农业大学国土资源与环境学院副院长、党总支委员。工作期间，他曾当选为江西农业大学中共第一次代表大会代表。

朱峰参编了《思想品德修养》一书，其研究课题“提高思想品德课教学实效性的理论与实践之探索”(第二主持人)获校教学成果一等奖、江西省教育委员会二等奖。他多次被江西农业大学评为优秀共产党员、管理育人优秀工作者、“三育人”先进个人、教书育人优秀教师、优秀班主任、先进工作者等。

江秉椿 1945 年 12 月生于新建县乐化镇江桥村,大专文化,1963 年 9 月参加工作,1965 年 5 月加入中国共产党,现任南昌市劳动教养管理所副所长。

江秉椿 1963 年 9 月应征入伍,在中国人民解放军福州军区某部守备团服役,历任战士、副班长、保密员、指导员;1972 年 4 月任随军某部政治部宣传科干事;1974 年 10 月调中国人民解放军南昌陆军学院历任教员、秘书、教导员、副团职协理员、正团职教员;1986 年 12 月转业分配至南昌市劳改支队任副支队长;1987 年 12 月任南昌市劳动教养管理所副所长;1992 年 9 月由司法部授予一级警督警衔。

江秉椿在部队服役期间,先后五次受师团通令嘉奖,1988 年 11 月参与编写的《中国一百个军事家》一书被评为江西省第三次社会科学优秀成果一等奖,其本人荣获二等奖。

李世龙 1933 年 12 月生于新建县乐化镇下庄村,1950 年 12 月参加工作,1980 年 12 月加入中国共产党,现为中共江西省委办公厅退休干部(副处级)。

李世龙学生时代曾就读于南昌一中,1950 年 12 月参加中国人民解放军,在某坦克学校学习;1954 年任坦克技术教员;1963 年转业分配至江西省供销合作社工作;1969 年下放在奉新县劳动锻炼;1974 年调中共江西省委办公厅人民来信来访处工作,先后任科员、副处级调研员,1994 年退休。他曾于 1959 年至 1960 年在坦克第一学校(今中国人民解放军装甲兵学院)学习,1960 年被授予装甲兵上尉军衔。

钟民淦 1955 年 12 月生于新建县乐化镇瓜洲河下钟村,大学文化,高级工程师,1974 年 9 月参加工作,1976 年 10 月加入中国共产党,现任国土资源部江西地质矿产勘查开发局九〇一探矿工程大队副大队长(副处级)。

钟民淦 1974 年 9 月任新建县乐化人民公社中洲学校教师;1976 年 10 月考入江西省地质学校学习;1978 年 12 月毕业后分配至国家石油地质总局江西石油指挥部石油地质大队工作;1982 年 5 月调江西省地质局九一五大队,历任共青团委员会副书记、宣传科科长、党委办公室主任、党委委员、工会主席。其间,

1989 年 9 月至 1992 年 10 月在江西大学新闻专业学习;1997 年 9 月至 1999 年 12 月在中央党校经济管理系函授学习。1999 年 1 月,钟民淦调江西省地质矿产勘查开发局九〇一探矿工程大队任副大队长、党委委员。

钟民淦曾主编《先行者的足迹》《地矿职工思想政治工作论文选编》《拓荒曲》三部文集,并在省、部级以上刊物发表论文 19 篇,计 10 万字。1989 年,他被评为"地质矿产部优秀研究工作者",1994 年至 1998 年连续五年获"江西省地质工会优秀工会工作者"称号。

曾国辉 又名曾庆构,1933 年 12 月生于新建县生米镇,1951 年 5 月参加工作,1952 年 1 月加入中国共产党,现为新建县人民代表大会常务委员会退休干部(副县级)。

曾国辉 1951 年 5 月在生米供销合作社工作;1951 年 6 月在生米镇工会工作;1951 年 7 月调新建县总工会任文教部长;1953 年 7 月任新建县总工会副主席;1955 年 6 月任生米区区长;1956 年 6 月后历任中共乐化区委员会书记、第一书记、中共新建县工交基建部副部长;1958 年 9 月任乐化人民公社社长、党委第一书记;1959 年 9 月任新建县计划委员会副主任,后任中共新建县委农村工作部副部长;1967 年 7 月任新建县临时领导小组成员,后任新建县革命委员会农业组组长;1969 年 11 月任联圩人民公社社长、党委书记;1971 年 10 月任新建县工业局副局长,后任局长、党委书记;1973 年 3 月任新建县计划委员会副主任;1979 年 10 月后历任新建县农业生产办公室主任、计划委员会主任;1984 年 5 月任新建县人民检察院检察长、党组书记;1987 年 5 月起任新建县第九、十届人民代表大会常务委员会副主任、党组成员,后任调研员;1995 年 2 月退休。曾国辉曾先后当选为中共新建县第一至第五次代表大会代表、县委委员,新建县第一至第十一届人民代表大会代表。

裘强 又名裘小强,祖籍新建县乐化乡厚石裘村,1958 年 1 月生于江西省南昌市,大学文化,高级经济师,1974 年 10 月参加工作,1976 年 3 月加入中国共产党,现任江西省民政厅副厅长。

裘强 1974 年 10 月在宜春中学毕业后插队到江西省清江县昌傅人民公社劳动锻炼,后任昌傅人民公社知识青年办公室主任;1977 年 10 月考入中国人民解放军空军某航校学习,任代理排长;1981 年 3 月分配至中共宜春地委组织部工作，后任组织部科长；1987年12月调上高县人民政府任县长助理；1989年3月调中共江西省委农业委员会任副处长；1991年12月调江西省展览中心任主任；1997年11月调江西省人民政府办公厅任副主任；2000年8月调江西省民政厅任副厅长。他曾于1984年至1985年在江西省电视大学中文系学习，1996年至1999年在南昌大学政法系学习，1995年被评聘为高级经济师。

裘名旭 1951年11月生于新建县乐化镇，大学文化，工程师，1971年5月加入中国共产党，现任广州市华迅贸易发展有限公司董事长、总经理、党支部书记。

裘名旭1968年11月应征入伍，在中国人民解放军某部服役；1969年3月在某炮团指挥连任战士；1991年1月调原广州军区第三局工作，先后任学员技术员；1983年10月调原广州军区司令部任正营职技术员；1986年7月调原广州军区技侦局工作，先后任副科长、科长、副团职工程师、正团职工程师；1994年8月转业分配至广州市第一商业局广州五金交电站工作，任党委副书记兼经理；1997年9月任广州市华迅贸易发展有限公司董事长。

裘名旭曾于1984年3月至1988年3月在中国人民解放军郑州工程学院无线电工程专业学习；1991年1月被评聘为电子工程师；1992年被授予上校军衔。他先后当选为中共广州军区技侦局代表大会代表、中共广州军区司令部代表大会代表。

裘名旭具有无线电短波接收技术和仪器仪表技术专长，多次负责技术革新项目的规划、论证、研制工作，有一项科研成果曾被原广州军区评为科研成果一等奖。在部队工作期间，他先后26次获嘉奖和表彰，曾获原广州军区技侦局优秀干部、优秀党务工作者、优秀共产党员等称号。

裘应兹 1942年10月生于新建县乐化镇老屋裘家村，大专文化，1963年8月参加工作，1966年6月加入中国共产党，现任中共新建县委、县人民政府调研督导组成员（副县级）。

裘应兹1963年8月起在新建县乐化公社荷坊小学任教师；1964年5月在江西省清江县参加社会主义教育工作；1965年6月任乐化区区公所会计；1967年1月任乐化公社生产干事；1970年9月任乐化公社国营商店副主任；1972年10月任乐化公社管理委员会办公室副主任；1981年9月任乐化公社管理委员

会副主任;1984 年 6 月任中共流湖乡委员会书记;1985 年 12 月任中共溪霞镇委员会书记;1994 年 6 月被中共南昌市委任命为副县级干部;1995 年 12 月任新建县人民检察院副检察长、党组副书记;1999 年被授予四级高级检察官;2000 年 10 月任中共新建县委、县人民政府调研督导组成员。他曾当选为新建县第九届人民代表大会代表,中共新建县第六、七、八次代表大会代表,县委委员,1997 年加入南昌市检察官协会,1998 年 2 月加入南昌市民间文艺家协会。

裘应兹工作期间,获县以上各种奖励 30 多次。其中,1985 年被中国科学技术协会评为"全国科技先进工作者",1993 年被全国绿化委员会授予全国绿化奖章,1995 年被中国科学技术协会评为"全国农村科普先进工作者"。其撰写的报告文学《哪人与哪山哪水》在《江西日报》发表,《溪霞风景名胜录》入选《世纪末的冲刺》丛书。

裘宗奖 祖籍新建县乐化镇,1938 年 9 月生于南昌县蒋巷乡,大学文化,编审、教授,1965 年 7 月参加工作,1965 年 7 月加入中国共产党,现为南昌大学退休干部。

裘宗奖 1960 年 9 月考入江西大学数学系学习;1965 年 7 月毕业留校任数学系助教;1969 年 7 月任江西理工科大学助教;1982 年 7 月任江西大学数学系讲师;1987 年 6 月任《江西大学学报》编辑部副主任(副处级);1989 年被评聘为数学系副教授;1993 年 5 月任《南昌大学学报》编辑部副主任;1997 年被评聘为教授。

裘宗奖于 1986 年以后在省级以上杂志发表《多目标线性规划单纯形方法中寻找对偶解的讨论》《关于多目标对偶线性规划解的充分条件和必要条件》《多目标决策优序法应用于学报评估》《编辑学研究与"三论"》《对自然科学学报前景预测的几点思考》《编辑数学研究初探》等论文 14 篇,与他人合编(任副主编)《学报编辑论丛(6—8 集)》,独立责编了《江西—OAL 联合研究院论文集》第一、二、三集,与他人合著了《中国高等学校自然科学学报编排规范》。裘宗奖多次被评为江西省高等学校学报系统优秀编辑,1995 年被国家教育委员会评为全国高等学校自然科学学报系统优秀编辑,由其担任执行主编的学报在 1989 年至 1999 年间,三次被国家教委评为高校优秀自然科学学报。

裘宗舜 新建县乐化乡江桥厚石裘家人,1921 年 11 月出生于新建县乐化镇厚石裘村，1944 年获商学学士学位，大学文化，教授，1949 年参加工作，1979 年 11 月加入中国共产党，现为江西财经大学退休干部，返聘任教授，担任会计学院研究生导师组组长。

裘宗舜 1949 年 7 月进江西省人民政府商业厅工作；1953 年调江西省供销合作社，历任财务科科长、副经理；1958 年 7 月调江西财经学院，历任系主任、研究所所长、副院长、代院长。他曾当选为第六、第七届全国人民代表大会代表，中国会计学会常务理事和名誉理事，中国审计学会常务理事，江西省会计学会会长，江西省社会科学联合会兼职副主席，1999 年 11 月退休。

裘宗舜已出版的个人专著有《会计信息论》《社会主义经济核算经济效果与会计》《西方民间审计》等 19 部，在各种刊物上发表论文 100 余篇，各种著述逾 200 万字。他从 1992 年 10 月起享受国务院特殊津贴，1993 年被国家教委、人事部评为全国优秀教师，1995 年《会计信息论》被评为全国首届人文社会科学优秀成果二等奖，另获中华人民共和国财政部优秀教材奖两项，江西省社会科学优秀论著甲等奖一项、二等奖五项。他为会计学专业培养硕士研究生 13 届，计 87 名，直接指导硕士研究生 32 名。

裘德玉　1932 年 11 月生于新建县乐化镇厚石裘村，1951 年 9 月参加工作，1952 年 11 月加入中国共产党。

裘德玉 1951 年 9 月任新建县江桥乡副乡长；1952 年 10 月任新建县第一区民政干事；1953 年任新建县第一区农民协会主席；1954 年任新建县乐化粮管所所长；1956 年任新建县第五区副区长；1957 年至 1959 年，先后任中共新建县溪霞乡总支委员会书记、中共新建县梅岭乡委员会第一书记；1959 年任新建县三合人民公社社长；1967 年任新建县昌邑乡革命委员会主任；1970 年任新建县汽车修造厂革命委员会主任；1975 年任中共新建县石岗人民公社委员会副书记兼社长；1976 年任新建县水利电力局副局长（主持工作）；1978 年任新建县农业机械管理局副局长（主持工作）；1993 年 3 月退休。现为新建县农业机械管理局退休干部（副县级待遇）。

汪功积　新建区洪兴医药公司董事长。

王　勇　青山湖区检察院检察长。

顾国强　南昌市信访局副调研员。

邓德金 江西省金迪再生资源发展有限公司董事长。

裘茶根 南昌市宏辉机械制造有限公司董事长。

裘德彪 江西华诚科技有限公司总经理。

王　超 江西申环贸易有限公司总经理。

周沐钱 恒源祥总代理总经理。

邓仰光 房地产公司总经理。

雷普署 诚挚灯饰总经理。

彭仁红 南京双惠物流有限公司总经理。

王迪卿 国家电网江西省公司党委副书记、副总经理。

江德礼 中央粮食储备总公司南昌分公司财务处处长。

江功武 云南省农科院机关党委副书记。

裘　强 中江国标信托股份有限公司董事长。

裘小勇 南昌市国土资源局副局长。

裘德荣 江西华泰集团董事长。

邓仰松 洪城家电市场总经理。

肖时件 恒新泰农业总经理。

彭仁华 新建区发改委主任。

邓朝义 上海市某公司董事长。

江德宝 上海市某公司董事长。

邓　伟 北京海军总部综合计划处团职参谋。

万常照 上海市农业科学院作物育种栽培研究所党委书记。

万常选 江西财经大学首席教授。

邓　通 南昌市机关事务管理局副处长。

王胜利 湾里供电公司书记。

万荣华 新建区公安局副局长。

万家明 江西省教育厅办公室主任。

万齐亮 曾任江西省国家安全厅科长。

万国庆 江西省公安厅科长。

万木广 江西省高安赣西监狱科长。

万木和　江西景德镇监狱科长。

李和风　新建区长堎工业园区管委会主任。

刘开烦　新建区石埠镇人民政府镇长。

熊良明　江西省纪委主任。

冯俊龙　江苏海门人，1929 年出生，1945 年参加革命工作，1946 年 3 月加入中国共产党，1949 年 5 月南下，曾任中共江西新建县吴城区工委书记、中共新建县乐化区工委书记。在担任乐化区工委书记期间，他因处理秘书与地主女儿勾搭一事，引起秘书怨恨，在完全不知情且毫无戒备的情况下，于 1951 年 4 月被心存歹念的地主和秘书杀害，年仅 22 岁。为了缅怀和纪念冯俊龙，1951 年 4 月，当地人民政府在乐化镇厚石裘村为烈士修建陵墓，供后人瞻仰。冯俊龙革命烈士墓一直由乐化镇政府负责管理，属县级烈士纪念物。

古　迹

新建县乐化清理隋墓一座　1975 年 4 月中旬，新建县乐化公社郭台大队林场社员在开荒种树时，发现古墓一座。社员张学慰、汪一栋两位同志，将墓中出土的文物送我馆收藏，使这批文物得以完好保存。

江西省博物馆于 1975 年 4 月 20 日派人前往现场调查，证实此墓系一座长条形砖室卷顶的隋代墓葬。由于墓砖已被取出，卷顶早年倒塌，致使部分文物被打碎。现测知，墓全长约 6 米、宽约 2 米、高约 2.5 米。该墓分前、后两室，墓砖平面印有绳纹、侧象头瓶面，端头印有网钱纹。楔形砖的端头多印有大、中、小、利等字样。墓后室的葬具、人骨均朽，仅见棺钉数枚。随葬物均置于前室。

该墓出土文物计有：六耳陶瓷 2 件、青瓷乳足砚台 1 件、青瓷圆盖盒 1 件、青瓷高足豆 4 件、青瓷长颈瓶 1 件、青瓷高足杯 4 件、青瓷深腹碗 2 件、青瓷托盘 1 件、青瓷灯 1 件、青瓷钵 1 件、青瓷六耳堆 1 件、青瓷小杯 4 件、青瓷六耳盘口壶

1 件、青瓷象头长颈瓶 1 件。这些器物釉色青黄发亮，胎质白而坚致，釉下呈冰裂细片，器型制作精巧，釉汁保存较好。尤其是青瓷象头长颈瓶，造型别致，制作精巧，为我省首次发现的青瓷中之精品。

该墓出土的一批青瓷，无论是造型、胎质、釉色，均较以往出土的隋瓷好，对研究隋代瓷器烧造史是一批难得的实物资料。

文艺著作

赞霄峰

张　位

上一坡兮复一坡，诸峰谁敢并巍峨。
折桂手堪攀月窟，题诗笔可蘸天河。
眼前绿野宽如许，头顶青天隔不多。
此间便是神仙境，说那蓬莱做什么？

天宝洞

张　位

曲涧开丹井，悬崖喷雪涛。
一群清鹤舞，千尺玉龙翱。
岂信喧长寂，翻疑静转嚣。
寻源不可得，空望白云高。

乐化道中

范金镛

云势敛奇峰，凉生八月风。斜阳催独客，残雨跃秋虫。归棹从天末，还家似梦中。一声何处笛，落尽旧芙蓉。

濂溪书屋

范金镛

银杏扶疏压画檐，来时曾记翠纤纤。精庐乍似蜗形缩，旧味回谙蜜样甜。楼南打球衣脱缝，墙腰涂字笔无尖。生涯只合长如此，莫遣新毫频上添。

沙 井 渡

范金镛

恰趁晨光迸几程，绿杨飞雪乱啼莺。山含雨气青横岸，沙曳晴晖白过城。沽酒囊空魔起障，送穷春尽鬼寒盟。炊烟一带田家乐，好听东郊布谷声。

过外父家旧塾

范金镛

黯壁寻苔字，藤花罥绮疏。当年读书处，几辈灌园居。门馆痛哭后，水云秋景初。晚炊留客住，纳得细鳞鱼。

泊 樵 舍

范金镛

空影摇天一水澄，斜阳催犊下芳塍。停桡绿暝新堤柳，对岸红明远市灯。酒伴沽春撑小艇，渔翁乘月守寒罾。晚炊艄后奚奴语，隔个篷窗唤不应。

昌 山 舟 次

范金镛

枯柳含稊盼早晴，故园春暖正啼莺。人逢佳节难为别，客到同舟倍有情。白雨乱跳挽雪片，苍山横截走滩声。不知何术堪千里，一话莼鲈百感生。

（注：清光绪七年辛巳（1881）二月，范金镛买舟第四次赴京师，过昌邑山有感。）

登 望 湖 亭

范金镛

未许劳人息，重来又隔年。鸟喧千树日，人语万家烟。彭蠡白无岸，匡庐青到天。家山渺何许，空际一帆悬。

记逍遥静庐

熊文举

逍遥山为许旌阳拔宅飞升之地。相传是晋郭景纯所择。历朝翻建。道院极盛地。有古柏，为旌阳手植。顷遭籍乱，附近地民侵伐。羽流残弱莫可如何。

余毅然任典，复会云间鹤沙。许公以翰林出，而陈臬与余同心，立取侵据之地。豪惩创之。复清出香资还众信。构造玉皇阁，金碧辉煌，远近瞻仰。余为立碑纪其事，山有逍遥静庐，是邓定宇少宰与张相国、李观察讲学习静之所。亦为土人据作茶庐酒肆，悉廓清之。羽流焚脩，洞天福地，顿还旧规。余还檀溪往来暂憩其地。丁宁道者无荩，不佞与许公恢复之意得当，守而勿怠。云中鸡犬与闻此言，尚冀旌阳绛节霓旌，顾视松楸而嘱山灵拥护，庶几少宰学士之高风，亦因之勿剪也。甲辰秋日书付道人野谷。

桃　花　岭

熊文举

桃花岭接连西山，以其拔地峭起，四面葱蒨如桃花。紫金蔚蓝，朝夕异状。此岭去吾家六七里，开门即在几案间，最为切近。向属张相国别业，相国有诗云：家住杏花村，心寄桃花岭。而予以价购得之。诗云：家住桃花乡，日对桃花岭。喜可知也往，相国在林下。时汤睡庵、汤义仍两先生，皆门下士。并曾陪游桃花岭。有诗记胜：子于两公集中见之。岭上有石屋三间，予题之曰：桃花岭禅栖。延一僧住持，资其斋供。屋西有片地，松竹森秀，可以眺望东江城，风帆塔影都在目中。山僧为我言：每夜月当空，一碧千顷，则闻仙乐之声，异香扑鼻。安得小结茅庐，收揽名胜，遍刻诸名公题咏，以志来游。相国之遗徽不泯，而予藉附骥，以声施荣贶多矣。壬寅春书于师陶小阁。

写得缥缈孤秀，超然万物之表。心迹俱仙踪。渊明之桃源，摩诘之辋川，子厚之愚溪，皆胸中自有丘壑。适与山水相对，正所云：会心不远，故落笔空灵幽折，无一点尘俗气，其或不然。即日取清泉怪石，而周遭之何异耳？无闻目无见，也不识庐山真面目，只因身在此山中。古来心赏神解处，未易名言。吾师尘视轩冕，富贵不能淫。所得于岭坛江月者深矣！

桃花岭心语

游桃花岭是一份早已存积胸间的愿想，总想去钻一钻明代张位所居的桃花洞，去寻找他与弟子、明代戏剧家汤显祖在桃花岭留下的足迹，桃花遂成了我心中的梦之花、情之花。临上山时，我一直吟咏唐代诗人崔护的《题都城南庄》这首诗：去年今日此门中，人面桃花相映红。人面不知何处去，桃花依旧笑春风。是的，桃花洞的主人已逝，令人惋惜的是，桃花也消失在满山的翠绿中。千年沧桑，淹没了桃花，也淹没了桃花岭的嬗变而躺卧于乐化的版图里。

一条鹅卵石路蜿蜒崎岖向上延伸，同行的八十岁老人、画家吕建陶先生对桃花恋恋不舍，他拄着拐杖，一步步上来了。桃花洞的魅力深深地吸引着我们二十余位采风者不遗余力地往上攀登。

谁也不知道大自然的千万年传承中，曾经隐藏着多少神秘。桃花岭也一定有不少鲜为人知的故事。让人感到惊异的是，明代"桃花宰相"张位的选择，一座山的神祇竟能够撼动一位显宦的心。这山的力量，这洞的分量可见非同一般。历史的风云已尽，飘忽了岁月的真实，千百年前的今天，在这座山蜿蜒曲折的小道上，也游走了这么一群人，他们也在谈诗论文，也在逗趣桃花的风韵和幽雅。我不知道几百年前的那群人中有没有桃花属性的佳人才女，去相伴张位和汤显祖这些风流才子完成寻"花"之旅，激发他们的奇思妙想。我甚至臆想，汤显祖笔下《牡丹亭》中的柳梦梅与杜丽娘的爱情故事是不是出自桃花岭的灵感，桃花岭下乐化驿站所诞生的凄美爱情故事《蔡鸣凤辞店》是否给过汤显祖奇思妙想。这些我也没有做深入细致的考究，是先有《蔡鸣凤辞店》的故事传说还是先有《牡丹亭》，我不得而知，有待留给后来的研究者去考证、论证。在这里我仅仅是一种臆想而已。

桃花岭上的桃花洞，一直是我留存于心底、前往探寻的愿望所在。我期望奇迹出现，能够在这座山上，闻一闻张位先生和汤显祖先生的特殊人文气息，哪怕是一砖一石、一瓦一砾，也算我求取了心灵的一片慰藉。汤显祖先生曾有《陪张师相桃花岭即事十绝》诗，其中有句："江城重似筑沙堤，弟子从师鸾鹤西。便有人间候云气，碧桃休作武陵迷。"汤先生将桃花岭与渊明先生笔下的桃花源相提并论，可见这桃花岭在张位和汤显祖心目中的神圣了。

游桃花岭，似有仙风拂面，耳畔厮听鹭飞鹤翔的呼唤，我似乎隐隐觉得桃花洞就在眼前。张先生、汤先生一行的身影若隐若现，碧桃花陪伴这些文朋诗友，行走于桃花丛中。江南的秀色写在脸上，写在张位和汤显祖的诗文中。我想，碧桃花应是美女无疑，如果说是仙女亦不过分。碧桃花的病态美曾经洞穿过历代诗人的五脏六腑。碧桃花好像于今日迈过时光隧道,成就人间的又一串粉妆诗文。这或许是汤显祖的呓语,又或许是汤显祖才高八斗的丰富想象。从心底而论,我倒情愿有这么一位翩然而至的仙女,为这特殊的一群人添加调料,滋润诗文,以成千古绝唱。诗是矫情的最好工具,我不懂诗,更不会吟诗,我总是用特殊的目光对诗做出自己天真的评价。人先天就有的情感倾注于诗中,便有了丰富的想象和难以逾越的词句,便有了才思喷涌、才子豪情,于是便在梦境般的天地中消受身心的愉悦。汤显祖在这一点上很直白地流露了自己的观点:"桃花峰里吹参差,皓鹤惊飞王母祠。为报文成休辟谷,天书来下帝王师。"当然,我并不想将自己与汤显祖对比,也无法对比。汤显祖立在桃花峰的影像至今仍历历在目,没有任何人能与其比高下。我只是自认为人的情感判断总是倾向唯美,倾向患得患失。愿天下有情人终成眷属,现实中,却往往无法成全情感,而让人徘徊于情感的门外。

终于在山巅不远的去处,见到了桃花洞的遗迹,石门、石檐、石凳、石柱,桃花洞仿佛就在眼前。似如家庙的形骸在山风的摇曳中承接大自然赋予的仙风烟雨。张位、汤显祖、刘应秋、吴应宾,在桃花盛开的季节,吹笙箫以迎春日,缥缈的歌声成就了万籁俱寂,就连最会歌唱的黄鹂也屏息静心,倾听这天籁,桃花不谢。特殊的一群人就这样度过高山野岭、百鸟朝凤、盛世狂欢的白日,又将这歌声浸渍于夜,用歌声张扬这黑灯瞎火的寂寞和荒芜。于是,汤显祖又有诗来图解这种心境:"昔闻桃花源,今见桃花岭。安知出世心,居然妙者静。"汤显祖心如止水,真可谓桃花君子,桃花岭因之多了一层才子佳人的名分。

其实张位并不这么看,他认为汤显祖仅仅是笔静心不静,他想得到的是旷世大爱,这种情爱既无瑕疵,又无杂念。桃花岭之夜,成就了汤显祖戏文框架的构想,也唤起了汤显祖未曾泯灭的真情火焰。这火焰于荒山野岭上燃烧,蔓延成势,换来了众口一词的喝彩。

侈谈情感,似乎有损于桃花岭的人文特质,但是,从历史的角度看,桃花岭于《牡丹亭》功不可没,一部在历史的长河中久经磨砺的戏剧作品,用它特殊的情感理念和真挚情怀的教化,赢得了空前的赞誉。还有什么能比这桃花洞所体现的伦常更为动人,还有什么能比这桃花洞所映照的人间真情更凄美?我不得而知。但我还是要直露而纯情地写下如下文字:桃花岭是友情的熔炉,是真情的炼狱,是充满原始纯情大爱的融情洞。

写完以上文字,我似乎意犹未尽,有许多话从心底蹦出来,不吐不快。我想,如果蔡鸣凤活在今天,他的内心也会抓狂,也会站在桃花岭山顶,满脸热泪,大声疾呼:“碧桃花,你在哪里?”

我在回答:“你看山下如蚁的人丛中,那么多穿着时髦、灵动鲜活、桃花粉蝶儿一般的女性,不就是一个个碧桃花吗? 你看,她们正驻足岭下,朝桃花岭眺望呢!”

汤显祖的灵感又来了,他拿起笔……

特殊乡俗

折樟除瘴 乐化地区的历代子民，沿着乐化区散居。鄱阳湖地区地势低矮，瘴气较多，为了驱逐瘟疫，赶走病魔，每年的大年三十晚上或正月十五元宵夜，乐化家家户户都有折樟树枝叶在自家门前点上一堆旺火的习惯。上了年纪的长辈口中念念有词：烧樟灭瘴，樟神显灵。到了这个时日，没有樟树的村民，总会打发自己的孩子去其他栽了樟树的村子折几根樟枝回来，确保三十晚上这盆驱邪避祸的旺火燃烧起来。

打莲花落 原是一种行乞手段，叫花子端着破碗，举打狗棍行乞，后来演变为部分民间落拓艺人扎起花棍，比画舞动于门前，让主家开心。更有甚者，便用竹筒蒙上蛇皮，敲动手中的鼓板，信口唱上赞词，让主家觉得吉祥、开心，多讨赏钱。

晒书 六月初六，乐化地区潮气重，书籍容易发霉虫蛀。早年，每年的六月初六，每个村的书香人家都会将家中的藏书搬到屋外曝晒。后来，这种晒书的风气传扬开后，其意义就不仅仅是晒书了，这也成了书香门第显摆的好机会，谁家的书多，谁家的书少，大家一目了然。再后来，有的村书生多，便出现了晒书会，大家翻着别人家的书，相互品读，相互吟诗答对，谈文论道，让村子里充满了书卷气。耕读世家也便在这种氛围中形成。

喝血酒 早年，乐化人有一条不成文的规矩，每位红丁，凡年满十八岁那日，就意味着他已经步入了成年人的行列。这位年轻人就必须在族长的引导下，在祖堂上向列祖列宗行过三跪九叩大礼后，摆上相应参拜用的饭碗。每只碗由旁边的侍应斟上酒，然后宰了公鸡，将鸡血滴入碗中，将血酒依序端给每位红丁。之后，族长念念有词，带头说一些誓词，每位红丁也跟着发誓。

从这一天开始，参拜的红丁就必须自立，替父母分忧，管理家中一应大小事务，成为一名真正的男子汉，成为家中的主心骨。

封山造林 中华人民共和国成立以前，乐化多由各村房族长辈牵头，村民义务栽种小山竹、马尾松、樟树等，自订护林公约。在竹、木栽下后，大家鸣鞭炮封山，所栽竹、木的山地林园称“禁山”，任何人不得进入其中扫树叶、挖笋、放牛。竹木成林后，规定开禁日期，让村民分砍少量用材。中华人民共和国成立后，土地国有，植树造林改由县、乡、村经营。

商肆　乐化地区历来为农村集市贸易，除固定商店经营各种商品外，早年多以定期的墟日进行多种农、副土特产品交易，以物易物。各集市的墟日，分别有农历的“一四七”“二五八”“三六九”三种，少数为每天早市。中华人民共和国成立前，凡新设集市，必由几名发起人从邻近的老集市悄悄挖回一包土，并沿用这个老集市的当墟日为墟日，俗称“偷墟”。

集市中的农、副土特产品交易，多数设有“牙人”，也就是中间人或介绍人，如“谷牙人”“牛牙人”等。买卖成交后，买主要付给牙人一定的报酬，称“牙人钱”。中华人民共和国成立后，市场取消牙人，改由工商、税务部门管理。

送蚕蛾　即送蚕蛾、蚕茧上市。蚕蛾破壳产卵后，蚕农即扎草纸船，点上油灯，将蚕蛾置船上放入池塘或港堰，并唱送蛾歌：“蛾公蛾婆，送汝下河，今年去，明年来，岁岁为我添宝财。”

打遮头　旧时，婚姻陋习随处可见。到了男大当婚、女大当嫁的时日，尤其是男家，便放出口风，央求亲邻帮忙，物色对象。农村有句俗语：龙配龙，凤配凤，跳虱配臭虫。对象的选定当然得讲究门当户对。这时媒婆的中介作用便开始显现。媒人一句言，苦瓜也变甜。媒妁之言，一锤定音，决定婚姻的成败。

这样的媒介婚姻，男不见女，女不见男，从媒人的说辞和描绘中得悉男或女的长相、身高、家世、年龄。这种婚姻完全依赖媒妁之言，是早年的风俗。到了近代，也有相亲的定规。男女双方经媒人撮合后，约定时日，在某个集镇市场或老街见上一面。这种见面，互不打招呼，男看女、女看男，尽由媒人居中调度。比方说，女的与家中母亲、婶婶、嫂子一干人等装着在布店看料子，男子装着在茶铺喝茶。媒人让男子去布店门口睃一眼，或让女方去茶铺门口过一目，媒人努个嘴，男女双方打个照面，大概看个模糊样子，就算认定。俗话说：嫁鸡随鸡，嫁狗随狗。女方父母看重的是男方家的家财，却背离了儿女的情感需求。畸形的婚姻造成了不少旧时的家庭悲剧。

更为恶劣的是，有些男方或女方因自己的儿女长相有缺陷或身材的高矮有差池，遂用重金买通媒婆，然后，由男方请本家的堂兄弟顶包，替代自己的儿子相亲，或女方由自己的堂姐妹替代，去与男方见面。这样的顶替相亲成为旧时农村的一大劣俗，造成了不少人间悲剧。但历史上，不少家庭还乐于此道，乐此不疲。

随着中华人民共和国成立后婚姻法的颁布，人们婚姻观发生了变化，自由婚姻、恋爱婚姻占据主流，这种风俗便逐渐消失了。

戏　剧

南昌采茶戏传统剧目《蔡鸣凤辞店》

人　物　蔡鸣凤（简称凤）、朱莲（简称莲）、杏花女（简称杏）、陈大利（简称陈）、未打算（简称未）、朱茂臣（简称茂）、朱母（简称母）、差甲（简称差）、师爷（简称师）、县官（简称县）、衙役（简称役）、禁子（简称禁）

第一场　别妻

〔蔡鸣凤上。引子：闷坐家堂，暗自思量。

凤　（定场诗，唱）

自从爹娘去世后，
岳父把妻送上门。
常坐家中无生计，
心想别妻出远门。

小生，蔡鸣凤，娶妻朱莲。我心想出外贸易经商，不免请出朱莲一同商议。话说一言，朱莲我妻走上！

莲　（上，白）夫君一声请，上前问分明。拜见夫君！

凤　休要为礼，一旁打坐。

莲　同坐，不知夫君唤出为妻有何商议？

凤　朱莲，听我道来！（唱）

朱莲妻问此话前堂坐定，
为夫言来听分明。
谢岳父请花轿送你上门。
常坐家中无生计，
我心想别妻出远门。

莲 （唱）夫君说话少理文，
为妻言来听分明。
嫁到你家一月整，
为什么夫别妻出远门？
凤 （唱）我本当在家中将妻陪伴，
常言道坐吃山空海也干。
为夫出外定了意，
留下我妻守空房。
莲 （唱）夫君堂口来等定，
待为妻预备行囊夫好登程。
有行囊交与到夫君手上，
有几句心里话细听端详。
但愿得此一去生意兴旺，
下半年秋八月夫要早回乡。
凤 （唱）朱莲妻休要细叮咛，
在外一切我知情。
辞别朱莲出门庭，
下半年秋八月望我回程。
〔蔡鸣凤下。
莲 （唱）望我夫望不见门庭来进，
下半年秋八月等夫回程。
〔朱莲下。

第二场　挂牌

〔杏花女上。
杏 （唱）杏花女开饭庄备尝艰辛，
前铺后店忙不停。
清早起我把那招牌挂起，
等候那四方客投我店门。

〔蔡鸣凤上。

凤　(唱)人在外面心在家，

撇下朱莲一枝花。

举目抬头忙观望，

只见那红日渐渐西沉下。

行来就在街坊上，

又见招牌廊檐挂。

将身且把店房进，

有请老板上前来。

有请老板上前来！

杏　(内应)来啦，来啦！(上，白)后面忙不停，前面叫一声，客官！嗄?！请坐哟！(取茶)客官，请用茶！呀?！(唱)

这客人举止稳重多善良，

不像那些赤脚鬼调戏娘行。

看客人好像是远方人氏，

待我上前去问端详。

杏花女上前来将客人问上，

尊姓高名家住在何方?

凤　(唱)家住湖广蕲州县城，

蔡鸣凤就是我的名。

杏　(唱)问一声蔡客人二老康宁?

凤　(唱)自幼父亡母归阴。

杏　(唱)问一声蔡客人兄弟多少?

凤　(唱)蔡鸣凤好命苦独自一人。

杏　(唱)问一声蔡客人业产多少?

凤　(唱)家财和产业一起在身旁。

杏　(唱)问一声蔡客人房中妻小?

凤　(唱)蔡鸣凤年三十尚未娶亲。

杏　(唱)问一声蔡客人何时回转?

凤　(唱)只要在外面好我永不回程。

杏　(唱)听他言真使我又惊又喜，

他身世与奴家同命相应。

杏花女自幼多薄命，

父母双亡又死夫君。

请客人到后面好好安寝。

杏花女再与客人叙叙衷情。

〔蔡鸣凤、杏花女下。

第三场　讨肉钱

〔陈大利上。

陈　(念)为人莫开店，开店有人骗。

开了三年店，鬼都骗我钱。

在下陈大利，开了一家肉店，只因蔡鸣凤欠我肉钱未还，今日店中清闲，我不免去蔡家接肉钱走走便了。(唱)

将身且把门庭出，

去到蔡家接肉钱。

行来已在门庭外，

叫声蔡鸣凤把门来开。

〔朱莲上。

莲　(唱)又听得叫开门我开门观望，

原来是陈老板到我家堂。

厅堂上有椅子老板请坐，

问老板到我家所为哪桩？

陈　(唱)蔡相公在我店常来常往，

有几斤猪肉钱欠在账上。

今日到此非为别事，

接肉钱我来到你家门。

莲　(唱)我的夫到外面贸易做上，

等夫君回来后我送到你店房。

陈　（唱）听说是蔡鸣凤不在家中，

倒叫我陈大利喜在心中。

好大姐若与我相亲相好，

也免得你一人独守空房。

好大姐，你丈夫不在家，不妨事，不妨事的！

莲　（躲避）呸！

（唱）陈老板说出调戏话，

不由朱莲怒满腔。

骂一声陈老板休要妄想，

蔡鸣凤知道了要你命亡。

陈　（唱）一见朱莲把脸变。

倒叫陈大利无有主张。

你有肉钱当面拿来，

无肉钱我坐在你家到天老。

莲　（唱）一见老板把脸变，

倒叫朱莲无计生。

今日我若不应允，

他定在我家坐到天明。

莲　老板！

陈　嗨！

莲　老板！也罢！

（唱）这件事休怪我朱莲女，

怪只怪蔡鸣凤久不回程。

老板，你不要生气！

（唱）近前来施一礼老板尊上，

望老板莫生气体谅奴身。

〔二人亲昵中，浪笑，幕急落。

第四场　辞店

〔蔡鸣凤上。

凤　（唱）蔡鸣凤坐店房自叹自想，
想起了家中事扰断肝肠。
表家乡住湖广蕲州小县，
我姓蔡字鸣凤贸易营生。
自幼儿开亲书请过媒人，
朱茂臣生一女配我为婚。
家不幸二双亲早年丧命，
岳父爷请花轿送妻上门。
在家中娶朱莲一月未整，
撇下了朱莲妻贸易出门。
朱莲妻听此言泪珠滚滚，
把一派好言语挡我路程。
我本是男子汉妻话不听，
说定了秋八月早早回程。
先只说在外面贸易做起，
哪知通店大姐留我三春。
店主姐她待我体贴万分，
比我的结发妻胜过了十分。
在店房生儿女百年无分，
到后来我无儿女哭丧抱灵。
我心想别店姐回转家去，
与朱莲生儿女接上蔡门。
丢愁眉换笑脸店主姐请，
店主姐到前店有话说明。

〔杏花女上。

杏　（唱）清早起下店门乌鸦飞过，

这乌鸦门前吵却是为何？
奴好比嫦娥女月宫放亮，
蔡客人赛潘安美貌多情。
杏花女在街坊出租店房，
落的是过往客买卖经商。
是奴家生得好人人夸奖，
惹动了男子汉动了心肠。
有多少为奴家花尽银两，
有多少为奴家田地抛荒。
有多少为奴家茶饭不想，
想奴家想不到口吐红光。
有几多为奴家妻离子散，
有几多为奴家押坐班房。
店房内落客商一概不想，
就只有那客人合我心肠。
蔡客人初落我店将他问上，
他无妻我无夫正好相当。
杏花女转后面打扫店房，

凤　店姐！

杏　（接唱）又听得蔡客人叫得慌忙。
离后店站前堂用目观望，
又只见蔡客人面带愁容。
莫不是出外人家乡想上，
莫不是有何事不顺他心肠。
不管他是不是将他问上，
蔡郎妹的哥有何事与妹商量？

凤　（哭）店主姐！
（唱）店主姐问此话前店打坐，
出外人有言语细听端详。

杏 有什哩事就哇啰，不要哭啰！

凤 （唱）前三天在街头闲游散荡，

杏 唧不带我去哩？

凤 （唱）遇着了湖广省二位同乡。

杏 同乡，叫他们到屋里来坐下子啰。

凤 （唱）二同乡将朱莲书信带上，

杏 哇些什哩嘛？

凤 （唱）书信上叙家常催我回乡。

杏 不走嘛！

凤 （唱）请出了店主姐一同商量，

杏 哎呀，不要走吵！

凤 （唱）我要学无情鸟别姐还乡。

杏 呀！

（唱）蔡客人说出了回家之话，
不由我杏花女珠泪如麻。
是何事得罪哥任哥打骂，
莫不是言和语得罪冤家？
莫不是雀驳鬼说哥闲话？
是别人得罪哥也不能责怪奴家。
手拉着蔡客人出店问话，
你言不言来语不语所为哪桩？
想当初你初落店能说会话，
今日里想回家成了哑巴。
怒冲冲搬椅台拦店坐下，
杏花女在此不开口谁敢回家？

凤 （哭）店主姐呀！

杏 站开！

凤 （唱）见店姐搬椅台拦店坐下，
难道是出门人永不回家。

凤　（唱）我本当不回家岳丈又骂，

众朋友他道我好酒贪花。

为的是回家去双膝跪下，

店主姐开金口放我回家。

杏　（唱）蔡郎哥跪跟前心如刀挖，

忍不住三年夫妻情我扶起这冤家。

自古道人心去身难留下，

纵然是留下了也要成冤家。

手挽着蔡客人前店坐下，

你不该假言语哄骗奴家。

蔡郎哥要回家有何缘故？

凤　（唱）来就来往就往无有蹊跷。

杏　（唱）莫不是茶和饭不合哥口？

凤　（唱）出外人难道说要吃美味佳肴？

杏　（唱）莫不是杏花女招待不到？

凤　（唱）店主姐你待我比结发更高。

杏　（唱）蔡郎哥要回家叫我如何是好？

凤　（唱）自怨自艾没良心把姐来抛。

杏　（唱）蔡郎哥要回家何日启程？

凤　（唱）趁今日天气好不怕路遥。

杏　呀！（唱）

听说是蔡郎哥即刻登程，

不由我杏花女珠泪淋淋。

哥回家妹不能长途远送，

哥回家妹不能远背行李，

哥回家妹不能办酒送行。

蔡郎哥在前店少时等定，

待小妹到后面替你预备行装。

杏花女转后面卧房一往，

打开箱拿出了哥的衣裳。
四季衣包藏在行囊里面，
三百两雪花银里面包藏。

凤　(唱)蔡鸣凤在姐店三年有整，
有一笔旧账未曾还清。
三百两雪花银望姐收下，
只当是还饭钱一笔清账。

杏　(唱)莫说是与我哥相合三年，
有多少困难客赠过盘缠。
三百两雪花银望哥收好，
只当是杏花女赠你盘缠。

凤　(唱)好一个店主姐世间难寻，
赠银子三百两我回家门，
与店主施一礼走出店门。

杏　慢来！(唱)
叫一声蔡郎哥且慢行。
蔡郎哥到此地三年整，
众街坊待我哥情义深。
今日里蔡郎哥要回原郡，
哥要到大街上告辞一声。

凤　哎呀，好哇！(唱)
店主姐聪明人将我提醒，
我就到大街上表表谢意。
店主姐到后面容颜整整，
蔡鸣凤在大街辞行登程。
出店房站大街一礼恭敬，
尊一声众老板细听分明。
蔡鸣凤到贵地三年有整，
众老板待我情意深。

到今日蔡鸣凤我转回原郡，
等来年秋八月再来填情。
拜别了众老板店房来进。

杏　（唱）蔡郎哥要回家妹要送你一程。

凤　（唱）店主姐你送我鞋尖脚小，
观前面山高路远又崎岖。

杏　（唱）妹送哥不过是三五里遥，
纵然是枪刀山也要送到那路头。

凤　（唱）如若是中途上有人问话，
你叫我用何言回答于他？

杏　（唱）明知者他不会将你我问话，
不知者问我哥不问奴家。
纵然是雀驳鬼将你我问话，
你就说来丈夫带妻回家。

凤　（唱）店主姐说的是孩童之话，
出外人怎敢把假话欺他？
自己妻带回家心中不怕，
别人妻带回家要犯王法。
前番后事都说罢，
告辞店姐我要回家。
与店主施一礼出店去罢！

杏　（唱）哥要慢慢走，妹妹也慢慢行，
杏花女要与哥哥叙叙前情。
曾记得蔡郎哥初到我地，
身背包手拿伞落我店里。
妹也曾问我哥贵处何地？
哥说道湖广省蕲州街里。
妹也曾问我哥二老康宁？
哥说道父亡故母也归西。

妹也曾问我哥兄弟多少？
哥说道无兄弟独自一人。
妹也曾问我哥产业多少？
哥说道无产业都在行囊里存。
妹也曾问我哥房中妻小，
哥说道近三十无有妻房。
妹也曾问我哥何时回程？
哥说道外面好永不还乡。
你小妹听此言欢天喜地，
你无妻我无夫是对好夫妻。
先只说我杏花女一心靠你，
断不料你这死绝良心的人半路抽梯。
一路上埋怨哥无有情义，
我要把洋烟事劝说冤家。
上长街会朋友一同玩耍，
太不该进烟馆手把枪拿。
人说过吃洋烟消痒化气，
上了瘾恐怕是后悔已迟。
夫妻们恩爱重一旦抛下，
子和女冇饭吃卖到人家。
千百亩好良田灯火烧化，
七十岁老娘亲眼泪如麻。
实无奈想烟吃卸砖卖瓦，
自作孽不得活埋怨谁家？
洋鬼子运来的烟土毒品，
小宝枪红板土害我中华。
上了瘾哪怕你家财万贯，
上了瘾妻和女也要卖到人家。
上了瘾哪怕你年轻力壮，

上了瘾也会卖自己裤褂。
一路上说不尽洋烟之话，
我要把十不得劝说冤家。
一不得一晚死烟过不得，
二不得二人传枪等不得。
三不得翻浆老泥吃不得，
四不得四九寒天过不得。
五不得五鼓天明起不得，
六不得诸亲六眷认不得。
七不得嘁嘁咳咳过不得，
八不得大小生意做不得。
九不得九曲长街上不得，
十不得实实里鸦片烟——
（哥啊）千万吃不得。

凤　谢店主姐！（唱）
店主姐一路上劝戒洋烟，
提起了吃洋烟实在可怜。
鼓打初更未曾眠，
二更天流泪在眼前。
鼓打三更鸡报晓，
四季衣服不周全。
鼓打五更天明亮，
六亲无靠对谁言？
妻室儿女难得见，
八十岁岳父岳母在堂前。
久久心想寻短见，
实实里难戒这鸦片洋烟。

杏　（唱）劝了一项又一项，
劝哥莫上赌博场。

赌博场容易钱谁个不想？
赌博场尽都是赤膊流氓。
一副牌摆桌上心驰手痒，
两盏灯旗两角喜气洋洋。
三块钱打一圈断铜结账，
四个人坐四方犹断肝肠。
五厘头下头筒不能赊账，
六月里搓麻将热气难当。
七点骰丢下碗把钱赔上，
八大穷差一文愁烂肝肠。
九眼子配斧头无有二想，
十实里押红宝（哥呀）难猜一方。
赢了钱拦你到茶楼酒馆，
输了钱冇有钱还剥你的衣裳。
劝了一项又一项，
劝哥莫把妓院闯。
哥有钱她和你花前把酒陪，
哥冇钱她骂你缩头乌龟。
世界上要说好只有我和你，
到今日三年夫妻也要分离。
杏花女若想哥再回店里，
除非是三更时夜梦夫妻。

凤　（唱）店主姐说出了断肠言语，
怕的是蔡鸣凤难得回家。
店主姐呀！
（唱）我回家劝店主将饭店歇下，
百艺好任姐做切莫想它。
清早起下店门打米数斗，
到夜晚有来客满上灯油。

有一派大方客将钱出手，
有一派赤膊鬼小钱来丢。
有一派下作人起脚动手，
店主姐你守贞节假卖风流。
劝店姐这饭店不开为妙，
怕的是到后来惹祸根苗。

杏　（唱）哥说这开饭店是惹祸根苗，
你就当回店中帮我料理营生。

凤　（唱）我本想回店房致行营生，
常言道树高万丈落叶归根。

杏　（唱）树高万丈落叶归根？
你不该在店房骗我三年。

凤　（唱）三年来与店姐是我之错，
想来谨守空房实在可怜。
我二人到如今未生男女，
到后来无儿女守孝抱灵。

杏　（唱）我本当不放他把家回转，
想自己比朱莲也实在悲伤。
哥在外三年整大小有名气，
岳父骂妻埋怨你要把头低。
你的妻若问你赚钱在哪里？
三百两雪花银你交与娇妻。
你的妻见银子欢天喜地，
夸我哥在外面会做生意。
走一步叹一声我两眼流泪，
叫奴家怎舍得我哥回归。
哥好比顺风船扯篷就走，
妹好比无舵船难撑难摇。
哥回家似风筝断线失手，

妹好比瓦上霜日出难留。
行走在大路旁用目观定，
前面到了十里长亭。
手拉着蔡哥哥长亭来进，
(二人哭头)蔡郎哥！
店主姐啊！
杏 (唱)在长亭歇歇脚再送哥一程。
凤 (唱)店主姐你送我十里长亭，
倒叫我蔡鸣凤难舍难分。
舍不得店主姐恩深义重，
实难舍店主姐白脸油头。
到如今舍不得来也要舍，
丢不下来也要丢。
无奈何与店主姐两下分手，
我的店主姐呀！
(二人哭头)店主姐啊！
蔡郎哥！
杏 (哭头)哎呀，我哥啊，蔡郎哥——！
(唱)好似棒打鸳鸯两分开。
哭哭啼啼我回家去，
从今后我孤苦伶仃一个人。
将身且把店门进，
我的蔡郎哥，
蔡郎哥就在这把椅子上坐咯吔！
哥呀！
到今日见椅台不见我哥。
往日里叫我哥他亲口答应，
今日里叫我哥冇有回音。
哭啼啼我把招牌收起，

(哭头)蔡郎,哥呀!

(唱)蔡郎哥不在家我开什么店房?!

〔杏花女下。

第五场　路遇

〔未打算上。

未　(唱)可恨世道太不公,

富的富来穷的穷。

我叫未打算,在王老板豆腐店中挑水营业,这王老板见钱眼都是横的,豆腐里尽掺水,还说得有理。我一气之下,(踢秃)就在水缸底下打了个洞,我看他掺水还不掺水。趁着王老板还在睡觉,我今日起个大早,脚板擦猪油,溜之大吉。唉!来到长亭内,我还是歇歇脚再走!

〔蔡鸣凤上。

凤　(呐喊)走哇!(唱)

适才与店主两下分手,

急急忙忙赶路程。

三年来将朱莲一旁搁下,

今日里与朱莲续续前情。

行来就在凉亭外,

只见小哥阻我路程。

小哥请让我过去,小哥请让我过去!

未　哎呀,原来是位相公。我看这位相公头上戴得好,身上穿着好,还背了个好重的行囊,只怕是个有钱的人,有钱的人见了我,我就要放他点子血。哎,这位相公,家住哪里?姓甚名谁?你从哪里来?又要到哪里去呀?

凤　我家住湖广蕲州小县,姓蔡字鸣凤,在外贸易三年,今日里回家呀!

未　哎呀,原来是乡亲来了。哎呀,乡亲哪,乡亲哪!

凤　你口称乡亲,莫非你也是……

未　我也是湖广蕲州人氏。

凤　哦,你也是湖广蕲州人氏呀!小哥为何落得这个样子?

未 乡亲哪，那就莫谈啰！我也是跟你一样，在外贸易，在中途，遇到强盗把我的衣帽钱财都扒光啰！我三天冇吃饭，我都快要“ngiě”死啰！

凤 “ngiě”死是做什么啊？

未 什哩呀？“ngiě”死你都不晓得？哇得好听点子就叫“ngiě”死；哇得难听点子嘛，那就叫饿死嘛！

凤 哎呀呀，小哥，你不必难过，你一路上的盘费就算我的了。

未 哎呀，乡亲哪，你对我咯样好啊，以后要用我咯时候，我一定要报你咯仇！

凤 呃！报恩啰。

未 报恩，报恩！哎，乡亲哪，你的行囊拿给我来背啵？

凤 这就不必了。哎，小哥，随着我来吧！

未 走哇！

凤 （唱）叫声小哥随着我，

你我一同回家乡。

行来就在门庭外，

再对小哥说开怀。

未 啊！到了岳父坟上？

凤 呃呃呃，到了我岳父门上。

未 哦，到了岳父门上啊！

凤 啊，小哥你先回家吧。

未 乡亲哪，刚才我哇得了你的恩，现在我硬被你坑哪。

凤 此话怎讲？

未 你倒好嘛，到了岳父家，又有吃又有睡，可是我……我又要“ngiě”死来吔！

凤 小哥，你不必啼哭，我再给你一些散碎银两，你还是快快回家吧！

未 哎呀，乡亲哪，你对我咯样好，以后，我硬当真要报你的仇！

凤 报恩，报恩啰！

未 对！报恩，报恩！

凤 岳父开门来！

〔朱茂臣内白：“嗯呸！”上。

（念）八月十五晚，

正是赏月时。

开开门来看，

原来是女婿归。

女婿请进！女婿请坐。啊，我儿在外三年，赚了多少银两？

凤　赚了三百两纹银回家呀！

茂　我儿赚了纹银三百两，待我唤你岳母前来。啊，有请老妈子！

〔朱母上。

（白）佬佬一声唤，

上前问根源。

唉！佬佬何事！

茂　女婿蔡鸣凤回来了。

母　女婿回来了，女婿在哪里？

凤　拜见岳母！

母　贤婿，你在外三年，赚了多少银两回家？

凤　三百两银子。

母　啊！佬佬，女婿在外三年赚了三百两，快去后面办酒，给女婿接风！

凤　慢来！岳父岳母，你看，今日乃八月十五，我要回家与爱妻欢度中秋。

母　言之有理！佬佬，快取灯笼过来。

茂　好，好，好！

凤　岳母大人哪！（唱）

辞别了二老出门庭，

改日里再来看望二老双亲。

母　佬佬，贤婿丢了一把雨伞在此。

茂　待我送去！

母　慢来，你看天色已晚，改日送去不迟。佬佬，后面办酒，你我饮酒赏月。

茂　请！

母　请！

〔二人同下。

第六场　谋杀

〔陈大利、朱莲、蔡鸣凤上。

陈　（唱）一壶酒来一篮子肉，
　　　我与朱莲过中秋。
　　　行来已在门庭外，
　　　叫一声朱莲把门来开。

莲　（唱）朱莲女在后面将老板来等定，
　　　听得门外喊叫声。
　　　老板来啦，请进啰！

陈　（唱）一壶酒来一篮子肉，
　　　我与乖乖过中秋。

莲　（唱）老板堂前来等定，
　　　待朱莲办美酒开怀同饮。
　　　敬上老板一杯酒，
　　　但愿得蔡鸣凤永不回程。

凤　（唱）急急忙忙往前行，
　　　不觉到了自家门。
　　　行来就在门庭外，
　　　叫声朱莲把门开。

莲　外面哪个叫门？

凤　你丈夫蔡鸣凤回来了。

莲　（轻声）老板，我丈夫蔡鸣凤回来了！

陈　（装女声）外面谁人叫门？

凤　你丈夫蔡鸣凤回来了！

陈　朱莲，我要上天！

莲　上天无路。

陈　我要钻地！

莲　钻地无门。

陈　这……

〔陈藏入床下，莲灭灯后开门。

莲　拜见夫君！请进！

凤　朱莲，我进得门来，为何把灯吹灭？

莲　哎呀，夫君，刚才为妻开门时，一阵风儿将灯吹灭了！

凤　原来如此，现有灯笼在此，将灯点明就是。朱莲你一人在家，桌上为何摆着双杯双筷？

莲　哎呀，夫君！你在家时为妻是双杯双筷；你外出时为妻也是双杯双筷。

凤　如此说来，你真是一个贤德的娘子。

莲　夸奖了。夫君在外三年，不知赚了多少银两回来？

凤　赚了三百两，朱莲收下。

莲　夫君，你此次回家，不知何时出门？

凤　只要你待我好，我死也不出门了！

莲　哎，总也不出门了？

凤　对呀，总也不出门了！

莲　为妻已办下美酒，你我夫妻共饮。

凤　请！

莲　（唱）一杯美酒敬我郎，
　　　但愿得夫妻俩地久天长。

凤　好一个地久天长！

莲　（唱）二杯美酒满满筛，
　　　但愿得夫妻俩到老同偕。
　　　三杯美酒敬我郎，
　　　但愿得夫妻俩早生儿郎。

凤　哦，好哇！

莲　夫君，请来喝酒，你喝醉了吗？待我扶你上床歇息。哎呀，这床上醉坏一个，床下闷坏一个！（击掌三下，陈从床下爬出）

陈　（欲开门逃走）

莲　老板，我来问你，你是做长头夫妻，还是短头夫妻？

陈 长头夫妻怎样？短头夫妻如何？

莲 短头夫妻，我夫回来了，你就不要再来了。

陈 要跟你做长头夫妻怎样嘛？

莲 要做长头夫妻，蔡鸣凤已喝醉，你就将他杀死！

陈 朱莲哪，我只会杀猪，从来都没有杀过人！

莲 那就滚出去！（将陈推出，关上门，假号）哎呀，我咯妈，我咯娘啊，有女莫跟杀猪咯郎，跟了杀猪咯硬没有好下场！

陈 （敲门）

莲 （开门）你又死得回来啦？

陈 朱莲，你确实是有情有义咯人，我愿跟你做长头夫妻，我的心都被你哭软了，你等下，等我回去一趟。

莲 回去做什哩？

陈 我拿把屠刀来！

莲 哎吔，这一去一回，不要天光啊？我还是拿菜刀来！（回身拿刀）

陈 好，你快拿来！（莲递刀）朱莲，这刀不要哇是杀人，连豆腐都切不动！

莲 我去打水来！

陈 快去，蔡鸣凤呀蔡鸣凤，这就怪不得我了，只怪你自己早不来晚不来，偏偏这个时候才来，吃我一刀！（欲杀，吓得趴下）

莲 你硬没有用哎！（捉住陈手，共同杀下）

〔未打算从床头下来，出门跑走。

〔二幕前，内叫“查夜啰，查夜啰”。

差 （上，白）有请师爷。

师 （上，白）奴才，什么事？

差 前面一个墨黑咯！

师 你不会上前看下子！

差 我胆小，你不要吓我。

师 （咳嗽壮胆）哎嘿！

差 （吓得缩回）师爷，你吓我做什哩？

师 又不是七老八十了，咳嗽都会吓着？

差　人吓人会吓死人的。是一个人蹲在那里！

师　我以为是只鬼呢，捉过来！

差　（捉未打算出）见过师爷台！

师　见过师爷崽！

差　师爷崽！

师　是师爷大！

差　我来问你，你叫什么名字？

未　我叫未打算。

师　什么，叫未赌算？

未　就是未打算。

师　未打算就未打算，还什么未赌算。

未　我们土话打算就是打赌，我未打算不就成了未赌算了吗？

师　好，好！未赌算你三更半夜在外面做什么？

未　出恭。

师　出恭？来，看他脱了裤子没有？

差　（用灯笼照）冇有。

师　你说出恭，为何不脱裤子？

未　师爷来得快，冇解裤腰带，师爷来得快，冇脱裤子裆。

师　将他身上查来。

差　师爷，有把酒壶。（递过）

师　（看壶）未赌算，你刚说姓未，为什么酒壶上有个"朱"字？

未　师爷，我从小死了爷，我是搭我娘咯轿杠改嫁到朱家，你哇我是姓未还是姓朱？

师　看你巧言善辩，定不是好人，来！将他带回衙里！

未　什哩呀？拉屎也犯法啊？

差　走！（上链）

未　到哪里去呀？

差　坐画眉笼子去！

未　有饭吃啵？

差 有！

未 有就好！反正我未打算牢里是坐，牢外也是歇。只要有吃就做得！

（被押下）

第七场　诬赖

茂 （手拿雨伞上，唱）

手拿雨伞往前行，

女婿家中走一程。

行来就在门庭外，

叫声我儿快开门。

莲 （上，白）心惊肉跳，坐立不安。（开门）拜见爹爹！（二人入内）请坐！爹爹到此为了何事？

茂 恭喜我儿，贺喜我儿！

莲 爹爹，女儿喜从何来？

茂 女婿蔡鸣凤回来了，这不是喜事？

莲 他几时回来的？

茂 是昨天回来的。他说赚了三百两银子，还丢了一把雨伞在我家，我今天送伞来了！

莲 哎呀，且住，这事若被爹爹知道那还了得。（想）有了，我自有道理。（对茂）你说我丈夫昨天回来了，何以至今都未见哪？

茂 人都未见？

莲 爹爹，女儿明白了。

茂 我儿明白何来？

莲 想是我丈夫在外三年，赚了许多银子回来，落在爹爹家中，爹爹见财起意，将我夫害死了。是也不是？

茂 你……你……难道你疯了不成？

莲 狠心的爹爹呀！

（唱）一见爹爹骂连声，

骂声爹爹不是人。

　　　　见财起意害我夫。
　　　　女儿终身靠谁人？
　　　　堂前不与你把话讲，
　　　　蕲州县衙把冤伸。
茂　（唱）见我儿怒冲冲出门庭，
　　　　无头公案上了身。
　　　　将身且把门庭出，
　　　　回家去与佬妈妈细说分明。
〔朱莲、朱茂臣下。

第八场　公堂不公

〔师爷引县官上。
县　（念）坐公堂如狼似虎，
　　　　审犯人胆战心惊！
　　下官沈伯卿，身为蕲州县八品正堂。
师　老爷，是七品！
县　就多不得品把子？
师　多不得。
县　好！身为七品正堂。今乃三、六、九放告，来呀！将老爷的碑牌挂出去！
师　是告牌。
县　好，将告牌挂出去！
役　是！启禀老爷，告牌挂好了！
〔县官侧坐在椅子上打瞌睡。
莲　（上，白）两脚奔波走，来到县衙口。（击鼓三声）冤枉啊！
师　老爷，有人击动堂鼓。
县　带击鼓人上堂！
役　击鼓人上堂。
莲　拜见老爷！
县　下跪何人？

莲 民女朱莲。

县 抬起头来。

莲 抬头有罪。

县 恕你无罪。

〔莲抬头，县官下位瞧，走向师爷。

县 长得好漂亮！

师 老爷有失官体呀！

县 哦！你状告何人？

莲 状告我父朱茂臣杀害我夫蔡鸣凤。

县 你有状无状？

莲 有状！

县 将状呈上。

莲 大人请看。

县 上写"朱莲状告爹爹朱茂臣见财起意，杀害女婿蔡鸣凤，谋下银子三百两"，(向莲)有何为证？

莲 雨伞为证。

县 将雨伞呈上。你且回家，有本县做主！

莲 谢大人！（下）

县 来呀，这有火签一支，捉拿朱茂臣上堂。

役 是！（持火签下，捉朱茂臣上场）

茂 叩见老爷！

县 下跪何人？

茂 朱茂臣！

县 大胆朱茂臣，你杀死女婿蔡鸣凤，谋取银子三百两，还不从实招来！

茂 老爷，冤枉啊！

县 什么冤枉，现有雨伞为证。

茂 哎呀，不好了！

(唱)一见雨伞吃一惊，

黑天冤枉上了身。

走上前来忙跪定，

有劳大人把冤明。

师　你说是冤枉，我来问你。朱家到蔡家有多少路程？

茂　五里之遥。

师　可要逢桥过渡？

茂　不要逢桥过渡。

师　可有高山大岭？

茂　无有高山大岭。

师　可有庵堂寺院？

茂　无有庵堂寺院。

师　朱莲是你的亲生女儿，还是结拜女儿？

茂　乃是亲生女儿！

师　嘟！朱家到蔡家只有五里之遥，又无有逢桥过渡。若有逢桥过渡，蔡鸣凤吃了几杯酒，失脚落下桥，被水淹死也是有的。无有高山大岭，若有高山大岭，有豺狼虎豹，将蔡鸣凤吞吃腹中也是有的。无有庵堂寺院，若有庵堂寺院，碰有歹人，见财起意将蔡鸣凤一刀杀死，也是有的。朱莲又是你亲生女儿，若是结拜的女儿，倒有诬赖二字，哪有亲生女儿告生身父亲的道理？我看他定是刁民。老爷，不动大刑，他定不招！

县　师爷言之有理。来呀！重责四十大板！

〔衙役拖朱茂臣下。

茂　（唱）公堂上用大刑昏迷不醒，

打得我皮开肉绽鲜血淋漓。

世界上只有蛮官哪有蛮百姓？

动不动用大刑王法当尊。

不招口供被打死，

招了口供免受刑。

县　你可愿招？

茂　受刑不过，只得招供。

师　你会写字？

茂 两膀疼痛!

师 我与你代劳。

茂 大人哪!

(唱)上招着朱茂臣为人不正,

杀害女婿果不真。

县 可有同伙?

茂 (唱)老大人问同伙实在无有,

我身遭冤枉不能连累别人。

师 招得清楚明白,叫他画押。老爷过目。

县 (看供词)好,传禁子!

役 禁子上堂!

禁 (上,白)老爷公堂传禁子,我问犯人要银子。拜见老爷!

县 将朱茂臣戴锁收监。

禁 是!(上锁)走!

茂 冤枉啊!

禁 啊!阎王,我跟你判官,走!

县 退堂。

师 老爷,朱家和蔡家一案,被我们三言两语审得清清楚楚、明明白白的。

县 是师爷你问得好。

师 不、不、不,是老爷审得妙。

县 你问得好。

师 老爷问得妙。

县 哈哈哈!

〔幕落。

第九场　探监

母 (手提饭篮上,唱)

佬佬犯法班房进,

去到牢房看分明。

手提稀饭往前行，
不觉来到监牢之门。
开言便把禁子叫，
有请禁大哥上前来。

有请禁大哥！

禁　（上，白）禁子禁子，生坏了心思，就是我老婆舅子，我也要问他要银子。

母　拜见禁大哥！

禁　做什哩咯呀？

母　我是探监的。

禁　探监的。你探的是哪个啊？

母　我佬佬朱茂臣。

禁　朱茂臣啊，过了！

母　（哭）佬佬！

禁　你哭什哩呀？

母　你不是说我佬佬过了吗？

禁　我是说他从这间牢房过到那间牢房，过了。我又冇说他死了！

母　啊，禁大哥，你还是让我进去与我佬佬一见吧！

禁　你是要探监哪？你是要看下子他啰？你是要探监哦？（手一摊）

母　禁大哥，这是为何？

禁　为何？给银子！

母　哎呀，禁大哥，我佬佬身遭冤枉，你就行个方便，让我进去吧！

禁　哎，要是你不拿，他不拿，我牢头禁子不要去吃西北风？

母　唉！佬佬……（哭）

禁　哎呀呀，你莫哭，你莫哭，我牢头禁子又是一个软心肠。好，我就让你见上一见！跟我来哟！

母　谢谢禁大哥！（进门）

禁　朱茂臣，有人探监！

〔内白："来了！"

茂　（上，唱）

朱茂臣犯法在监牢里坐，
禁大哥叫老汉却是为何？

禁 朱茂臣啊，你老妈子看你来了。

茂 老妈子在哪里？

母 佬佬在哪里？

茂 （哭）老妈子啊！

母 （哭）佬佬啊！

母 （唱）一见佬佬披枷戴锁，
因何犯法进牢门。

茂 （唱）老妈子休要将我来问，
提起了犯法我实伤心。
我送雨伞蔡家去，
儿赖老汉杀了人。
怒气不息出门去，
蕲州县衙报案情。
一支火签来捉拿，
公堂之上动大刑。
老汉据理来争辩，
屈打成招定了刑。
披枷戴锁监牢里坐，
老妈子你说伤心不伤心？

母 （唱）听罢佬佬此话论，
骂声朱莲不是人。
你是我们亲生女，
你害爹爹死绝良心。
佬佬一旁来等定，
带有稀饭你充饥。
哎呀，佬佬，我带来的稀饭，不知被谁人偷吃了！

茂 哦，你去问过禁大哥。

母　有请禁大哥！

禁　做什哩呀？

母　我带来的稀饭不知被谁偷吃了？

禁　稀饭？咯还有偷稀饭咯啊？只怕是你冇带得来吧？

母　你看这碗里还有这稀饭皮！

禁　嗄？是呀！咯牢里哪里有贼呢？唔！一定是未打算咯只贼短命鬼！等我叫他出来问下看。未打算哪！给我死出来！

未　（上）你叫冤哪？！嗄？你叫啊叫，叫什哩哟！我未打算犯的是老爷咯法，我又冇犯你牢头禁子咯法，你叫什哩啊，叫！

禁　我问你，老妈妈的稀饭，是不是你偷吃了？

未　我偷吃了哇，我说你偷吃了呢！那你就搜啰！

母　小哥，你吃了倒不要紧，可怜我佬佬……

母
茂　（同哭）冤枉啊！

未　你是蔡鸣凤的岳父吗？

茂　正是！

未　那你就是岳母啰？唉！你老人家倒也好哦，你老人家的冤情，倒有我未打算晓得。我未打算屙屎犯法，那只有天晓得！

母　啊，小哥，莫非你知道我佬佬的冤情？

未　我晓得。

母　请受我们一拜！

未　不要拜！明天你到大堂之上去，就哇牢房里有个未打算晓得你佬佬的冤情！

母　多谢小哥！

禁　死过去！探监时间到了。（母下）你咯只贼短命鬼，咯稀饭可以乱吃，咯事都能乱哇咯啊？朱茂臣咯冤枉你晓得哪？

未　我当然晓得啰！

禁　你千万不要瞎嚼呢！咯哇错了是要杀头的！

未　嘿，我还晓得是什哩人杀的呢。

禁　你还晓得是什哩人杀咯啊？你就哇得我听下子啰！

未　是一只胡子杀咯！

禁　胡子?！是哪只胡子？

未　哎,——我就哇是你咯只胡子杀咯！

禁　站开些！我白天在大堂侍候老爷,夜里在牢里看守犯人,哇我杀咯？鬼都不会相信嘞！

未　嘿！你会哇,我哪里不会哇呀！我明日到大堂之上去,就跟老爷哇,哎呀,老爷吔,牢头禁子白天就在看守犯人,夜晚就到人家朱莲屋里去,跟人家“紧紧岗岗”。

禁　未打算,好商量,好商量！

未　我跟你哇,我们是公了,还是私了呢？

禁　这公了啷样,私了又如何呢？

未　公了啊,参见老爷去！

禁　慢点子,慢点子！我跟你哇,我们还是私了！

未　那就要依我两个条件嘞！

禁　两个条件,你说出来看看。

未　第一个条件嘛,我说给你听。我未打算在牢房里这样久,既冇吃过肉又冇吃过酒,你每天烧一钵子肉、打一壶子酒给我来吃。

禁　我吃得你会死！我牢头禁子自己都冇有吃,还要买肉到你吃！哇得你起劲嘞！

未　你舍不得咯顿肉,我明日请你大堂之上打得哭！

禁　我答应,我答应！

未　咯就差不多！咯第二个条件嘛,我未打算长到咯大咯年纪,冇娶过老婆,更冇生过崽,你呢,就叫我做爷,我就叫你做崽！

禁　做得你打跤。我咯样大咯年纪叫你做爷,我硬折都要拿你折死来吔！

未　你不叫是啵？

禁　不行咯,不行咯！

未　你不叫我做爷,我明日在公堂上叫你打得在地下爬。

禁　我叫,我叫哦！

未　嘿嘿嘿，叫哇！

禁　咯要死啵，我咯大年纪，唧叫得出口啊?！

未　快点子叫啊！

禁　(轻声)未打算，我咯爷吔！

未　叫大些声气，我冇听到！

禁　你冇听到哇，哎唷，唧又冇听到？哎唷，我唧叫得出口吵?！(大声地)未打算，我咯爷吔！

未　呃！哈哈哈，牢头禁子我咯崽，快点子来哟！哈哈哈！

〔二人下。

第十场　公堂明冤

〔朱母上，击动堂鼓。

〔众衙役呼"啊！"，县官升堂。

县　带击鼓人上堂！

役　击鼓人上堂！

母　拜见老爷！

县　你为何击动堂鼓？

母　请老爷申冤哪！

县　你有何冤枉？

母　监牢里有个叫未打算的，知道佬佬朱茂臣的冤情！

县　师爷，监牢里有个未打算啵？

师　启禀老爷，确有此人！

县　好，你且下去。本官自有公断。

母　多谢老爷！(下)

县　来呀，传禁子！

役　禁子上堂。

禁　(上)参见老爷！

县　将未打算带上堂来！

禁　是！未打算，我咯爷吔！

未 你叫魂哪！

禁 老爷叫你过堂。

未 过堂?！不就是叫我认胡子。（欲进堂，被禁子拉住）

禁 酒、肉都跟你准备好了！

未 好好，你放心！（未打算进公堂，扫视）

县 跪倒！未打算，蔡家一案你到底晓得不晓得？

未 老爷你哇我晓得就晓得，哇我不晓得就不晓得！

县 晓得就哇晓得，不晓得就哇不晓得。

未 哎唷，老爷我受了绑就不好讲！

县 来呀，给他松绑！讲！

未 老爷，我跪在这里我怎样去哇？

县 好，起来吧！

未 多谢老爷，多谢师爷。（拔腿就走）

县 捉到！

役 你跪什哩？

未 老爷，你不是说去了吧，去了吧！

县 我是叫你起来吧，起来吧！

未 哦，叫我起来哟！

县 快讲！

未 老爷，要我哇做得，我要跃手踉脚咯！

县 公堂之上，哪有你跃手踉脚的？

未 不行哪？好哦，不行就不行啰！（蹲下）

县 （与师爷眼语）好，你就跃手踉脚！

未 多谢老爷！

县 讲！

未 听到啊！树从根底起，我从头哇到鬼！

县 哇到尾！

未 哦，哇到尾！不错！我未打算从小父母双亡，流落在外，做了一个不要本钱咯买卖！

县　什哩不要本钱咯买卖呀？

未　做贼！

县　嘟！往下讲！

未　那日我在凉亭歇脚，只见蔡鸣凤远远走来。我看他包裹沉重，内中必有银两，蔡鸣凤就在前头走哇走哇！我就在后面丢啊丢！

师　等着，未打算咯什哩叫丢啊丢？

未　哎唷！我咯师爷崽吔！

县　嘟！

未　师爷大！咯是做贼咯不走回头路晓得啵？

师　走就是走啰，还什哩丢啊丢！我说老爷咯做贼咯还蛮多的名堂啊！

县　往下讲！

未　蔡鸣凤行行走，走走行，不觉来到蔡鸣凤岳父咯坟！

师　门啰！

未　蔡鸣凤就上前叫门，“啊！岳父开门来！”咯里头就出来一个老头子，“八月十五晚，正是赏月时，开开门来看。”吱呀嘀嗒。

师　未打算，什哩叫“吱呀嘀嗒”哪？

未　师爷吔，咯是开门咯声音，晓得啵？

师　开门就哇开门啰，还哇什哩“吱呀嘀嗒”。

县　讲！

未　“哦，原来是女婿回来了，女婿快请进！啊，女婿你在外三年赚了多少银两啊？”“我在外面三年，赚了三百两银子。”

县　三百两银子？

未　“三百两，三百两。哇呀，这下好了，老妈子快来，贤婿在外赚了三百两银子。”

师　哦，又一个三百两？

未　嗄，又一个三百两啊！

师　你刚刚哇咯，不是又一个三百两。

未　哎唷！咯三百两就是咯三百两。晓得啵？

师　这不要划掉来？

末 当然要划掉来啰！不划掉，我哪里贴得起呢？

县 讲！

末 啊，老妈子快快与女婿办酒接终！

师 接风！

末 对，接风！“岳父岳母慢来慢来，今乃是八月十五，我要回家与娘子共度中秋。”“贤婿言之有理。”蔡鸣凤就在前面拐弯抹角，不觉来到自己咯屋墙角。蔡鸣凤就叫门：“朱莲开门来！”这时，就有问话的声音：“外面哪个叫门哪？”“你丈夫蔡鸣凤回来了！”“呀呀，不得了，蔡鸣凤来了不得了！”（急急忙忙、摇头晃脑状）

县 捉住！你发鸡爪瘟哪？

末 老爷，不是啊！是里头听到蔡鸣凤来了吓得哪。

县 我以为你发猪婆癫啰！放下来！

末 “我来问你，愿做长头夫妻，还是愿做短头夫妻？”

县 什哩长头夫妻、短头夫妻呀？

师 长头夫妻怎样？短头夫妻如何呢？

末 “短头夫妻，我家丈夫来了，你就给我死出去！”

师 长头夫妻呢？

末 “长头夫妻，蔡鸣凤今天被我灌醉，你将他一刀——杀死！”

师 哦，杀死了！

末 还有，还有！还有杀啰！

县 哎呀，快讲，快讲！

末 老爷，你坐下看。“我回去一趟嘛！”

县 你回去做什哩呀？

末 “我回去拿把屠刀来呀！”

县 拿刀？捉到，捉到！

末 “这一去一回不是要天亮了吗？嘿，我这里有把菜刀。”“哎哟，这把菜刀哇！割水豆腐都割不动，打盆水来。”（作霍霍磨刀声）“蔡鸣凤啊蔡鸣凤，你早不来晚不来，偏偏咯个时候来，吃我一刀！”

县 往死里打！

未　不要打，不要打！老爷你为什哩要打我啊？

县　打你个见死不救！

未　老爷，你这就错了，他们两个人，我一个人，哪里打得赢啊？再说，把我打死了，蔡鸣凤的冤情鬼都不晓得，是啵？

县　唔，哇得还有点逻辑，放下来！哎，这哇了半日，也不晓得哪个杀的呀？

未　是一个胡子杀咯！

县　胡子杀咯！当场认胡子！

未　不是老爷咯缁须，也不是师爷咯八字胡子。老爷，牢监里有个牢头禁子——

县　将牢头禁子押上来！

役　是！

未　老爷，也不是，牢头禁子咯是五须白毛！

县　不是，起来吧！

未　谢谢老爷！

未　是肉铺里咯连鬓胡子陈老板杀咯！

县　呃，陈老板？

师　唔，陈大利！

县　哦，陈大利！

未　老爷，我硬哇得口干舌燥，你要赏我一杯茶呀！

县　牢头禁子，带未打算下去，好生侍候！

未　多谢老爷！（同禁子下）

县　来呀！这有火签一支，捉拿陈大利、朱莲上堂！

役　是！（带陈大利、朱莲上堂）

莲
陈　拜见老爷！

县　下跪何人？

陈　陈大利！

莲　朱莲！

县　传未打算！

役 未打算上堂！

未 老爷什哩事？

县 认胡子！

未 就是咯个连鬓胡子杀的！

县 哪！大胆朱莲，你竟敢与陈大利狼狈为奸，谋杀亲夫蔡鸣凤。来！将二人打入死牢，听候发落！来呀，将朱茂臣带上堂来！

禁 朱茂臣带到！

县 朱茂臣，你的冤情经本县查明，实属冤枉，当场释放，退堂！

〔众下。

茂、母 （二人同白）多谢老爷！

县 朱茂臣，是未打算为你洗刷的冤情。

茂、母 但凭老爷做主！

县 未打算快过来见过干爷干娘！

未 拜见干爷干娘！多谢老爷！

县 罢了！

茂、母、未 多谢老爷！

县 不用不用！

茂、母、未 多谢老爷！

县 免了免了！

〔众笑：哈哈哈！

（剧终）

编者注：

1. 什哩：南昌方言，“什么”的意思。
2. 哇：南昌方言，“讲”的意思。
3. 唧：南昌方言，“怎么”的意思。
4. 雀驳鬼：南昌方言，“搬弄是非的坏人”的意思。
5. 无有：“没有”的意思。

6.“ngiě”死:南昌方言,“愁死”的意思。

7.咯:南昌方言,用作语气助词时类似“的”;用作指示代词时类似“这”。

8.佬佬:妻对夫的称呼。

9.墨黑:南昌方言,“黑黢黢”的意思。

10.老妈子:年长的男性对妻子的称呼。

11.瞎嚼:南昌方言,“乱来”的意思。

12.紧紧岗岗:南昌方言,“勾勾搭搭”的意思。

13.打跤:南昌方言,“摔跤”的意思。

14.声气:南昌方言,“声音”的意思。

15.跃手跟脚:南昌方言,“手舞足蹈”的意思。

16.猪婆癫:癫痫。

附　　录

中华人民共和国成立以来乐化镇政权一览

一区(工)委(乐化区)　1949 年 6 月设立一区(工)委,辖 7 个乡;同年 10 月辖 5 个乡。1950 年 4 月辖 13 个乡。1951 年 3 月辖 15 个乡。1953 年 4 月辖 17 个乡。1955 年 3 月改为乐化区,辖 17 个乡。1956 年 6 月因并区,并辖 9 个乡。1958 年 6 月辖 4 个乡。1958 年 10 月撤区成立人民公社。(注:下文括号内为任期)

书　　记　遇　斌(1949.6—1950.3)
冯俊龙(1950.3—1950.11)
林　勤(1952.3—1952.5)
刘文秀(1952.10—1953.8)
程茂文(1954.4—1956.4)
徐济河(1956.4—1958.8)
曾国辉(1957.1—1957.3)

第一书记　曾国辉(1957.3—1958.10)

副 书 记　胡裕业(1949.6—1950.3)
孙贵芳(女,1949.6—1950.3)
刘文秀(1951.3—1952.10)
刘芳甫(1952.8—1953.6)
田永福(1952.11—1953.1)
蔡道芳(1953.3—1954.3)
宋克昌(1953.4—1953.8)
曾国辉(1955.3—1956.6)
胡仁经(1958.2—1958.10)

公社党委　1958 年 10 月新建县撤区并社，成立 9 个人民公社、1 个垦殖场党委。

乐化人民公社党委　1958 年 10 月设立。

第一书记　曾国辉(1958.10—1959.4)
陈毓伟(1959.4—1961.6)

书　　记　申和韻(1958.10—1961.6)
胡志佳(1958.10—1959.4)
李志森(1958.10—1960.4)
裘名凤(1958.10—1959.4)
熊学孔(1958.10—1959.4)
万胜财(1958.10—1959.4)
夏太惠(1958.11—1959.4)
程宗薰(1959.7—1960.7)
熊运亮(1960.5—1960.12)

区党委　1961 年 6 月 1 日，恢复区建制，全县设 8 个区委会，同年 10 月 20 日撤销望城区，11 月 30 日撤销联圩区。1963 年 6 月，全县共 6 个区、1 个场、1 个镇。1966 年 3 月 21 日，经宜春专署同意，撤销乐化区。这时全县共 5 个区、1 个场、1 个镇。

乐化区委　1961 年 6 月设立。

书　　记　王　瑞(回)(兼,1961.6—1961.12)
李春德(1961.12—1963.9)

副 书 记　申和韻(1961.6—1966.3)
罗贤芬(1961.6—1963.5)
叶林辉(1963.2—1964.6)
夏乐信(1964.7—1966.2)

大塘区委　1961 年 6 月设立。1966 年 3 月，乐化区并入大塘区。

书　　记　姚东生(1961.6—1961.11)

伍元锦(1961.11—1966.5)

副 书 记 李开化(1961.6—1962.2)

罗来志(1961.6—1963.2)

章玉峰(1963.2—1966.5)

申和韻(1966.3—1966.5)

夏乐信(1966.2—1966.5)

大塘区委 沿设。1966 年 5 月因“文化大革命”而被迫停止工作。1968 年 10 月,大塘区撤销。

书 记 伍元锦(1966.5—?)

副 书 记 夏乐信(1966.5—?)

申和韻(1966.5—?)

公社党委 1968 年 10 月,全县撤区并社,设立 17 个公社、2 个场、1 个镇。1970 年先后成立公社、场、镇党委。

乐化人民公社党委 1968 年 10 月将原大塘区的乐化、江桥、溪霞、金盘、黄堂 5 个公社合并为乐化人民公社。1970 年 2 月成立乐化人民公社党委。

书 记 李厚生(1970.2—1975.10)

邓必玉(1975.11—1976.10)

副 书 记 熊继福(1970.2—1971.10)

万胜财(1970.8—1971.1)

黄庆龙(1970.12—1971.10)

刘成淦(1971.5—1976.10)

毛益逢(1972.1—1975.9)

熊飞腾(1973.5—1976.10)

黄庆龙(1975.4—1976.10)

公社党委 1976 年 10 月,全县为 17 个公社党委、2 个垦殖场党委、1 个镇党委。1980 年改为 14 个公社、5 个农场和 1 个镇党委。

乐化人民公社党委　1976 年 10 月为乐化公社党委。

书　　记　邓必玉(1976.10—1983.5)

熊方福(1983.6—1984.6)

副 书 记　刘成淦(1976.10—1978.11)

熊飞腾(1976.10—1979.5)

黄庆龙(1976.10—1981.4)

毛益连(1977.4—1984.6)

万胜财(1983.9—1984.6)

乡党委　1984 年 6 月,全县将 14 个公社、5 个场改为乡建制,并增设了厚田、义渡、金桥、观咀 4 个乡。全县共有 23 个乡、1 个镇党委。1986 年 8 月,经省政府研究决定,撤销生米乡,改为生米镇。1986 年 12 月,经省、市政府研究决定成立溪霞乡。1987 年 1 月,经市研究决定,将南昌市石岗镇划归新建县管辖,与石岗乡合并改为石岗镇。这时,全县共有 22 个乡、3 个镇党委。

乐化乡党委　1984 年 6 月,将乐化公社改为乐化乡。

书　　记　熊方福(1984.6—1984.9)

周添森(1985.4—1987.10)

副 书 记　雷普清(1984.6—1987.10)

熊学波(1984.6—1986.4)

陶绪悰(1984.6—1986.12)

周添森(1984.9—1985.4)

刘成淦(1986.12—1987.10)

党组织　1966 年 5 月,新建县人民委员会仍下属 5 个区、1 个镇、1 个场。随着“文化大革命”的加剧,基层政权组织遭到严重冲击,无法坚持正常工作。1967 年 1 月以后,区、镇、场政权组织也相继被夺去了领导权,陷于全面瘫痪。1968 年 10 月,全县撤区并社,成立 14 个公社、1 个镇和 5 个垦殖场革命委员会。

大塘区公所　沿设。1957 年 1 月被夺权,1968 年 4 月成立区临时领导小组,1968 年 10 月撤销区公所。

区　　长　章玉峰(1966.5—?)

公社革命委员会　乐化人民公社革命委员会Ⅰ:1968 年 10 月,将乐化、江桥、金盘、溪霞、黄堂 5 个公社合并,成立乐化人民公社革命委员会。

主　　任　李厚生(1968.10—1975.11)

邓必玉(1975.11—1976.10)

副 主 任　万胜财(1968.10—1971.1)

熊学孔(1968.10—1976.10)

毛益逢(1968.10—1976.10)

熊继福(1970.2—1971.10)

黄庆龙(1970.12—1971.10)

刘成淦(1971.5—1976.10)

朱亲秀(女,1971.11—1976.10)

熊飞腾(1973.5—1976.10)

黄庆龙(1975.4—1976.10)

陶绪悰(1975.4—1976.10)

乐化人民公社革命委员会Ⅱ:沿设。

主　　任　邓必玉(1976.10—1981.6)

副 主 任　熊学孔(1976.10—1978.3)

毛益逢(1976.10—1980.7)

陶绪悰(1976.10—1981.6)

刘成淦(1976.10—1978.11)

朱亲秀(女,1976.10—1981.6)

熊飞腾(1976.10—1979.5)

黄庆龙(1976.10—1981.4)

乡人民政府　1984 年 6 月,原公社管理委员会,改为乡(镇)人民政府。乐化人民公社管理委员会改为乐化乡人民政府。

乡　　长　雷普清(1984.6—1987.10)

副 乡 长　朱亲秀(女,1984.6—1987.4)

徐古洪(1984.6—1985.11)

徐家彩(1984.6—1987.4)

邓达逵(1985.2—1987.10)

陈其桐(1986.6—1987.10)

钟民滔(1987.4—1987.10)

1986 年 6 月 20 日

陈其桐同志任中共新建县乐化乡委员会委员。

1986 年 6 月 20 日

陈其桐同志任新建县乐化乡人民政府副乡长。

1986 年 12 月 15 日

雷普清同志为乐化乡人民政府乡长候选人。

1986 年 8 月 12 日

杨伟东同志任乐化团委副书记、乡长助理(挂职)。

1986 年 12 月 16 日

刘成淦同志任乐化乡党委副书记,免去其溪霞管理区党总支副书记职务;

免去陶绪悰同志乐化乡党委副书记职务。

1986 年 4 月 24 日

邓达逵同志任中共新建县乐化乡委员会委员。

1988 年 2 月 9 日

周添森同志为中共新建县乐化乡委员会书记。

1988 年 2 月 22 日

陈其桐同志为新建县乐化乡人大主席团常务主席候选人。

1988 年 3 月 10 日

雷普清同志为新建县乐化乡人民政府乡长。

1989 年 12 月 20 日

周添森同志任中共长堎镇委员会书记，并为中共长堎镇第六届委员会书记候选人，免去其中共乐化乡委员会书记职务；

雷普清同志任中共乐化乡委员会书记，并为中共乐化乡第六届委员会书记候选人，免去其乐化乡乡长职务；

蔡定业同志为乐化乡乡长候选人，免去其溪霞乡乡长职务。

1989 年 12 月 22 日

雷普清同志任中共乐化乡委员会书记；

蔡定业同志任中共乐化乡委员会副书记，免去其中共溪霞乡委员会副书记职务。

1989 年 12 月 22 日

陈其桐同志任新建县工商联副主任（正局级，列李勇同志之前）；免去其中共乐化乡委员会委员。

1989 年 12 月 27 日

陶绪悰同志任中共乐化乡委员会调研员（正乡、镇长级），免去其中共乐化乡纪律检查委员会书记职务。

1989 年 11 月 7 日

刘成淦同志为乐化乡选举委员会主任委员；

陈其桐同志为乐化乡选举委员会副主任委员；

黄宜实、万恰掌、赵宽明、邓振芬、裘茶香五位同志为乐化乡选举委员会委员。

1989 年 12 月 28 日

赵宽明同志当选为共青团乐化乡第六届委员会书记；

李银根同志当选为共青团乐化乡第六届委员会副书记。

1989 年 12 月 29 日

中共新建县第四中学支部委员会召开,选举倪传发同志为支部副书记,毛盛凤、熊中模同志为支部委员。

1989 年 12 月 29 日

涂难民同志任县岭背林场副场长;

张君佑同志任县岭背林场副场长;

免去徐风英同志县岭背林场副场长职务。

1990 年 1 月 4 日

雷普清同志为中共乐化乡第六届委员会书记候选人,免去其乐化乡人民政府乡长职务;

蔡定业同志为乐化乡人民政府乡长候选人,并为中共乐化乡第六届委员会副书记候选人;

李世福同志任中共乐化乡委员会副书记、纪律检查委员会书记,并为中共乐化乡第六届委员会副书记候选人、纪律检查委员会书记候选人;

刘成淦同志任中共乐化乡委员会委员,并为中共乐化乡第六届委员会委员候选人、乡人大主席团常务主席候选人,免去其中共乐化乡委员会副书记职务;

钟名滔同志任中共乐化乡委员会委员,并为中共乐化乡第六届委员会委员候选人、乡人民政府副乡长候选人;

黄学观同志为中共乐化乡第六届委员会委员候选人;

赵定其同志任中共乐化乡委员会委员,并为中共乐化乡第六届委员会委员候选人;

李银根同志为中共乐化乡第六届委员会委员候选人;

赵宽明同志为乐化乡人民政府副乡长候选人;

免去陈其桐同志的乐化乡人大主席团常务主席职务。

1990 年 1 月 6 日

周笑非同志任乐化乡人民政府乡长助理(锻炼职务)。

1990 年 3 月 21 日

蔡定业同志当选为新建县乐化乡人民政府乡长。

1990 年 5 月 23 日

钟名滔同志当选为新建县乐化乡人民政府副乡长。

1990 年 7 月 11 日

雷普清同志为中共新建县乐化乡委员会书记。

1990 年 7 月 13 日

蔡定业、李世福两位同志为中共新建县乐化乡委员会副书记;

刘成淦、钟名滔、黄学观、赵定其四位同志为中共新建县乐化乡委员会委员(黄学观同志享受副乡、镇长级待遇);

李世福同志兼任中共新建县乐化乡纪律检查委员会书记;

万家欢、陈学传两位同志为中共新建县乐化乡纪律检查委员会委员。

1991 年 3 月 14 日

陈水仁同志任新建县乐化乡人民政府副乡长。

1991 年 8 月 22 日

邓振芬同志任新建县乐化乡人民武装部部长。

1991 年 8 月 22 日

邓振芬同志任中共乐化乡委员会委员;

陶绪菊同志任中共乐化乡委员会委员、中共乐化乡纪律检查委员会书记。

1992 年 11 月 20 日

陈冬根同志任乐化乡第十一届人民政府乡长候选人。

1992 年 11 月 25 日

陈冬根同志任乐化乡人民政府乡长。

1992 年 11 月 27 日

雷普清同志为中共乐化乡第七届委员会书记候选人；

陈冬根同志为乐化乡第十一届人民政府乡长候选人；

免去蔡定业同志的乐化乡人民政府乡长职务。

经县委常委研究决定：

陈冬根同志任中共乐化乡委员会副书记，并为中共乐化乡第七届委员会副书记候选人；

李世福同志为中共乐化乡第七届委员会副书记候选人；

裘德春同志任中共乐化乡委员会委员、人民政府副乡长，并为中共乐化乡第七届委员会委员、第十一届人民政府副乡长候选人；

邓振芬同志任中共乐化乡第七届委员会委员候选人；

刘成淦同志任中共乐化乡委员会委员、纪委书记（正乡长级），并为中共乐化乡第七届委员会委员、纪委书记候选人；

陶绪菊同志为中共乐化乡第七届委员会委员候选人，免去其中共乐化乡纪律检查委员会书记职务；

陈水仁同志为乐化乡第十一届人民政府副乡长候选人；

免去蔡定业同志的中共乐化乡委员会副书记职务；

免去钟名滔同志的中共乐化乡委员会委员、人民政府副乡长职务；

免去黄学观同志的中共乐化乡委员会委员职务；

免去赵定其同志的中共乐化乡委员会委员职务。

1992 年 12 月 1 日

陶绪菊同志为乐化乡第十一届人民政府副乡长候选人。

1992 年 12 月 18 日

雷普清同志为乐化乡第十一届人大主席团常务主席候选人。

1993 年 2 月 24 日

陶绪菊同志任中共新建县乐化乡委员会委员。

1993 年 3 月 3 日

熊国秀同志当选为乐化乡妇女联合会第九届委员会主任。

1993 年 7 月 22 日

夏国文同志任新建县乐化乡人民政府科技副乡长。

1994 年 4 月 6 日

刘焕同志任中共新建县乐化镇委员会副书记（锻炼职务）。

1995 年 9 月 22 日

陈冬根同志任中共乐化镇委员会书记。

1995 年 9 月 22 日

免去雷普清同志兼任的乐化镇人民代表大会主席团常务主席职务。

1995 年 11 月 13 日

陈水仁同志任中共乐化镇委员会副书记；
闵尊湖同志任中共乐化镇委员会、纪律检查委员会书记；
赵清林同志任中共乐化镇委员会委员；
董金国同志任中共乐化镇委员会委员；
免去李世福同志的中共乐化镇委员会副书记职务；
免去刘成淦同志的中共乐化镇委员会委员、纪律检查委员会书记职务。

1996 年 7 月 5 日

崔士杰同志任乐化镇人民政府科技副镇长。

1997 年 5 月 19 日

赵宽明同志任中共乐化镇委员会综合治理副书记。

1997 年 5 月 19 日

赵宽明同志任乐化镇人民政府综合治理副镇长职务。

1997 年 6 月 13 日

熊水斌同志任乐化镇人民政府副镇长（锻炼职务）。

1997 年 6 月 13 日

梁超锦同志任中共乐化镇委员会副书记（锻炼职务）。

1998 年 4 月 11 日

叶远辉同志任中共乐化镇委员会副书记。

1998 年 10 月 16 日

叶远辉同志任新建县乐化镇镇长。

2001 年 12 月 29 日

熊长春同志任中共乐化镇委员会书记，并为中共乐化镇第三届委员会书记候选人，免去其中共生米镇委员会书记职务；

谭海龙同志为乐化镇人民政府镇长候选人；

免去陈冬根同志的中共乐化镇委员会书记职务；

免去叶远辉同志的乐化镇人民政府镇长职务。

2003 年 4 月 15 日

邓淑兰同志任乐化镇团委书记。

2003 年 7 月 21 日

蔡阳庭同志为新建县乐化镇维稳信息督查员。

2003 年 8 月 11 日

夏小兰同志任乐化镇人民政府镇长。

2003 年 8 月 13 日

免去刘达葵同志的乐化镇人民政府副镇长职务；

毛演斌同志任中共乐化镇委员会委员；

免去谭海龙同志的乐化镇人民政府副镇长职务；

夏小兰同志任乐化镇人民政府镇长。

2004 年 4 月 19 日

黄宝春同志挂任中共乐化镇委员会委员、副书记。

2004 年 8 月 2 日

免去李世福同志的新建县乐化镇正科级调研员职务，办理退休，时间从 2004 年 8 月算起。

2005 年 7 月 7 日

毛演斌同志任中共新建县乐化镇委员会副书记（分管综合治理工作）。

2005 年 10 月 13 日

罗贤江同志任中共新建县乐化镇委员会委员。

2005 年 10 月 24 日

夏小兰同志任中共新建县乐化镇委员会书记；

免去熊水春同志的中共新建县乐化镇委员会书记、委员职务。

2006 年 3 月 1 日

熊慎湖同志任乐化镇人民政府镇长，免去其大塘坪乡人民政府乡长职务；

邹俊同志任乐化镇人大主席团主席；

兰显滨同志任乐化镇人民政府副镇长；

程业煌同志任乐化镇人民政府副镇长；

罗小华同志任乐化镇人民政府副镇长；

邓少亭同志任乐化镇人民政府副镇长；

免去李和风同志的乐化镇人大主席团主席职务；

免去刘丽华同志的乐化镇人民政府副镇长职务；

免去李耀明同志的乐化镇人武装部部长职务。

2006 年 3 月 1 日

熊慎湖同志任中共乐化镇委员会委员、副书记，免去其中共大塘坪乡委员会副书记、委员职务；

黄晓峰同志任中共乐化镇委员会委员、副书记，免去其中共铁河乡委员会副书记、委员职务；

毛演斌同志任中共乐化镇委员会委员、副书记、纪委书记；

兰显滨同志任中共乐化镇委员会委员、副书记，免去其中共流湖乡委员会委员、纪委书记职务；

程业煌同志任中共乐化镇委员会委员，免去其中共松湖镇委员会委员职务；

刘丽华同志任中共乐化镇委员会委员；

张弛同志任中共乐化镇委员会委员；

免去赵清林同志的中共乐化镇委员会副书记、委员职务；

免去罗贤江同志的中共新建县乐化镇委员会委员职务。

2006 年 3 月 22 日

张弛同志任乐化镇人民武装部部长。

2006 年 3 月 23 日

夏小兰、熊慎湖、黄晓峰、毛演斌、兰显滨、程业煌、李耀明、刘丽华、张弛等同志当选为中共乐化镇第四届委员会委员；

夏小兰同志当选为中共乐化镇第四届委员会书记；

熊慎湖、黄晓峰、毛演斌等同志当选为中共乐化镇第四届委员会副书记；

毛演斌同志当选为中共乐化镇纪律检查委员会书记。

2006 年 7 月 18 日

周振波同志任新建县乐化镇副主任科员。

2007 年 2 月 15 日

熊慎湖同志为新建县乐化镇政府镇长候选人。

2010 年 11 月 29 日

熊文龙同志任乐化镇人民政府副镇长；

邓少亭同志任乐化镇党委委员、乐化镇武装部部长，免去其乐化镇人民政府副镇长职务。

2011 年 5 月 12 日

陈文辉同志任中共乐化镇党委书记。

2011 年 6 月

万小文同志任乐化镇镇长。

2013 年 9 月

涂文坚同志任乐化镇人民政府镇长。

2015 年 5 月

张弛同志任乐化镇镇长。

2016 年 6 月

李和风同志任乐化镇党委书记；

黄小晖同志任乐化镇镇长。

乐化镇现领导班子成员履历

程业煌

2001.12—2006.3　江西省新建县松湖镇党委委员、常务副镇长

2006.3—2011.5　江西省新建县乐化镇党委委员、副镇长

2011.5—2014.8　江西省新建县乐化镇党群副书记

2014.8—2015.9　江西省新建县乐化镇人民政府人大主席团主席

2015.9 至今　江西省南昌市新建区乐化镇人民政府人大主席团主席

赵婷婷

2017.12 至今　江西省南昌市新建区乐化镇党委书记

程　超

2016.6 至今　江西省南昌市新建区乐化镇党委副书记

裘小亮

2002.12—2005.9　江西省新建县乐化镇干部

2016.6 至今　江西省南昌市新建区乐化镇党委副书记

艾建河

1996.8—2002.5　江西省新建县乐化镇人民政府干部

2016.6 至今　江西省南昌市新建区乐化镇党委委员、纪检书记

邓少亭

1995.7—2006.9　江西省新建县乐化镇人武部副部长

2006.9—2011.5　江西省新建县乐化镇党委委员、人武部部长

2011.5—2015.9　江西省新建县乐化镇党委委员、副镇长

2015.9 至今　江西省南昌市新建区乐化镇党委委员、副镇长

聂小玲

2016.6 至今　江西省南昌市新建区乐化镇党委委员

邓军平

2011.5—2015.9　江西省新建县乐化镇人民政府副镇长

2015.9—2016.6　江西省南昌市新建区乐化镇人民政府副镇长

2016.6 至今　江西省南昌市新建区乐化镇党委委员、武装部部长

邓振明

2016.6 至今　江西省南昌市新建区乐化镇党委委员、组织委员

李小玿

2012.3—2015.7　江西省新建县乐化镇党政办副主任、主任（其间：2002.9—2005.7　华东理工大学继续教育学院工商行政管理专业学习）

2015.7—2015.9　江西省新建县乐化镇人民政府副镇长

2015.9 至今　江西省南昌市新建区乐化镇人民政府副镇长

高　娟

2016.6 至今　江西省南昌市新建区乐化镇人民政府副镇长

周　优

2014.3—2015.9	江西省新建县乐化镇副镇长
2015.9—2016.6	江西省南昌市新建区乐化镇副镇长
2016.6—2018.4	江西省南昌市新建区乐化镇综治办专职副主任
2018.4 至今	江西省南昌市新建区乐化镇人民政府副镇长

胡恩民

2016.6 至今	江西省南昌市新建区乐化镇人大主席团副主席

黄　葵

2012.9—2018.6	江西省南昌市新建区乐化镇党政办科员、党政办副主任
2018.6 至今	江西省南昌市新建区乐化镇综治办专职副主任

闵尊庆

2018.11 至今	江西省南昌市新建区乐化镇人民政府镇长

后　　记

书稿进入出版社后，我才算重重地舒了一口气。

一个人的一生能完成多少部书稿，谁也难以把握，但是按照自己的心路走，牵动手中的笔，将文字堆码成一个大垛，供人们欣赏、品鉴，也是件惬意的事。地方文献是一大富矿，只要我们细心地挖掘、拣选，就定能找出真金白银来。写乐化，得益于镇领导的高瞻远瞩，他们看重地方文脉的功用，让我与乐化走到了一起。全书耗时一年余，收获满满。乐化的人文力量深深撼动了我的心肺，它给予了我文笔的滋润，也让文字显现出它所承载的力量。乐化的过去、现实还有未来都循着文脉的走向，像星辰一样留下了属于自己的轨迹。耀眼的光斑、光线使我的眼睛为之一亮。我在史海中徜徉，在资料中搜寻，在档案中溯源，每一条线索、每一个人物的行踪，都让我觉着好奇，也给这本书生色不少。

撰写过程中，我得到了镇党委、镇政府的大力支持，也得到了江西高校出版社的大力相助，使书稿能够很快付梓。

乐化，成就了我的关注点，也成就了本书的厚重。

陶　江

2020 年 3 月 18 日